Tupac is back

AF178059

Tobias Steinfeld wurde 1983 in Osnabrück geboren. Er lernte einen handfesten Beruf, studierte und jobbte als Inklusionshelfer an einer Förderschule. Heute leitet er Schreibwerkstätten und schreibt Jugendromane. Sein Debüt »Scheiße bauen: sehr gut« wurde unter anderem mit dem Mannheimer Feuergriffel-Stipendium ausgezeichnet. Er lebt in Düsseldorf.

Mehr über unsere Bücher, Autor*innen und Illustrator*innen auf:
www.thienemann.de

Das Werk wurde gefördert mit einem Arbeitsstipendium für Autorinnen und Autoren durch das Ministerium für Kultur und Wissenschaft des Landes Nordrhein-Westfalen.

.

Tobias
Steinfeld

TUPAC
IS BACK

THIENEMANN

1. Tupac ist weg

Wie konnte ich so dumm sein und mir aussuchen, hier zu wohnen? Jetzt gerade klinge ich sogar wie Herr Klumpe. Das ist einer der meckernden Rentner.

»Aufhören!«, brülle ich. »Sofort aufhören!« Mit erhobenem Arm und ausgestrecktem Zeigefinger renne ich auf das Mädchen zu. Ich sehe also auch aus wie Herr Klumpe.

Sie macht einfach weiter, dreht sich nicht mal zu mir in ihrem grauen Riesenkittel. Auf ihrem Kopf wachsen ziemlich viele braune Locken.

»Stopp!«, rufe ich. »Stopp! Stopp! Stopp!« Ich stampfe erst mit einem, dann mit beiden Füßen auf die Pflastersteine. So was würde nicht mal Herr Klumpe machen.

Sie stoppt nicht. Rollt die Farbrolle über die Mauer. Von oben nach unten, von links nach rechts. Sein Mund, die Nase und die Ohren sind schon weg, das rechte Auge auch, nur das linke ist noch da. Und sein Kopftuch. Völlig außer Atem rüttle ich an der Metallleiter.

»Geht's noch?« Sie nimmt ihre Kopfhörer ab. »Hör auf zu schütteln, du Opfer!«

Immerhin hat sie »Opfer« gesagt und nicht »Opa«. Den Rentnerslang werde ich trotzdem nicht los. »Wie bitte?«, frage ich.

»Zisch ab!«, sagt sie. Und: »Wer bist du überhaupt?«

Ich werde ihr sicher nicht sagen, dass ich Cem bin, 14 Jahre alt. Und alles andere auch nicht. Zum Beispiel, dass die vom Jugendamt gefragt haben: »Wo willst du lieber wohnen? Bei deinem Vater oder deiner Mutter?« Ich hab »bei nene« gesagt. Nachdem ich erklärt hatte, dass »nene« auf Türkisch »Oma« heißt, waren alle einverstanden, was irgendwie scheiße war, aber irgendwie auch gut. Und jetzt wohne ich am wahrscheinlich spießigsten Stock-im-Arsch-Ort auf der Welt. Wie man sieht, färbt der langsam, aber sicher auf mich ab.

Ein Klecks landet neben meinem rechten Sneaker.

Mir fällt nichts Besseres ein als: »Ich ruf die Polizei.«

»Schöne Grüße!«, sagt sie, taucht die Rolle in den Eimer und klatscht eine Ladung weiße Farbe auf sein linkes Auge. Jetzt ist nur noch das Kopftuch da. Jetzt ist gar nichts mehr da. Tupac ist weg.

Sie lässt den Eimer nach unten plumpsen. Er schwappt über.

Ich spring zur Seite.

Die Hände in den Hüften begutachtet sie von unten ihr Kunstwerk: weißer Fleck auf weißer Mauer.

Natürlich werde ich nicht die Polizei rufen. Was soll ich denen sagen? Ein Mädchen hat gerade unser Lieblingsgraffiti gecovert? Das würden die nicht verstehen. Also müsste ich »übergepinselt« sagen. Der Polizei würde das bloß gefallen. Recht und Ordnung und so. Aber dieses Mädchen hier sieht überhaupt nicht nach Recht und Ordnung aus, sondern eher nach »und so« und nach Unordnung. Das ist ja nicht schlimm, es passt bloß nicht zu dem, was sie gerade getan hat.

Sie schaut mir mitten ins Gesicht. Braun sind ihre Augen. Dunkelbraun. Ihre Haut ist etwas heller. Aber dunkler als meine. Vielleicht sieht das auch nur so aus, wegen der ultraweißen Wand dahinter.

Sie bückt sich nach dem Eimer und wirft dann die Leiter über ihre Schulter. »Jetzt weiß ich, wer du bist«, sagt sie mit großen Augen. »Der Otto von …«

Otto ist etwas besser als Opfer, denke ich, während sie das Schild über dem Eingang des Wohnquartiers liest. »Der Otto von Bonn wie Wand!«, sagt sie.

»Bonvivant«, sage ich. »Das ist französisch. Und wird auch französisch ausgesprochen. Bowiwo. Das heißt –«

»Ich weiß, was das heißt, du Otto.«

»Ich heiße Cem«, sage ich, weil mich »Otto« jetzt doch nervt.

»Weißt du, woher ich komme?«, fragt sie.

Vielleicht auch aus der Türkei, denke ich zuerst, aber dann glaube ich, dass es darum gar nicht geht, sondern eher darum, dass sie wahrscheinlich aus den Hochhäusern kommt.

»Offensichtlich nicht aus unserem Quartier«, sage ich. Es geht rapide bergab mit mir: Ich klinge jetzt nicht mal mehr wie Herr Klumpe, sondern wie eine von den Nobelomas, die in pinken Poloshirts Aperol auf der Seeterrasse trinken.

»Ich komm aus Guinea«, sagt das Mädchen. »Da spricht man Französisch. Aber ›Bonvivant‹ sagt keiner. Muss 'ne Otto-Erfindung sein.«

Wahrscheinlich hat sie recht. Spielt aber keine Rolle. Sie hat Tupac gekillt. Oder wie Eddy sagt: »Den Quell unserer Inspiration.« Und damit vielleicht sogar unsere Karriere. Wer weiß das schon? Auf jeden Fall den Ort, an dem wir so sind, wie wir sein wollen.

Ich meine, man braucht sich hier nur mal umgucken: ein Hundefriseur, der Rikschaverleih, ein Hallenbad ohne Rutsche und Sprungturm, dafür mit Niveafilm auf der Wasseroberfläche. Eine Eisdiele mit vier Sorten: Schokolade, Vanille, Amarenakirsch und Malaga, und alle essen immer Amarenakirsch und Malaga, wobei eigentlich immer alle Aperol trinken.

Und natürlich heißen alle Müller, Meyer, Fiedler, Schmidt, Sandkamp und Klumpe. Niemand so wie nene und ich. Manche haben immerhin ein »ski« hinten. Kaczerowski und Willutski. Die sind aber komischerweise trotzdem keine Polen.

Eine nicht eröffnete Kita gibt es noch. Nene sagt zu mir: »Erst wenn du Kinder hast, wird die gebraucht.« Aber dann bin ich hoffentlich weg. Weg von den weißen Würfeln hier. Manche höher, andere flacher, ein paar Doppelhaushälften sind auch dabei.

Und dann ist da noch unsere Mauer, die einfach so im Gestrüpp steht. Drei Meter breit, vier Meter hoch. Wurde wahrscheinlich vergessen abzureißen. Angeblich war hier vorher ein Ghetto. Messerstechereien. Drogen. Ausländer. Nene und ich wären gar nicht aufgefallen. Und das Mädchen sowieso nicht.

Vor der Mauer steht jedenfalls unsere Bank. Eddy und ich sitzen da jeden Tag, trinken Energy und schauen Tupac Shakur an. Künstlername *2Pac*. Gangsterrapper. Erschossen im Jahr 1996 mit 25 Jahren. Und jetzt ist 2Pac weg, weil diese blöde … wäre das einer unserer Texte, würde ich »Bitch« sagen. Eddy würde auch sonst »Bitch« sagen. Wenn ich ihm das erzähle … Wenn der das sieht … Der wird durchdrehen. Der bringt die um.

Ich sehe Eddy, wie er vor der weißen Wand zusammenbricht, reglos im Gestrüpp liegt. Und irgendwann springt er auf und rennt los, in Zeitlupe. Tränen rennen wütend seine Backen runter. Dann zieht er seine Knarre. Natürlich hat Eddy keine Knarre. Auch kein Messer oder so. Und er würde dem

Mädchen auch nichts tun. Aber beschimpfen würde er sie. Das ist sicher.

Ich denke: Solange Eddy nichts davon weiß, ist es irgendwie gar nicht passiert. Ich drehe mich um, schiebe meine Brille vor und zurück. Die Wand ist weiß. Es ist passiert.

Vielleicht könnten wir irgendeinen Künstler engagieren, denke ich. Wie beim Sommerfest. Da kam ein Typ. Mit Schal und Mütze und Cordjackett. Die Bilder von dem hängen jetzt in der Eisdiele. Die gehört übrigens Eddys Vater, und der findet die Bilder scheiße, traut sich aber nicht, das zu sagen.

Wir bräuchten natürlich einen Street-Artist, einen richtig illegalen Graffitikünstler. Nur der könnte Tupac hinkriegen. Am besten kommt der, der es damals gemalt hat. Eddy und ich nennen ihn unbekannterweise »King of Style«. Sein Tag ist »1010«. Das stand bis vor fünf Minuten noch unten rechts in der Ecke. Wir vermuten, er war nicht von hier, sondern dass die Postleitzahl seiner Hood mit 1010 endet.

Eddy meint: »Eins Null Eins Null ist die Postleitzahl von Wien!«

Wer weiß? Vielleicht bedeutet es auch was ganz anderes. Wahrscheinlich werden wir es nie erfahren, weil der King of Style nie wieder herkommen wird.

Ich male übrigens auch. Zum Beispiel das Cover für unser Album »078«. Wie das Ende unserer Postleitzahl. Tupac Shakur hab ich zigmal in mein Blackbook gemalt. Aber auf unsere Wand? Das trau ich mir nicht zu. Tupac muss perfekt sein. Und perfekt ist er so, wie er war.

Das Mädchen redet ununterbrochen und wird immer lauter. »Ihr hinter eurem Scheißzaun hier wisst überhaupt gar nix davon. Der Witz ist doch, dass jemand wie du, der null Check hat, sich bei jemandem wie mir ...«

Die rastet gerade richtig aus. Was soll das überhaupt heißen? Jemand wie ich.

»Ich meine, was juckt dich das?«, fragt sie. »Und für Tupac ist es sowieso besser, nicht mehr hier zu sein.«

Dann hat sie es also gemacht, um uns Tupac wegzunehmen!

»Und froh kannst du sein, dankbar, dass eine Künstlerin wie ich, überhaupt jemals etwas auf eure Wand –«

»Streichen ist keine Kunst!«, unterbreche ich sie.

Sie schaut mich an, als wäre ich der Oberidiot, wobei sie das eigentlich die ganze Zeit schon macht, und für Sätze wie »Streichen ist keine Kunst!« habe ich das auch verdient, finde ich.

»Du checkst echt gar nichts. Und glaub mal nicht, dass ich freiwillig –« Sie atmet kopfschüttelnd durch. »Ich hab's weggemacht, weil ich Sozialstunden machen muss!«

»Warum das denn?«, frage ich.

»Weil ich 'nem vierzehnjährigen Otto aufs Maul gehauen habe.«

Ich gehe einen Schritt zurück.

Sie einen auf mich zu, dann Richtung Ausgang. Als sie durch den Torbogen spaziert, ratscht sie mit der Leiter an der Betondecke entlang.

Eddy redet viel, wenn der Tag lang ist. Einmal meinte er: »Zusammen sind wir wie Tupac.« Er wäre eher so der Gangster und ich eher so der Nachdenker. Ich denke noch darüber nach, ob das stimmt. Klar ist: Eddy ist laut, trägt immer Kappe, Bauchtasche und einen ganz leichten Schnurrbart.

Ich bin ruhiger, hab 'ne Brille auf, manchmal auch 'ne Bauchtasche um und rasiere mich sicherheitshalber einmal die Woche.

Auf jeden Fall sind Eddy und ich so was wie Brüder. Zumindest sagt Eddy meist »Bruder« zu mir. Ich sage immer »Eddy« zu ihm.

Eddys Vater ist nicht meiner und meine Oma ist nicht Eddys. Eddy nennt sie trotzdem »nene«. Ich nenne Eddys Vater »Klaus«, auch wenn ich mich an keinen Moment erinnere, in dem ich das wirklich schon mal zu ihm gesagt habe.

Nene sagt: »Wir vier gehören auf jeden Fall zu den Coolen in der Mühle hier.«

Eddy und ich denken, dass sie recht hat, auch wenn das hier überhaupt keine Mühle ist.

Eddys Augen leuchten. Er steht auf seiner Seite vom Loch, das neuerdings unsere Wohnungen verbindet, und ich auf meiner. »Bruder«, sagt er. »Pass auf!«

»Nicht hier.«

»Wieso?«

»Wegen nene!«, sage ich, und weil ich gerade überlege, wie ich es ihm schonend beibringen kann. Wenn das überhaupt geht.

»Nene!«, ruft er durchs Loch.

Keine Reaktion. Meine Oma scheint zu schlafen. Vielleicht sitzt sie auch auf dem Klo. Da führt selbst für sie kein Weg dran vorbei.

Eddy zieht einen zerknitterten Zettel aus seiner zu weiten Jeans. »Gib mir mal 'nen Beat, Bruder!«, sagt er.

Ich reagiere nicht.

»Ach, scheiß drauf«, sagt Eddy und fängt an zu rappen.

078

Wir cruisen durch die Nacht
Lassen Schüsse in die Luft
Überall der Duft
Von Gras
Das ist krass
Die Bitches voller Hass
In der Karre geb ich Gas
Rappe hier wie Nas

»Was denkst du?«

Ich sage:»Nice.« Habe ich in der Schule gelernt. Bei Kritik immer mit dem Positiven anfangen.

Eddy weiß das auch und fragt:»Was denkst du wirklich, Bruder?«

Egal, denke ich. Es muss raus. Ich schau ihm in die Augen und dann sage ich es:»Tupac ist weg.«

Eddy runzelt die Stirn.»Wieso Tupac? Ich hab doch wie Nas gerappt.«

Kurz überlege ich, ob Nas und Tupac Beef hatten. Ich glaube, das war mal so, mal so. Auf jeden Fall ist es krass, dass Nas heute noch rappt, während Tupac schon ewig tot ist.

»Komm mit!«, sage ich dann und wir gehen aus separaten Haustüren nach draußen.

Eddy bricht nicht vor der weißen Wand zusammen. Er liegt nicht reglos im Gestrüpp. Er rennt nicht los, er sagt nicht »Bruder« und nicht»Bitch«. Er weint auch nicht.

»Du verarschst mich, Cem!« Eddy wittert überall einen »Bluff«, wie er zu sagen pflegt. »Bluff mal nicht, Bruder!«, schiebt er hinterher.

»Kein Bluff«, sage ich. »Hier war so ein Mädchen ...« Ich erzähle alles und Eddy nickt die ganze Zeit. Seine Augenlider öffnen und schließen sich. Ich sehe, wie er sich auf die Backenzähne beißt. Die Muskeln seiner Wangen bilden kleine Krater.

Bevor er jetzt doch ausrastet, fällt mir etwas ein. Was ist, wenn die Farbe wasserlöslich ist? »Eddy«, sage ich. »Wir putzen das einfach ab. Und alles ist wieder gut.«

Eddy schluckt. Eddy schluckt noch mal. Er sagt etwas, aber es kommt keine Stimme aus seinem Mund. Dann räuspert er sich so lange, bis doch eine Stimme rauskommt, auch wenn die ziemlich kratzig ist. »Ne, lass!«

»Wir könnten's versuchen.«

Eddy versucht weiter, den Frosch in seinem Hals zu verjagen. Klappt nicht. »Das wird eh nix. Is jetzt halt so«, sagt er. Und: »Vielleicht ist es gut so, wie es ist.«

Ich kauf ihm das nicht ab. »Wieso sollte das gut sein?«

Er klatscht in die Hände und macht sich ein bisschen größer, als er ist. Seine Stimme klingt wieder fester. »Als junge Künstler müssen wir uns langsam, aber sicher emanzipieren.«

Was labert der?

»Wir müssen unseren eigenen Weg gehen. Raus aus dem Schatten. Ich hatte in letzter Zeit sowieso ein bisschen das Gefühl, dass Tupac uns blockieren würde, weißt du? Künstlerisch, meine ich. Also mich jetzt nicht so, aber dich vielleicht!«

»Dein Ernst?«, frage ich.

»Ne«, sagt Eddy. »War geblufft.«

Na immerhin, denke ich.

Er redet weiter. »Überleg mal, viel schlimmer wär, wenn er nie hier aufgetaucht wäre.« Eddy stellt sich von einem Bein aufs andere. »Vielleicht hätten wir dann nie angefangen zu rappen, weißte?«

Man merkt, dass Eddy nene kennt. Die sagt immer: »Wenn etwas ganz besonders schlimm ist, dann stell dir etwas vor, dass noch schlimmer ist!«

»Wie du meinst«, sage ich und bin mir nicht sicher, ob für Eddy gerade eine Welt zusammengebrochen ist oder nicht.

»Endlich ist das Geschmiere weg! Wurde auch Zeit.« Die Stimme gehört Frau Klumpe.

Ich weiß nicht, warum, aber ich muss immer an Frikadellen denken, wenn ich sie höre – mit zu großen Zwiebelstücken drin.

Sie steigt von ihrem Elektro-Klapprad und bindet den Pudel vom Lenker. Wer von den beiden wohl auf die bescheuerte Idee gekommen ist, ihn »Spike« zu nennen? Besser unwissend sein, als den Klumpes eine Frage stellen.

Eddy sagt, Frau Klumpe ist ein Folterknecht. Sie foltert aber nicht mit kitzelnden Federn oder peitschendem Ledergürtel. Frau Klumpe foltert mit ihren Worten. Sie fängt an zu reden. Von sich selbst. Dann hört sie nicht mehr auf und killt einen ganz langsam und extrem qualvoll.

So kommt sie jetzt von dem »Geschmiere« darauf, dass sie eine Enkelin hat. »Ich hab ja auch eine Enkelin«, sagt sie, und ich frage mich, wer hier denn sonst noch eine Enkelin hat. Eddy und ich jedenfalls nicht und Herrn Klumpe wird sie wahrscheinlich nicht meinen, wobei ihr alles zuzutrauen ist. »Die ist jetzt im Turnverein angemeldet«, sagt sie. Und ich denke, dass ich die Enkelin noch nie hier gesehen habe und dass die wahrscheinlich auch keine Lust auf die Folternummer hat.

Spike hüpft durchs Gestrüpp. Hebt sein Bein an der weißen Mauer.

Eddy guckt weg.

Gut, dass Tupac das nicht mehr erleben muss.

Frau Klumpe sagt, Herr Klumpe braucht ein neues Hüftgelenk.

Eddy und ich gucken uns an. Wir haben beide Schiss, dass gleich die Geschichte mit dem Eiter kommt.

»Jungs, es gibt Essen.« Nene rettet uns davor.

»Ah, Frau Karmann, wissense –«

Eigentlich heißen wir Karaman, aber nene scheint das nicht zu jucken, also juckt es mich auch nicht. Sie tickt auf ihr nacktes Handgelenk. »Keine Zeit«, sagt sie freundlich kopfschüttelnd. »Essen wird kalt.« Dann runzelt nene die Stirn und schaut erst mich und dann Eddy an. »Wo ist Tupac?«, fragt sie.

»Weg«, sage ich.

Zu Hause gehen nene und ich in die eine Doppelhaushälfte und Eddy geht in die andere. Zusammen haben wir eine Doppeldoppelhaushälfte und mittlerweile sind wir so was wie eine Patchworkfamilie oder zumindest eine WG. Das liegt daran, dass nene Eddys Vater gefragt hat, ob er nicht einen Durchbruch machen könnte, weil Eddy und ich sowieso ständig zusammen rumhängen. Dann hätten wir kürzere Wege, meinte sie. Als Scherz natürlich. Eddys Vater versteht keine Scherze. Deshalb ist Eddys Mutter auch abgehauen, sagt er. Auf jeden Fall hat er einen Durchbruch gemacht. Mit so 'nem

Riesenhammer hat der einfach die Wand zwischen unseren beiden Doppelhaushälften eingeschlagen. Und jetzt ist da ein Loch. Nicht ganz so groß wie eine Tür, eher wie ein etwas zu tiefes Fenster. Eddy und ich benutzen das. Nene und Eddys Vater nicht. Sonst weiß keiner davon.

Um acht gibt es Essen, zwei Stunden, nachdem nene uns vor Frau Folter-Klumpe gerettet hat.

»Wo ist Eddy?«, frage ich.

Sein Vater zuckt mit den Schultern. Er ist eher so der Schweiger. Wie jeden Abend ist er durch den Vordereingang gekommen.

Ich laufe zum Loch. »Eddy«, rufe ich. »Nene hat Menemen gemacht!«

Keine Antwort.

Eigentlich isst man Menemen zum Frühstück. Aber wir sehen das nicht so eng. Und Menemen ohne Eddy kann ich mir gar nicht mehr vorstellen. Ich schaufle einen zweiten Teller voll. Rührei, Paprika, Sucuk, Fladenbrot.

Nene schaut mich schräg von der Seite an.

»Ist für Eddy«, sage ich.

Jetzt gucken Klaus und nene sich an, so wie Eltern das machen. Als müssten sie sich die Good-Cop-Bad-Cop-Nummer aufteilen – sagst du ihm, dass er das nicht machen soll, oder muss ich?

Klaus schüttelt den Kopf. »Das ist lieb, aber wenn Eddy nicht kommt, dann kriegt er nichts.« Wenn Eddys Vater nicht schweigt, dann flüstert er. Zumindest redet er sehr leise. Und so viele leise Wörter hintereinander wie gerade hat er noch nie zu mir gesagt.

Er mag mich, glaube ich, trotzdem. So ist das umgekehrt

auch: Ich rede kaum mit ihm und finde auch gut, wenn er mit seiner Glatze, seinen etwas traurigen Augen und seinem Ohrring an nenes Tisch sitzt.

Was Eddy wohl Besseres zu tun hat, als mit uns Menemen zu essen?

Vorhin in meinem Zimmer hatte ich mir nichts dabei gedacht, dass er nicht zurückgeklopft hat. Das machen wir normalerweise zwischendurch. Ich dachte: Vielleicht hat er Kopfhörer auf. Oder er hat mit dem Deutschprojekt angefangen. Manchmal hat er so Streberphasen.

Und zwischen den romantischen Naturgedichten von Joseph von Eichendorff kann man schon mal den Verstand verlieren. Aber in den Sommerferien?

Sommerferien. Das heißt nicht nur keine Schule. Auch die abwechselnden Wochenenden bei meiner Mutter und meinem Vater fallen ins Wasser, weil beide mit ihren neuen Crushes samt Anhang einen auf Love-Holidays machen. Und das ganz ohne Anrufe. Dafür gibt es jetzt ein paar Fotos mehr: Sonnenuntergänge am Strand. Seltsame Tiere hinter Gittern. Überfüllte Teller auf Touristenmeilen. Solche Sachen halt. Sie lieben mich, bestätigen sie mir ständig. Mehr gibt's dazu auch nicht zu sagen. Ich fotografiere den Teller mit Menemen und schicke das Bild einzeln an meine Eltern. »Schönen Abend noch!«, schreibe ich drunter. So kann es die nächsten Wochen gerne weitergehen.

Jetzt denke ich über etwas ganz anderes nach. Nämlich, dass es gar nicht Tupac war, der mich zum Rap gebracht hat, sondern Eddy. Und Eddy hätte ich nie kennengelernt ohne nene. Also hat eigentlich nene mich zum Rap gebracht. Was ich nene außerdem hoch anrechne: Sie sagt seinen Namen sehr selten, aber wenn, dann spricht sie »Pac« immer richtig aus. Wie »Packesel« oder »Pack die Badehose ein«. Nie wie Päckchen.

Wir essen Baklava. Oder wie Eddy sonst sagt: »Extrem süßen Nachtisch.«

Nene erzählt Klaus die aktuelle Folge von *Bebende Herzen* nach: Maximilian ist zum Sternekoch geworden und Laura hatte einen Unfall und sitzt jetzt im Rollstuhl. Außerdem sind Laura und Maximilian doch keine Geschwister und ihre Liebe hat damit eine Chance.

Nene ergänzt: »Wobei Maximilian ein Schmierlappen ist.«

Klaus nickt mit etwas Baklava an der Unterlippe.

Dann passiert alles auf einmal:

Es klingelt an der Haustür: Ding Dong.

Das Handy von Eddys Vater klingelt: »Düm-düm-de-de-düm-düm-de-de-düm-düm …« – Mission-Impossible-Agentenfilmsoundtrack aus den 90ern.

Mein Handy klingelt: »It was a clear black night, a clear white moon …« Dank Warren G und Nate Dogg krieg ich jedes Mal Gänsehaut, wenn mich jemand anruft.

Nenes Haustelefon klingelt: »Rrrriiinng, Rrrriiinng.«

Wir sitzen alle da wie gelähmt, weil so was ja eigentlich nicht passiert.

Die Erste, die sich bewegt, ist nene. Auf dem Weg zur Tür nimmt sie im Vorbeigehen den Hörer ab und sagt: »Ich ruf gleich zurück.« Legt dann wieder auf.

Klaus zückt sein Klapphandy aus der Brusttasche seines Hemds. »Hallo.«

Er steht auf und dreht sich um, damit ich nicht mithöre. Erfolglos, vor meinen Augen erscheinen Frikadellen mit großen Zwiebelstücken. Frau Klumpe. Wahrscheinlich ist irgendwas kaputt. Eddys Vater ist nämlich auch so was wie der

Hausmeister hier. Jedenfalls wird er gerufen, wenn irgendwo Stromausfall ist oder das Internet weg oder ein Wasserhahn tropft. Ich glaube, er wird dafür nicht mal bezahlt. Zumindest hat nene neulich gesagt:»Du musst das nicht machen, oğul!« Oğul heißt Sohn.

Und er hat geflüstert:»Teyze«, das so was Ähnliches wie Tante bedeutet.»Ich mach das gern.«

Ich glaube, er macht es, weil er ein schlechtes Gewissen hat, wegen der durchbrochenen Wand.

Ehrlich gesagt wundere ich mich jeden Tag darüber, dass Klaus Eisverkäufer ist. Das passt nicht zu ihm. Wobei: Wenn ich mir ein Thermometer vorstelle, auf dem wir vier abgebildet wären, dann wäre Klaus null Grad und das würde wiederum doch zum Eis passen. Ich wäre Durchschnittstemperatur, nene hat angenehm warme Badewannentemperatur und Eddy ist der heiße Kaffeesatz unten in nenes Tasse. Der muss erst abkühlen, bevor man die Zukunft daraus lesen kann.

Mein Handy hat aufgehört zu klingeln.

Nene kommt wieder in die Küche.»Auflegen«, flüstert sie.

Klaus drückt mit dem Zeigefinger auf sein Smartphone und stoppt die Frikadellenstimme von hundert auf null.

Es klingelt noch mal an der Tür.

»Das ist Herr Klumpe für dich drüben!«, sagt nene.»Wir müssen uns mal um unterschiedliche Klingeln kümmern.«

Eddys Vater sieht verstört aus, hat gerade mindestens zehn Falten auf der Stirn und ich glaube, das liegt nicht daran, dass Herr Klumpe vor seiner Tür steht, sondern an dem, was Frau Klumpe von ihm wollte. Ist aber nur so ein Gefühl.

Während ich mich frage, was nene wohl zu Herrn Klumpe

gesagt hat, als sie öffnete und ihn eine Tür weiter traf, klettere ich Klaus bei seiner Premierenlochdurchsteigung hinterher und lausche aus sicherer Distanz.

»Da sitzt 'n Schwatter auf unserer Bank!«

Hä?, denke ich. »It was a clear black …« Warren G rappt aus meiner Tasche. Der Song ist uralt. Aber mir ging er nach dem ersten Hören nicht mehr aus dem Kopf.

Eddy meint, ich bin ein Nerd, aber mittlerweile habe ich ihn auch davon überzeugt, dass Oldschoolrap Hammer ist. Auch wenn Eddy Wert drauf legt, kein Nerd zu sein, sondern Gangster.

Ich drück Warren G weg. Er fängt wieder an und ich steige zurück und setze mich zu nene an den Tisch. »Wer hat dich eigentlich angerufen?«, frage ich.

»Keine Ahnung«, sagt sie.

Wir lachen kurz.

Es klingelt an der Tür, es klingelt noch mal. Noch mal.

»Meine Güte!«, ruft nene. »Ist ja gut.«

War bloß Eddys Vater, der wieder den offiziellen Weg gewählt hat. Ob der immer schon so drauf war oder auch erst, seitdem er hier wohnt?

Die Einzige, die sich nicht verändert hat, ist wahrscheinlich nene. Die ist schon zwanzigmal umgezogen, hat sie neulich erzählt. Mit acht kam sie nach Deutschland. Und jetzt wollte sie mal sesshaft werden. Hatte sie sich wahrscheinlich auch anders vorgestellt. Wobei ich das, ehrlich gesagt, gar nicht weiß.

»Was wollte Klumpe?«, fragt sie Klaus.

Er zuckt mit den Schultern und es ziehen sich mittlerweile mindestens zwanzig Falten auf seiner Stirn. Eddys Vater atmet zweimal tief ein und aus und immer, wenn ich das

Gefühl habe, er wird gleich etwas sagen, dann schüttelt er bloß ungläubig mit dem Kopf.

Irgendwann wird mir das zu anstrengend und mir fällt ein, dass ich noch gar nicht auf mein Handy geschaut habe.

Eddy: »Komm schnell, Bruder!«

Ich weiß nicht, wo Eddy steckt. Was ich aber sehe, ist, dass ein Licht die weiße Wand beflackert. Die Mauer sieht jetzt aus wie ein riesiger Grabstein. Je näher ich komme, umso sicherer werde ich mir: Das ist wirklich ein Grablicht – helle Kerze in roter Plastikhülle.

Menschen, deren Schubladen damit überquellen, wohnen hier genug. Aber warum vor unserer Wand? Vielleicht ist heute Nachmittag ein Dackel oder Spitz verunglückt, stranguliert von der Leine des Frauchens, die sich im Gestrüpp verheddert hatte.

Ich beschließe, mir das Ganze aus der Nähe anzusehen.

»n'Abend«, sagt eine tiefe Männerstimme, als ich an der Bank vorbeigehe. Kaum ist Tupac weg, stürzen sich die Opas auf unsere Sitzgelegenheit wie Fliegen auf einen Kackhaufen.

»Guten Abend«, grüße ich zurück, ohne hinzusehen. Nene sagt: Immer schön freundlich bleiben, dann lebt man länger. Hauptsache, man lebt dann nicht länger hier, denke ich.

»Pscht!«

Ich drehe mich um. Woher kam das?

»Pscht!«

Was soll der Scheiß? Ich stehe mitten im Gestrüpp, vor mir ein Grablicht, es riecht nach Farbe und irgendjemand ruft: »Pscht«.

Dann klopft es. Mir wird schummrig. Das Klopfen kenne ich doch. Werde ich jetzt verrückt?

Jemand packt mich am Arm und zieht mich hinter die Mauer.

»Cem!«, flüstert Eddy.

»Eddy!«, rufe ich.

»Pscht!«, macht Eddy.

Ich nehme seine Hand von meinem Mund. »Spinnst du oder was?«

»Vielleicht«, flüstert er. »Sag du's mir!«

»Okay«, sage ich. »Du spinnst.«

»Gut«, sagt Eddy. »Dann will ich jetzt wissen, ob du auch spinnst.«

»Ich glaub, ich spinne!«, ruft eine Stimme.

Eddy und ich biegen unsere Köpfe um die Mauer herum. Die Klumpes fahren mit ihren Fahrrädern den Weg entlang und schimpfen irgendwas vor sich hin.

»Und?«, flüstert Eddy.

»Was und?«, flüstere ich zurück.

»Siehst du, was ich sehe?«

»Was siehst du denn?«

»Nein, nein«, haucht er. »Ich will erst wissen, was du siehst!«

»Okay«, flüstere ich in die Dunkelheit. »Ich sehe ein Grablicht, Gestrüpp. Eine Laterne. Unsere Bank. Und auf der Bank sitzt jemand drauf.«

»Wer?«, fragt Eddy.

»Keine Ahnung. 'n Mann, glaube ich. Er sieht irgendwie dunkel aus.«

Jetzt fällt mir ein, was Herr Klumpe gesagt hat. »Ein Schwatter auf unserer Bank.« Dabei ist das auf gar keinen Fall die Bank der Klumpes. Und warum kommt er mit der Info zu Eddys Vater und seine Frau ruft den sogar an deswegen? Klar, Eddys Vater ist vieles hier, aber nicht der Wachmann. Vielleicht denken die Klumpes, dass er ein Nazi ist, weil er 'ne Glatze hat und sich dann darum kümmert, dass »der Schwatte« abhaut. Keine Ahnung, ob die Klumpes solche Rassisten sind. Wahrscheinlich bin ich ein Rassist, weil ich so was über die Klumpes denke. Ich wüsste jedenfalls nicht, dass es verboten ist, auf der Bank zu sitzen. Mal ganz abgesehen davon, dass es unsere ist.

Was ich jetzt aber überhaupt nicht verstehe: Warum macht Eddy da so ein Ding draus?

»Dann siehst du also auch Gespenster«, höre ich ihn bedeutungsschwer hinter mir.

Ich sehe die Klumpes, die gerade noch eine Runde um den See gedreht haben und jetzt schon wieder hier vorbeifahren. Diesmal immerhin schweigend.

»Eddy, ich weiß überhaupt nicht, was du von mir willst. Was machst du überhaupt hier?«

Auch wenn er geschrieben hat, ich soll schnell kommen, fühlt es sich gerade eher so an, als hätte ich ihn bei irgendwas erwischt, finde ich.

Ich erwarte, dass er weiter rumdruckst, nicht rausrückt mit der Sprache. Aber genau das tut er jetzt.

»Ich weiß nicht, ob du's gemerkt hast, aber es ist mir alles andere als egal, was passiert ist. Und ich hab überlegt, wie ich damit am besten umgehen soll. Also habe ich ein Licht angezündet, weil das ja schon ein herber Verlust ist. Für mich zumindest. Ich will mich der Sache stellen, weißt du, damit ich das verarbeiten kann.«

Ich frage mich, ob Eddys Gedenkaktion Richtung Seniorenstyle geht, oder ob ich sie für angemessen halte. Wobei, meine Einschätzung nach meiner Rentneraktion heute auch nicht besonders aussagekräftig ist. Auf jeden Fall kann ich ihm so weit folgen. Ein bisschen traurig bin ich, dass er mich nicht mitgenommen hat, aber vielleicht wollte er mit seiner Trauer allein sein.

Jetzt geht es weiter.

»Und als ich gerade die Kerze angezündet habe, da spüre ich plötzlich so eine Wärme in meinem Rücken, weißt du?«

»Nein«, sage ich.

Eddy ignoriert das. »Ich drehe mich also um. Und wer ist da? Tupac.«

Ich laufe sofort zur Vorderseite. Schau auf die von der Kerze beleuchtete Wand. Weiß. Nix Tupac.

»Okay«, sage ich. »Du spinnst.«

Er zieht mich zu sich und flüstert mir direkt ins Ohr. »Du hast ihn doch selbst gesehen. Unter der Laterne.«

»Hä!?« Soll ich jetzt lachen oder weinen? Das meint der doch nicht … »Eddy, ich …« Ich weiß nicht, warum ich mein Handy rayshole, aber als ich es in der Hand halte, leuchte ich ihm damit ins Gesicht. Eddy hat Tränen in den Augen. Hat ihn mehr mitgenommen, als ich dachte. Viel mehr.

»Komm«, sage ich. »Wir gehen nach Hause. Es ist noch Baklava da.«

Eddy atmet tief durch. »Okay«, sagt er und nimmt mich an die Hand.

Wir waten wie die Störche durchs Gestrüpp, Eddy bückt sich kurz und nimmt sein Licht mit. Er pustet es aus. Mein Blick fliegt zu ihm, seiner zur Bank.

Weiter Hand in Hand, immer fester gedrückt, gehen wir darauf zu. Lassen den Mann nicht aus den Augen. Biegen direkt vor ihm ab. »Schönen Abend noch«, drücke ich mit zittriger Stimme und noch zittrigeren Knien heraus.

»Angenehme Ruh!«, sagt der Mann mit der gleichen tiefen Stimme wie vorhin.

Wir gehen Schritt für Schritt für Schritt, werden schneller und fangen beide gleichzeitig an zu rennen.

Wir sind auch Rapper

Eine halbe Stunde sitzen wir schon in nenes Küche, kriegen keinen Bissen runter, kein Wort durch unseren Hals. Eddy ist kreidebleich.

»Cem?«, fragt nene. »Was ist los? Habt ihr den Tod persönlich getroffen?«

Ich sage: »Wir müssen was für das Eichendorff-Projekt machen. Ist das okay, wenn Eddy noch mit hoch zu mir geht?«

Sein Vater nickt.

Und nene sagt: »Als ob.«

Wir gehen die Fakten durch, besser gesagt: Eddy.

»Die Bandana hast du gesehen?«, fragt er.

»Was für 'n Ding?«, frage ich.

»Das Kopftuch.«

Ich nicke.

»Das Piercing, linker Nasenflügel?«

Ich nicke wieder.

»Glatze?«

»Ja.«

»Den schwarzen Bart an Oberlippe und Kinn?«

»War der nicht eher gra–«

Eddy würgt mich ab. »Die Kreuzkette?«

»…«

»Bruder, hast du die Kreuzkette gesehen?« Er macht

Riesenaugen. »Bei uns in der Nachbarschaft sitzt … du weißt schon, wer da sitzt und du –«

»Bist du bescheuert, Mann? Das ist niemals –«

Eddy unterbricht mich. »Aber was, wenn doch? Was, wenn dieser Typ der größte, der beste, der wichtigste Gangsterrapper aller Zeiten ist?« Er schaut mir in die Augen. »Tupac Amaru Shakur!«

Ich bekomme Gänsehaut. Natürlich ist Tupac tot, aber Eddy hat recht: Was, wenn er es wirklich ist? »Ich hab die Kreuzkette gesehen«, sage ich.

Eddy nickt.

»Aber hast du gehört, was er gesagt hat?«, frage ich.

»Hab ich, konnte ich mir aber nicht merken.«

»Er hat ›Angenehme Ruh‹ gesagt!«

Eddys Gesicht ist nicht mehr kreidebleich, sondern knallrot.

Mein Kopf glüht auch.

Wir ziehen im Flur mit dem Stabhaken die Luke zum Dachboden runter und klappen die Leiter auf. Von oben kann man am besten übers ganze Quartier gucken.

Er sitzt immer noch da. Eine Zeit lang tut sich gar nichts, dann steht er auf, streckt sich und statt sich zu setzen, legt er sich der Länge nach hin.

»Siehst du?«, fragt Eddy triumphierend. »Er legt sich auf die Bank. Wie die Leute in East Harlem.«

»Tupac hat in Oakland gelebt«, stelle ich klar.

»Ja, aber geboren wurde er –«

»Ist gut«, sage ich.

Eddy redet weiter: »Und angenehme Ruh sagt der wahrscheinlich, weil er nicht so gut Deutsch kann.«

»Kann sein«, lautet mein Kommentar dazu, auch wenn

mich das kein bisschen überzeugt. Tupac war immer extrem durchtrainiert. Muskulöse Oberarme, kein Gramm Fett zu viel. Der Mann da unten ist aber eher Typ Sixpack von der Tanke als Typ Sixpack am Bauch. Verdammt ähnlich sieht er ihm trotzdem.

Eddy boxt mir in die Rippen.

»Was soll das?«

»Ist das geil, oder was? Hä?«

Ich weiß nicht, was ich sagen soll.

Eddy schon. »Heftig. Heftig. Viel zu krass!« Er boxt mich noch mal. »Tupac in unserer Siedlung!« Eddy zieht mich zu sich. Umarmt mich. Haut mir auf den Rücken. Atmet tief durch. »Ich bin so aufgeregt, Bruder!«

Ich schiebe Eddy von mir weg. »Warum hast du eigentlich die Kerze ausgepustet?«

»Hä?«

»Na, vorhin, als wir da weg sind.«

»Ich wollte sehen, ob er dann verschwindet.«

»Wieso sollte er?«, frage ich.

»Weil er aufgetaucht ist, als ich sie angezündet habe.«

Wir schauen Tupac jetzt seit drei Stunden beim Schlafen zu. So wie verliebte Eltern das machen, wenn sie gerade ein frisches Baby bekommen haben. Nur dass die dann näher dran sind und das Baby wahrscheinlich nicht so lange am Stück schläft.

Eigentlich ist es auch nur Eddy, der Tupac anhimmelt. Ich schaue Tupacs regungslosen Doppelgänger an. Mehr kann an der Sache nicht dran sein. Oder doch?

Ehrlich gesagt: Selbst wenn es bloß sein Doppelgänger sein sollte, ist es immer noch der bisherige Höhepunkt unseres Lebens.

Irgendwann bricht Eddy das Schweigen. »Wir müssen uns jetzt entscheiden. Und ich meine wirklich: jetzt!«

Keine Ahnung, was er meint. Ich hoffe nur, die Entscheidung betrifft nicht irgendeinen weiteren Wahnsinn, den er gerade heimlich ausgebrütet hat. »Wofür?«, frage ich.

»Für unseren Namen. Wie soll unsere Crew heißen, Bruder?«

Seit Monaten diskutieren wir jeden Tag darüber. Den Titel fürs Album »078« hatten wir in zehn Sekunden, aber auf unseren eigenen Namen können wir uns nicht einigen. Ich habe gefühlt tausend Vorschläge gemacht und Eddy ist immer dagegen. Von daher bin ich ganz froh, dass wir uns »unbedingt jetzt« entscheiden müssen, sonst geht die Sache wahrscheinlich ewig so weiter. Trotzdem will ich wissen, warum Eddy so plötzlich Nägel mit Köpfen machen will und frage: »Warum jetzt?«

Eddy stellt eine Gegenfrage: »Wie sollen wir uns Tupac vorstellen ohne Namen?«

Ich verstehe nur Bahnhof und merke, dass ich ganz schön müde bin, gähne, sehe dabei Eddys Gesicht im Mondschein.

»Keine Sorge«, sagt Eddy. »Heute nicht mehr. Morgen. Er soll sich erst mal ausschlafen. War ja bestimmt alles anstrengend für ihn.«

Jetzt kapiere ich, dass er mit »Tupac vorstellen« nicht meint, dass wir ihn uns gerade vorstellen, sondern, dass wir uns ihm morgen vorstellen wollen. Mit Händeschütteln und so. Bei dem Gedanken kribbelt es irgendwo ganz tief in meinem Bauch. Check mit Tupac. Krass!

Eigentlich würde ich gerne noch wissen, was er mit »alles anstrengend« meint. Ob Eddy da genaue Vorstellungen hat? Denkt er, Tupac hat sich 25 Jahre lang versteckt? Oder denkt er, seine Auferstehung war anstrengend? Und wie ist die genau abgelaufen? Ob Eddy allen Ernstes glaubt, das hat was mit seiner hässlichen Kerze zu tun?

Ich frage ihn nicht, nutze lieber die Chance. Heute Nacht legen wir uns einen Namen zu.

»Bonvivant« ist, wie gesagt, Französisch. Wörtlich übersetzt heißt das so was wie »Gut wohnen«. Eine andere Bedeutung ist »Lebemann«. Und Lebemänner sind Menschen, die sich den angenehmen Seiten des Lebens zuwenden. Besonders gutem Essen und Trinken. So steht es auf Wikipedia.

Das Gegenteil von Lebemann wäre – wörtlich genommen – »Totfrau« oder »Sterbefrau«. Das sind Gedanken, die ich Eddy schon ganz zu Anfang vorgetragen habe – irgendwas mit dem Gegenteil von unserem Quartier zu machen. Weil das Album ja schon »078« heißt und wir deutlich machen wollen, dass wir hier überhaupt nicht dazugehören.

Eddy fand das gut, aber viel mehr kam von ihm nie, außer: »Hauptsache englisch!«

»Dead Woman« können wir uns natürlich nicht nennen. Mal abgesehen davon, dass »Dead Woman« in der Realität hier auch nicht das Gegenteil von Bonvivant ist, sondern eher so etwas wie der nächste Entwicklungsschritt, der nach dem Quartier folgt.

»Rake«, sagt Eddy jetzt.

»Hä?« Ich schaue ihn mit großen Augen an.

Und er sagt noch mal »Rake«. Und fragt: »Wie klingt das, Bruder?«

»Nach Verbrechen«, sage ich. Und denke zusätzlich, es klingt nach dem Gegenteil von Bonvivant.

»Heißt auf Englisch Lebemann«, sagt Eddy.

Wir diskutieren darüber, ob wir unsere Strategie ändern sollen, entscheiden uns dafür, Bonvivant einfach zu übersetzen. Vor allem, weil alle großen Rapper Lebemänner waren. Egal, in welchen Verhältnissen sie aufgewachsen sind, egal, auf welcher Seite sie standen. Ob East Coast oder West Coast. Ob Bloods oder Crips. Snoop Dogg. Nas, Tupac, Dr. Dre, Jay-Z, The Notorius B.I.G., P. Diddy. Alle lieben Brillanten, fette Karren, viele Frauen, viel Geld. Rakes halt.

»Aber müssten wir dann nicht Rakes heißen? Mit s?«, frage ich.

»Wieso?«

»Weil wir zu zweit sind.«

Eddy kratzt sich am Kinn. »Was hältst du von Two Rakes?«

Erst Monate gar nichts und dann so ein Hammervorschlag: Two Rakes!

Jetzt wird er noch mal kurz unsicher, weil er herausfindet, dass Rake auch Harke bedeutet und wir dann ja »Zwei Harken« heißen würden und Harke klingt ja eher so wie eine Beleidigung, meint er. »Man sagt ja auch ›Du Spaten‹.«

Zu mir hat noch nie jemand »du Spaten« gesagt, und ich finde Two Rakes übertrieben lässig. Daher gilt es, Eddys Bedenken ernst zu nehmen und sie irgendwie zu entkräften. Also sage ich: »Aber man sagt ja auch: Ich zeig dir, was 'ne Harke ist!«

»Echt?«, fragt Eddy. »Wo sagt man das denn?«

»In Hamburg zum Beispiel.« Das kommt garantiert gut. In Hamburg gibt es nämlich eine stabile Hip-Hop-Szene.

»Und was heißt das?«, will Eddy wissen.

»Das ist eine Drohung. So wie: Ich mach dich fertig!«

Eddy nickt. »Alles klar, Bruder, wir nehmen Two Rakes.«

Als ich glaube, die Sache ist geritzt, haucht Eddy gegen die Scheibe und schreibt mit dem Finger *TooRakes* drauf.

»So geschrieben!«, sagt er.

»Warum?«

»Ist geheimnisvoller«, sagt er. »Und ›Tu‹ oder ›2‹ geht nicht, das wäre zu nah an Tupac. Gotteslästerung, weißte?«

Ich schaue ihn an. Überlege, ob es nicht eher Gotteslästerung ist, zu glauben, Tupac würde auf unserer Bank liegen.

Eddy sieht mich jetzt auch an. Dann gucken wir beide Richtung Laterne und Bank, dann wieder in unsere Gesichter.

»Was sagst du? TooRakes oder was?« Eddy hält mir seine Faust hin.

Ich schlage meine dagegen. »TooRakes.«

Eddy beißt sich nickend mit den Schneidezähnen auf die Unterlippe, dann grinst er. »Sein Abbild war ja schon Inspiration pur«, sagt er. »Aber das Original bringt uns auf eine ganz andere Ebene, merkste?«

Bevor ich ins Bett gehe, versichert Eddy mir, ihn nicht aus den Augen zu lassen.

Wie ein kleines Kind, das sehen will, ob seine Weihnachtsgeschenke am nächsten Morgen immer noch da sind, renne ich zum Fenster. Der Mann liegt nicht mehr da. Ich kletter auf den Dachboden. Eddy ist weg. Der Mann sitzt wieder.

Samstags macht Eddys Vater Frühstück. Pfannkuchen mit Apfelmus. Bei uns. Drüben wird nie gekocht. Das finden wir alle vier am besten so.

In der Küche ist Eddy auch nicht.

Während ich aus der Wohnung laufe, höre ich nene rufen: »Wohin –«

Dann fällt die Tür ins Schloss.

Ich werde langsamer. Natürlich ist mein Ziel klar – will ihn unbedingt bei Tageslicht sehen, aber ich kann mich nicht einfach zu ihm setzen. Also tue ich so, als hätte ich etwas anderes vor, schaue zwischendurch auf die Uhr, könnte ja sein, dass ich auf der anderen Seite des Sees eine Verabredung habe.

»Guten Morgen«, sage ich im Vorbeigehen.

»Guten Morgen!«

Mein Herz macht einen Satz. Hat er mir gerade echt mit seinen Fingern das W wie Westcoast gezeigt?

Auch heute Morgen trägt er die gleiche Bandana wie auf der Mauer. Und selbst bei Sonnenschein sieht er Tupac ähnlich. Nur seine Augen sind etwas geschwollen. Vielleicht hat er die ganze Nacht durchgekifft. Oder er ist allergisch gegen Senioren.

Ich fühle irgendwas zwischen Schaudern, Glück und Panik.

Gestern habe ich mich schon wie ein echter Klumpe benommen und heute lege ich 'ne Schippe drauf: Vor dem Frühstück ein paar Seerunden. Zwischendurch stehen bleiben, eine Hand vor der Stirn, die Augen kneifen und Ausschau halten, als könnte hier jeden Moment das Ungeheuer von Loch Ness auftauchen. Fehlt nur noch Brot für die Enten. Oder eine Rikscha vom Verleih. Die sind angeblich dafür gedacht, dass die Jüngeren die Älteren herumkutschieren. Wie verzweifelt müsste man dafür sein.

Als ich wieder auf die Bank zulaufe, bemerke ich, dass sich jemand zu ihm gesetzt hat.

Es gab mal diesen Busfahrer. In seinem Kabuff vorne stand eine Riesenplastikdose voll mit Chupa-Chups-Lutschern, die bunte Zungen machen. In der Schule kannten ihn alle und viele waren stolz, von ihm beschenkt worden zu sein. Also wollte ich das auch. Immer wieder fuhr ich bis zur Endhaltestelle, ging dann als Letzter nach ganz vorne und sagte möglichst höflich »Tschüss«. Insgeheim wartete ich darauf, dass er mich fragte: »Willst du 'nen Lutscher?« Aber er sagte auch immer bloß »Tschüss!«.

Genau so ist das jetzt mit Tupac (oder wer auch immer das ist). Ich erwarte, dass er mich fragt, ob ich mich dazusetzen will, wenn ich freundlich »Guten Morgen« sage, während Eddy schon längst da sitzt und wahrscheinlich nicht mal »Guten Morgen« gesagt hat. Ich will mir gar nicht ausmalen, wie viele Lutscher, der damals abgestaubt hat.

»Bruder, komm her!« Eddy ist aufgesprungen und winkt mit beiden Armen wie jemand, der auf einer einsamen Insel festsitzt und ein Rettungsschiff am Horizont sieht. Dabei ist es bloß Samstagmorgen, kurz nach acht, da schlafen im Bonvivant Wohnquartier fast alle, und Eddy sitzt auf einer Bank – wie er glaubt – mit dem berühmtesten Rapper aller Zeiten, wobei der eigentlich tot ist.

Ich piss mir fast in die Hose vor Aufregung und mir fällt auf, dass Eddy total ausgeschlafen aussieht, hat ihn wahrscheinlich doch aus den Augen gelassen letzte Nacht.

Jetzt stehe ich vor ihnen.

»Was geht?«, fragt Tupac mich. Seine Stimme ist rau und

sanft zugleich. Sie wirkt gerade auf mich wie Wind, der aus verschiedenen Richtungen kommt. Einerseits bläst er meine Aufregung davon. Anderseits pustet er Angst in meinen Kopf. Tupac ist umgeben von einem seltsamen Spannungsfeld, aus dem ich null schlau werde. Das müssen echte Gangstervibes sein.

Ob dieser Mann tatsächlich schon mal dem Tod ins Auge geblickt hat? Keine Ahnung. Aber eins steht fest: Falls er es wirklich ist – egal ob auferstanden oder einfach nur wieder aufgetaucht – an seinem zwischenzeitlichen Aufenthaltsort gab es weder Hantelbank noch Barber Shop.

»Und du bist …«, will Tupac von mir wissen (Ich nenne ihn jetzt einfach so).

Eddy daneben schaut mich mit Riesenaugen an und nickt mindestens fünfmal pro Sekunde.

Ich bringe kein Wort raus, aber ich hab ja Eddy.

Der ist wieder aufgesprungen und legt mir eine Hand auf die Schulter. Stützt sich auf mir ab. »Das, mein Lieber, ist Cem.«

Ich höre mich »Hallo« sagen und denke: Eddy hat gerade »mein Lieber« zu dem Mann gesagt. (Ihn weiter in Gedanken »Tupac« zu nennen, halte ich nicht aus. Und wenn ich hier mit einem Herzkasper umkippe, dann kommt ein Krankenwagen und die suchen einen Rentner, der zusammengeklappt ist, finden aber mich. Die würden mindestens so große Augen machen wie Eddy gerade).

Der Mann grinst kurz, aber bestimmt. »Gefällt mir, dein Name!«

»Danke«, sage ich.

»Bitte«, sagt er und nickt. »Ein türkischer Name persischer Abstammung. Ein persischer König mit drei Buchstaben.«

Ob das wahr ist? Nene meint, Cem kommt vom türkischen Wort »cemaat« und heißt Versammlung.

Eddy mischt sich ein: »Südamerikanischer Freiheitskämpfer mit fünf Buchstaben.« Er sagt es fast schon triumphierend, zeigt mit beiden Händen auf den Mann.

Der nimmt die Bandana ab, als wäre sie eine Krone.

Er sah damit ein bisschen wie jemand aus, der als Tupac verkleidet ist. Ohne Bandana sieht er immer noch so aus.

Was das Buchstabengelaber soll, check ich jedenfalls nicht. Klingt, als wären die beiden mitten in einem Kreuzworträtselbattle. Nur ohne Kreuzworträtsel. Aber das ergibt keinen Sinn.

Eddy winkt ab und sagt: »Vergiss es!« Er hat wahrscheinlich auch gemerkt, dass meine Leitung gerade eher lang ist.

»Cem und ich sind TooRakes«, sagt er jetzt.

»Ihr seid zwei Harken?«, fragt der Mann stirnrunzelnd.

Eddy schaut mich aggro an, als ob der Name meine Idee gewesen wäre, wendet sich dann wieder seinem vermeintlichen Vorbild zu. »TooRakes ist unser Name. Wir sind auch Rapper.«

Der Mann ignoriert Eddys Erklärung. Da rein, da raus.

Krass, denke ich, dass Eddy sich tatsächlich traut, uns auf eine Ebene mit … Er hat gerade eindeutig »auch« gesagt. Dabei machen er und wir ja nicht das Gleiche. Wenn er derjenige ist. Niemand macht das, was Tupac gemacht hat.

Ich glaube, kein Künstler, der etwas besonders gut kann, hat Lust darauf, von jemandem so angequatscht zu werden. Eddy und ich sind zwar keine Laien, wir sind schon auch Rapper, aber eben keine Rapgötter.

Und ihn hier interessiert das ganz einfach nicht.

Eddy erklärt ihm, was es genau mit unserem Crewnamen

auf sich hat und der Mann nickt einigermaßen zufrieden. »Was mit ›Tu‹ anfängt, kann nicht schlecht sein.«

Ich versuche Blickkontakt zu Eddy aufzunehmen, aber aus seinen Augen quillt bloß Stolz. »Danke Digga!«, sagt er.

Ich halte die Luft an. »Mein Lieber« fand ich schon drüber. Weil »mein Lieber« sagt eigentlich immer der, der am längeren Hebel sitzt. Und das ist sicher nicht Eddy. Ich glaube zwar nicht, dass er das damit zum Ausdruck bringen wollte, sondern wahrscheinlich eher seine Bewunderung – aber jetzt auch noch Digga? Wenn Eddy zu Tupac »Digga« sagt, dann ist das wahrscheinlich die größte Majestätsbeleidigung, die man überhaupt bringen kann.

Ich überlege kurz, Eddy ein Zeichen zu geben. Ein Moment nur wir beide hinter der Mauer könnte nicht schaden. Nicht, dass er noch einen draufsetzt. Wie er das machen könnte? Zum Beispiel indem er »Nigga« zu ihm sagt. Klar, Tupac bezeichnet sich selbst als Nigga und seine Homies auch. Es gibt sogar ein Album, das heißt: »Strictly 4 my N.I.G.G.A.Z.«.

Damit meint Tupac aber nicht mich und nicht Eddy. Tupac hat N.I.G.G.A.Z. als Abkürzung benutzt: »Never Ignorant About Getting Goals Accomplished«. Sei nie ignorant und verwirkliche deine Ziele!, heißt das. Das wiederum passt schon ein bisschen zu Eddy und mir.

Als Nächstes kommen diese Worte aus meinem Mund. Als wäre ich ferngesteuert: »Sei nie ignorant und verwirkliche deine Ziele!« Wahrscheinlich, weil ich unbewusst verhindern will, dass Eddy gleich das N-Wort sagt. Aber wenn Eddy bis gerade eben noch nicht auf die Idee gekommen ist, habe ich ihn spätestens jetzt drauf gebracht. Er kennt sich schließlich auch mit Tupac aus.

Der Mann nickt. Er zeigt mit dem Finger auf mich. »Da sagst du weise Worte, mein Junge!«

Logischerweise kriege ich wieder Gänsehaut. Ich bin so überwältigt, dass meine Backenzähne aufeinander herum klappern. Er hat »mein Junge« gesagt. Zu mir.

Eddy grinst wie verrückt und streckt beide Daumen hoch in meine Richtung, soll wohl heimlich sein.

Der Mann nimmt es mit leichtem Kopfschütteln zur Kenntnis. Ob er genervt von uns ist? Hoffentlich denkt er nicht, ich hab es nur gesagt, um mich einzuschleimen.

Ich zucke zusammen. Ein Wollknäuel bellt an meinen Waden. Herr und Frau Klumpe stehen neben mir, als wären sie urplötzlich aus dem Boden gewachsen. Bei genauerem Hinsehen ahne ich, wo sie wirklich herkommen: Beide haben nasse Haare, wobei Herr Klumpe eigentlich keine Haare hat, nur ein paar sehr lange Strähnen, die er sich von links nach rechts über die Glatze kämmt. Aber bei dem Fahrtwind ... Wahrscheinlich waren sie schwimmen. Ob Spike auch in der Plörre planschen darf? Oder haben sie gerade statt eines morgendlichen Badbesuchs alle zusammen den Hundefriseur aufgesucht? Ich bin mir sicher, wir werden es gleich erfahren und zwar in schlimmster Ausführlichkeit.

Die Klumpes überraschen mich zum allerersten Mal. Sie sagen gar nichts, drücken mir einen Zettel in die Hand und fahren weiter.

Der Mann, der vielleicht Tupac ist, ist aufgestanden, kurz hält er sich den Rücken, beugt sich dann runter, zuppelt mit den Fingern an seiner Baggypants herum und steckt die unteren Enden hinter die Laschen seiner Lederstiefel.

Als er wieder gerade steht, sehe ich, dass er so groß wie

Eddy ist. Dabei müsste er eigentlich etwas größer sein. Nämlich genau Einssechundsiebzig.

»Bleibt sauber!«, sagt er jetzt.

»Wo willst du hin?«, fragt Eddy. Er duzt ihn – natürlich.

Der Mann krönt sich mit seiner Bandana und sagt mit ernstem Blick: »Meine Wege sind unergründlich!«

Mir läuft es kalt den Rücken runter. Ist das ein Bibelzitat? Die Wege des Herrn sind unergründlich? Tupac ist der Rapgott. Das würde zusammenpassen.

Wir starren ihm nach. Eddy und ich. Dann starren wir auf das Blatt Papier in meiner Hand.

Eddy will ihm nachrennen, ich halte ihn am Arm.

»Keine Panik«, sage ich. »Lass uns das erst in Ruhe durchlesen!«

Wir sind oben, haben nene noch einen unvollständigen Satz aus der Küche rufen hören, dann fiel meine Zimmertür ins Schloss. Ich sitze auf dem Boden, Eddy geht auf und ab, das Papier in der rechten Hand. Mit der linken zappelt er herum, als würde er rappen. »Unser buntes Wohnquartier Bonvivant bewahren!«, liest er vor. »Die haben doch die Pfanne heiß!«

Wo er recht hat, hat er recht, denke ich und sage: »Aber echt.«

Eddy schüttelt den Kopf. »Das Einzige, was hier bunt ist, sind die Pillen, die die jeden Morgen aus ihrer Tablettenbox schütten.«

Ich muss lachen – und dann auch den Kopf schütteln.

Eddy liest weiter: »… für mehr Sicherheit zum Schutze unserer Kinder und Kindeskinder!«

»Die haben doch alle überhaupt keine Kinder, hier«, sage ich.

»Doch«, sagt Eddy. »Aber die sind fünfzig.« Er richtet seine Kappe.

Während ich im Kopf ausrechne, dass Tupac jetzt auch 50 wäre, wenn er nicht …

»Verrohung der Gesellschaft, Drogen, Gewalt, Vandalismus.« Jetzt lacht Eddy. »Wo hat es hier mal Vandalismus gegeben?«

»Gestern an unserer Mauer«, sage ich.

»Stimmt«, sagt er. »Und das war Vandalismus vom Ordnungsamt.«

Wenn Eddy das Mädchen gesehen hätte, würde er jetzt niemals »Ordnungsamt« sagen, wobei man sich bei Eddy nie so sicher sein kann. Dann sagt er: »Die Einzige, die hier Gewalt anwendet, ist Frau Klumpe. Ich sag nur: Folterknecht!«

Ich nicke und frage: »Und was wollen die jetzt genau?«

»Steht doch da«, sagt Eddy. »Daher rufen wir diese Achtsamkeitskampagne ins Leben.«

Falls Eddy die Fragezeichen in meinen Augen nicht sowieso schon sieht, frage ich: »Was für 'n Ding?«

Er nickt und liest weiter: »Achten wir gemeinsam darauf, wer in unserem offenen Wohnquartier ein und aus geht. Und trauen wir uns im Zweifel zu fragen, welchen Grund der Besuch hat und ob der Grund dafür ein triftiger ist.«

Ich kann das gar nicht glauben. Das haben die niemals selbst geschrieben, denke ich, frage: »Was soll denn ein triftiger Grund sein?«

»Steht da nicht«, sagt Eddy.

»Und was sind nicht triftige Gründe?«

»Ich glaube, das steht da.« Eddy schüttelt den Kopf, nimmt seinen Blick nicht vom Blatt. »Das Rumlungern Fremder auf unseren Bänken halten wir für eine bedenkliche Entwicklung.« Eddy guckt mich an. »Rumlungern haben die übrigens in Anführungszeichen geschrieben.«

Die hätten mal lieber »unsere Bänke« in Anführungszeichen setzen sollen.

Ich stehe auf, nehme ihm den Zettel weg. Mehr steht da nicht. »Lass uns die anzeigen!«, sage ich. Mir fällt ein, dass ich erst gestern jemandem mit der Polizei gedroht habe.

Eddy winkt ab.

»Das ist Fremdenfeindlichkeit«, sage ich. »Die haben diesen Zettel geschrieben, wegen …« Ich mache eine Pause, weil ich nicht weiß, wie ich ihn nennen soll. »Weil er …« Ich bringe auch den nächsten Satz nicht zu Ende, weil ich es so widerlich finde. Nett ausgedrückt würde ich sagen: Die Klumpes haben Angst vor Schwarzen. »Herr Klumpe stinkt mehr nach Hund als sein Hund!«, sage ich.

Eddy lacht nicht.

Ich stelle mir vor, dass wir berüchtigte Anwälte sind, gleichzeitig unsere Aktenkoffer im Gerichtssaal auf den Tisch legen und die Klumpes fertigmachen. Keine schlechten Zukunftsaussichten wären das. Wobei: Am besten wäre es natürlich, wir würden unser Hobby zum Beruf machen und professionelle Rapper werden. Aber gerade haben wir andere Themen.

Eddy spricht jetzt das aus, was ich vorhin nicht geschafft habe: »Die wollen, dass Tupac verschwindet!«

»Diese Arschlöcher«, sage ich.

»Weil er Schwarz ist!«, sagt Eddy.

Und ich sage noch mal: »Arschlöcher!«

Und Eddy: »Aber selbst haben sie nicht den Schwanz in der Hose –« Er stoppt mitten im Satz. »Komm!« Eddy rennt los.

»Wo willst du hin?«

»Ihn aufhalten!«

»Wen?«

»Na, Tupac! Oder würdest du nicht abhauen, wenn du an seiner Stelle …«

Wir rennen die Treppe runter.

»Wohin wollt ihr denn jetzt schon –«, ruft nene aus der Küche, dann knallt wieder die Tür.

Wir grasen eine halbe Stunde die Nachbarschaft ab. Nichts.

Während wir noch viermal außen ums Quartier laufen, kommt mir der Gedanke, dass die Klumpes nie Tupac gehört haben: Sie verfolgen zwar ihre Ziele, aber sind ignorant ohne Ende. Und mir wird zum ersten Mal richtig klar, wie genau Tupac seine Worte gewählt hat. Eine Schande, dass mir erst durch die Klumpes auffällt, wie gut die Abkürzung für N.I.G.G.A.Z. wirklich ist: Never Ignorant About Getting Goals Accomplished.

Eddy kommt mir entgegen.

»Und?«, frage ich.

»Tupac ist weg«, sagt er.

Ich schüttel den Kopf. »Schon wieder.«

Wir haben Eddys Anlage aufgedreht. Müssen irgendwie runterkommen. Er liegt auf dem Bett. Ich auf dem Teppich. Wir starren an die Decke.

California Love. Es ist, als ob du am Steuer sitzt, fette Karre, der Motor heult auf, du nimmst den Fuß von der Bremse und das Ding fliegt los. Draußen alles an dir vorbei. Wie im Rausch. Tupacs Stimme ist rau, seine Ansagen klar. Die Bässe ballern im ganzen Körper.

Hit 'Em Up. Ich kann nicht mehr liegen. Ich will durch den Raum springen. Wie ein Floh. Boxen wie ein Boxer. Über Kopf an der Decke rennen. Scheiß auf Grenzen. Scheiß auf die Feinde. Der Sound macht süchtig wie ein Chupa-Chups-Lutscher. Du lutscht ihn ewig. Er wird nicht kleiner, aber du beißt nicht drauf, weil jede Sekunde zählt. Und dann bist du fertig, kaust kurz auf dem Plastik und steckst dir sofort den nächsten in den Mund.

All Eyez on Me. Ich lasse mich in Eddys Sessel fallen. Von Tupacs Lines umarmen. Was für ein Flow. Lauter, denke ich. Lauter! Lauter! Ich will, dass die Musik in mich reinkriecht.

Nenes Gast

Ich höre Eddys Magen knurren. Eddy hört wahrscheinlich meinen.

Es ist zwölf. Klaus ist längst im Eiscafé, wir seit fast fünf Stunden am Start, haben noch nichts gegessen. Wir könnten uns selbst was machen, aber nene steht am Herd, die Pfanne in der Hand, schmeißt sie gerade einen Pfannkuchen in die Luft. Wir verfolgen die Landung. Mir läuft das Wasser im Mund zusammen.

Der Pfannkuchen ist nicht für mich oder Eddy. Er ist für nenes Gast.

So hat sie ihn genannt. »Darf ich euch meinen Gast vorstellen?«

Seitdem sagen wir nichts mehr. Selbst Eddy hat es die Sprache verschlagen.

In genau diesem Augenblick spießt der Mann von der Bank vor der Wand in unserer Küche einen Rest Pfannkuchen auf die Gabel und wischt damit durch den Klecks Apfelmus, bevor er sich den köstlichen Happen in den Mund steckt.

Schon lässt nene die nächste Portion auf seinen Teller gleiten. Er schneidet ohne Pause weiter, hat noch größeren Kohldampf als wir.

»Ich hoffe, es schmeckt Ihnen«, sagt nene zu ihm.

Er nickt, kaut zu Ende, schluckt runter, grinst sie an und

sagt: »Diese Pfannkuchen sind das mit Abstand Beste, was ich in den letzten 25 Jahren gegessen habe!«

War das der nächste versteckte Hinweis? Ich schaue Eddy an, aber der reagiert nicht.

»Sie können so viel essen, wie Sie wollen«, sagt nene. »Bis alles weg ist.«

Ob das ihre Gastfreundschaft ist oder eine Strafe für uns? Nene ist eigentlich nie sauer. Aber wir waren auch noch nie beide unentschuldigt nicht beim Frühstück. Außerdem wollte sie dreimal mit mir reden und ich bin dreimal abgehauen.

»Was ist mit den Jungs?«, fragt der Mann.

Immerhin einer, der sich Gedanken macht. Er legt nach.

»Rappen macht hungrig.« Er kratzt sich am Kopf, »Soweit ich mich erinnere.«

Eddy guckt mich wieder nicht an.

Und nene sagt: »Die Jungs hatten ihre Chancen.«

Ich kann mir nicht vorstellen, dass sie das lange durchhält.

Die Schöpfkelle in der Hand fragt sie in seine Richtung: »Also wollen Sie noch einen, Herr …?«

»Nennen Sie mich einfach Amaru.«

Es ist, als ob der Blitz einschlägt. Mitten in meinem Kopf. Ich schaue Eddy an. Der rümpft die Nase. Eddy kann doch jetzt nicht ernsthaft sauer sein, weil er keinen Pfannkuchen kriegt. Oder ist er eifersüchtig? Weil nene sich besser mit ihm versteht als er?

»Okay, Amaru«, sagt nene. »Und du nennst mich nene, ja?«

»Mach ich, nene«, sagt er, steckt sich dann die nächste Gabel in den Mund.

Amaru, denke ich. Dann ist er es wirklich.

Tupac Shakur wurde am 16. Juni 1971 geboren. Seine Eltern waren Mitglieder der kalifornischen Black Panther Party. Eine Gruppe Freiheitskämpfer, die sich für Schwarze eingesetzt hat. Dafür, dass sie ein besseres Leben haben, die Kinder auf vernünftige Schulen gehen können und dafür, dass die Polizei sie genauso behandelt wie alle anderen auch und nicht sofort zuschlägt. Oder schießt.

Wir hatten neulich amerikanische Sklavenhaltung in der Schule. Die ist seit fast 150 Jahren verboten. Und heute gibt es immer noch solche Probleme. 150 Jahre. So alt sind die Klumpes zusammen, schätze ich. Und jetzt gerade verteilen sie hier draußen diese Flugblätter. Zum Kotzen. Aber was soll ich auskotzen, wenn kein Pfannkuchen und nicht mal Apfelmus in meinem Magen liegt?

Als Tupac ein Jahr alt war, nannten ihn seine Eltern offiziell um. In Tupac Amaru Shakur. So wie einen südamerikanischen Freiheitskämpfer, der sich gegen die spanischen Eroberer wehrte. Und der war nach einem Inkakönig benannt, der Tupac Amaru hieß. So wie Tupac eben. Etwas kompliziert, aber angeblich war es so.

Das ist der endgültige Beweis! Warum sollte er sonst Amaru heißen? Dass sein Auftauchen etwas mit der Kerze zu tun hat, glaube ich aber nicht, eher damit, dass er überstrichen wurde. Wobei, wenn ich darüber nachdenke – das ist auch Quatsch. Ganz sicher ist aber: Er sieht genauso aus. Nur etwas abgenutzt. Er heißt so. Ist umgeben von einer krassen Aura. Und er existiert wirklich. Warum auch immer.

»Ich muss aufs Klo«, sage ich und stehe auf, trete Eddy im Vorbeilaufen vors Schienbein.

»Bist du bescheuert, Bruder?« Er reibt sich das Bein.

»Ihr seid Brüder?«, fragt Amaru überrascht.

Ich gebe Eddy mit einer Kopfbewegung zu verstehen, dass er mitkommen soll, gehe dann raus. Eddy sollte clever genug sein, um sich auch einen Vorwand auszudenken. Einfach so gehen ist bei nenes Stimmung gerade keine gute Idee. Und auf Amarus Frage wird er auch schon die passende Antwort finden. Tut er aber nicht. Eine Ausrede auch nicht. Er folgt mir schweigend in den Flur.

»Bist du bescheuert?«, flüstere ich.

»Du hast mich doch getreten!«

Ich versuche mich zu beruhigen. Atme ein paarmal durch, sage dann: »Er ist es!«

Eddy kneift die Augen zusammen. Zuckt mit den Schultern. »Ich weiß.«

»Er heißt Amaru, genau wie –«

»Ja«, sagt Eddy. »Das habe ich dir heute Morgen schon versucht zu sagen, aber du –«

»Wann hast –«

»An unserer Bank, weißt du nicht mehr? Südamerikanischer Freiheitskämpfer mit fünf Buchstaben, habe ich da gesagt. Er zählt mir Finger für Finger vor: »A M A R U. Fünf. Amaru.«

Ich nehme meine Brille ab, setze sie wieder auf. »Ich dachte, das wäre so eine Art Kreuzwort…« Dann winke ich ab. Deshalb hat bei Eddy vorhin also der Blitz nicht eingeschlagen. Er wusste es längst.

»Können wir wieder reingehen?«, fragt Eddy.

Er humpelt an seinen Platz zurück. Dabei kann mein Tritt unmöglich immer noch für Schmerzen in seinem Bein sorgen.

Amaru putzt sich mit der Serviette den Mund ab und lehnt sich in seinem Stuhl zurück.

»Wenn ihr euch bei eurer Oma entschuldigt, kriegt ihr bestimmt auch was zu essen«, sagt er zu uns.

Amaru hat recht. Mittlerweile steht Eddy am Herd und kündigt an, »extrem dicke Pfannkuchen« zu backen. »Anticrêpes«, sagt er.

Nene und ich lachen.

Amaru runzelt die Stirn.

Unbedingt will ich wissen, wieso Amaru ausgerechnet in unserer Küche sitzt, und schaue nene an. »Woher kennt ihr euch?«

Sie neigt den Kopf, schaut rüber zu Amaru, als wollte sie ihm die Antwort überlassen.

»Wir kennen uns nicht«, sagt der. »Deine nene hat mich einfach eingeladen.«

Jetzt hat sie mich schon zum zweiten Mal im Leben mit Tupac zusammengebracht, denke ich.

Nenes Blick wird ernst. »Der junge Mann musste aus der Schusslinie«, sagt sie. Ob sie ihn wirklich jung findet?

Ich hatte das Blatt, das vor ihr auf dem Tisch liegt, nicht bemerkt. Nene zieht ein Feuerzeug aus der Schublade und zündet den Nazizettel an, steht dann auf und lässt die Flammen im Spülbecken verglühen. »Vollidioten!«, raunzt sie, während sie beiläufig an der Dunstabzugshaube herumfummelt.

Eddy nickt und ich denke: Aus der Schusslinie. Ob nene Tupac auch an seinem Schicksalstag gerettet hätte? Am 7. September 1996? Damals in Las Vegas, als der weiße Cadillac an einer roten Ampel, Nähe Flamingo Road, neben ihm hielt. Als die Schüsse ihn durchbohrten. Niemand war da, der ihn aus der Schusslinie zerrte. Was wäre passiert, wenn nene am Steuer des schwarzen BMWs gesessen hätte und nicht sein Produzent Suge Knight?

Jetzt sitzt Tupac hier. Und zumindest im Vergleich zu den Menschen in der Nachbarschaft ist er das blühende Leben. Zu nenes Schusslinensatz sagt er nichts.

Typisch nene ist das. Sie hätte ja auch sagen können: Amaru ist hier, weil ich ihn nett fand oder weil ich ihn gefragt habe, ob er etwas essen will. Aber nene sagt einfach die Wahrheit, auch wenn die unangenehm ist. Ich glaube, wir alle hier finden das gut. Dann fällt mir eine Ausnahme ein: Wenn die Klumpes »Frau Karmann« zu ihr sagen, lässt sie es so stehen. Warum weiß ich nicht. Vielleicht, weil sie es witzig findet.

»Wenn du willst, kannst du erst mal hier wohnen«, sagt nene jetzt.

»Das ist wirklich großzügig«, sagt Amaru, »aber ich kann das nicht anne–«

»Doch!!!«, schießt es gleichzeitig aus Eddys und aus meinem Mund heraus.

In meinem Zimmer.

»Es wäre wirklich besser, wenn er bei uns drüben schläft«, sagt Eddy.

»Ja, aber dann müsste er immer durchs Loch zum Essen.«

Eddy schüttelt müde lächelnd den Kopf. »Das ist Tupac, weißt du, wie der aufgewachsen ist?«

Ich halte dagegen. »Jetzt ist er unser Gast, da brauchen wir dem keine Umstän–«

»Aber bei uns hat er mehr Freiräume«, sagt Eddy. »Mein Vater ist den ganzen Tag –«

»Bei uns ist das W-Lan schneller.«

»Bei uns ist es kürzer zum Ausgang.«

»Welcher Ausgang?«, frage ich.

»Vom Quartier.«

Auch wenn es nur zwei Meter sind – er hat recht. »Bei uns ist er weiter von den Klumpes weg.«

Eddy überlegt. »Wir sind ein Männerhaushalt.«

»Wir haben nene«, kontere ich locker.

»Es ist noch schöner, zu nene zu Besuch zu kommen – durchs Loch.«

Ist vielleicht was dran, denke ich und sage: »Dein Vater schnarcht.«

Eddy schüttelt den Kopf. »Du schnarchst!«

So geht das immer weiter. Ende nicht in Sicht. »Vorschlag!«, sage ich. »Eine Woche bei dir und dann eine Woche bei mir.«

Eddys Augen rattern hin und her. »Pass auf«, sagt er. »Ich hab was für dich.«

»Was?«

»Bin sofort wieder da.« Eddy springt auf und rennt nach unten. Kurz darauf höre ich es drüben poltern. Ob er mich bestechen will? Aber womit? Klingt nach 'ner größeren Sache. Seine Boxen? Kann ich mir nicht vorstellen. Auf jeden Fall will Eddy Tupac für sich alleine haben. Wochenweise teilen ist nicht drin.

Egal, was er mir gleich bieten wird, ich werde nachgeben. Wahrscheinlich habe ich sowieso nur mitgemacht, weil es so viel Spaß macht, sich mit Eddy zu batteln und ich bin mir auch relativ sicher, dass er es sich mehr wünscht als ich. Außerdem hab ich heimlich ein bisschen Schiss vor Tupac. Frage mich, ob er zum Beispiel 'ne Knarre dabeihat. Abgesehen davon ist das Ganze sowieso unheimlich.

Jetzt kommt Eddy reingestolpert. Er stellt den Rieseneimer mitten auf meinen Schreibtisch. »Da!« Eddy nickt mit großen Augen, grinst dabei. »Was sagst du, Bruder?«

Mir bleibt die Sprache weg.

»Die kannst du alle haben«, sagt Eddy.

»Wo hast du die –«

»Es gab da mal diesen Busfahrer, ich weiß nicht, ob du den auch kennst. Der hat mir bei jeder Fahrt mindestens drei –«

Ich muss lachen. In dem Eimer sind bestimmt 500 Chupa-Chups-Lollys.

Während sich meine Hände durch das Lutschermeer wühlen, fühle ich mich wie die Lottofee bei der Zahlenziehung.

»Bitte!« Eddy faltet flehend seine Hände. »Bitte, bitte, bitte, bitte, bitte!«

»Die Lutscher kannst du behalten.«

»Was willst du dann haben?«

»Nichts«, sage ich. »Er kann bei dir schlafen.«

Eddy springt auf mich drauf vor Glück.

»Pssssscht!«

Eddy und ich bleiben stehen wie festgefroren. So was hat nene noch nie gemacht – uns einfach so anblaffen. Ich traue mich nicht zu fragen, was das soll.

»Tupac schläft«, flüstert sie.

»Wo?«, kommt es deutlich zu laut aus Eddys Mund geschossen.

Nene schüttelt genervt den Kopf, hat offensichtlich keine Lust uns noch mal auf die geeignete Lautstärke hinzuweisen.

Ich würde nicht aussprechen, was sie gerade gesagt hat. Eddy schon. Aber Eddy ist auch Eddy.

»Wieso TUPAC?«, frage ich, als hätte ich keinen blassen Schimmer.

Eddy hat andere Sorgen. »Wieso schläft Tupac HIER?«, fragt er.

Sie übergeht Eddy erst mal, zwinkert uns zu. »Meint ihr, ich sehe nicht, mit wem wir es zu tun haben?«

»Weißt du nicht, dass Tupac seit ...« Was für eine Frage, die ich stellen will. Natürlich weiß nene Bescheid. Sie lebt ja nicht hinterm Mond. »Wunderst du dich denn gar nicht?«, frage ich.

»Worüber?«

»Na ja, dass er hier ... also ausgerechnet bei uns ... 25 Jahre nach ... hast du irgendeine Erklärung?«

Nene schüttelt unbeeindruckt den Kopf. »Unverhofft kommt oft«, sagt sie und lächelt. »Ich hätte auch nicht für möglich gehalten, dass du mal bei mir einziehst. Ist trotzdem passiert. Ich frage mich auch nicht, warum, sondern freue mich, dass du da bist.«

»Ich freue mich auch«, sage ich.

»Seid ihr jetzt fertig?«, klinkt Eddy sich ein.

Wir nicken.

»Gut«, sagt er. »Dann will ich noch mal auf die Schlafsituation zu sprechen ko-«

»Tupac schläft im Hobbyraum«, stellt nene klar.

Eddy schluckt.

»Geht's dir gut, Eddy?«, fragt sie.

Er schüttelt den Kopf. »Cem und ich haben ausgemacht -«

Die Tür geht auf. Tupac kommt rein. Reibt sich die Augen.

Nene wirft uns keinen bösen Blick zu, weil wir ihren Gast geweckt haben. Stattdessen lächelt sie. »Gut geschlafen, Amaru?«

Er lächelt auch, gähnt und sagt: »Sehr gut.«

Und ich glaube, nene hat ihn uns gegenüber nur Tupac genannt, weil sie checken wollte, ob wir Bescheid wissen. Bescheid darüber, dass Tupac Amaru Shakur neuerdings in nenes Hobbyraum schläft.

Ich weiß gar nicht, warum dieser Raum überhaupt Hobbyraum heißt. Nene schaut fern, nene löst gerne Kreuzworträtsel, nene liest die Zukunft aus Kaffeesatz, nene macht Yoga und viele andere Sachen, aber nichts davon macht sie im Hobbyraum. Im Hobbyraum steht bloß eine Couch und ein Bügelbrett.

Eigentlich ist der Begriff Hobbyraum erst jetzt passend: Weil Tupac mein Hobby ist, gehört er in diesen Raum.

Eddy sieht das anders. »Du kannst auch bei uns drüben schlafen, mein Vater hat 'ne Musikanlage von Bang und Olufsen.«

Nene schmunzelt.

Tupac nicht. »Das ist korrekt von dir«, sagt er. »Aber im Hobbyraum fühle ich mich pudelwohl.«

Pudelwohl, denke ich. Tupac drückt sich, vorsichtig formuliert, ab und an gewöhnungsbedürftig aus.

Eddy verzieht sein Gesicht. Wahrscheinlich kann er sich nicht entscheiden, ob er heulen soll, weil Tupac lieber in nenes als in Klaus' Hobbyraum schläft (Hat Eddy ernsthaft gedacht, er würde bei ihm im Zimmer schlafen?) oder strahlen, weil Tupac ihn »korrekt« findet und ihn »mein Junge« genannt hat. Jetzt ist Eddy auch sein Junge. Zum Glück!

Eddy tritt mir volle Kanne vors Schienbein. »Komm!«

4. Hauptsache, real

»Eddy, ich –«

»Pscht!« Er sitzt auf meinem Zimmerboden, zieht sein Handy aus der Tasche und fängt an, darauf herumzutippen.

»Was machst –«

»Du kannst schon mal 'nen Beat bauen!«

Ich dachte, er wäre sauer, aber offensichtlich schreibt er einen Text. Sonst machen wir das immer zusammen, manchmal auch ich alleine. Das, was er mir gestern gezeigt hat, war sein erstes eigenes Ding.

»Aber ich weiß doch gar nicht, was du –«

Eddy unterbricht mich schon wieder. »Viervierteltakt. 80 Bpm. 16 Bars und die Hook –«

»Aber ich weiß doch gar nicht –«, wiederhole ich.

»Mach einfach!«, befiehlt er. Einen Moment lang schaut er mir todernst in die Augen. »Hauptsache, real!«

Ich fahre mein Laptop hoch, setze mir die Kopfhörer auf und klick mich durch die Beats, die Eddy in den letzten Monaten gebaut hat. Ob Text und Beat unabhängig voneinander ... Gut, Eddy hat mir alles Wichtige gesagt, aber seit wann kann der so präzise Lines schreiben? Mal ganz abgesehen von der Hook. Klar, Eddys Beats sind gut und sie funktionieren auch, aber ich bezweifle, dass er überhaupt weiß, was ein Viervierteltakt ist oder wie schnell 80 Bpm sind. Falls doch, hat er es die letzten Monate ziemlich überzeugend vor mir geheim gehalten.

Ich hole mein Blackbook und meine Stifte aus der Schublade und fange an zu malen. Um den Beat können wir uns kümmern, wenn Eddy fertig ist.

»Was soll das?« Eddy hat mir gerade die Kopfhörer von den Ohren gezogen.

»Was reimt sich auf Katz?«, fragt er.

»Wieso Katz?«, frage ich.

Eddy schüttelt abfällig den Kopf. »Du kennst nicht Katz, Bruder?«

»Ne, kenn ich nicht.« Ich bemühe mich, genauso abfällig zu gucken wie er.

»Katz ist die Abkürzung für Katze.«

Ich muss lachen.

»Also?«, fragt er.

»Auf Katz reimt sich Hatz.«

»Was soll das sein?«, fragt Eddy.

»Ich glaub, das ist ein Jagdbegriff. Hunde machen Hetzjagd.«

»Hetzjagd ist gut«, sagt Eddy.

»Warum rappst du nicht einfach Katze statt Katz? Du hast gesagt: Hauptsache, real! Und Katz ist nicht real. Katze ist real!«

Eddy schürzt seine Lippen. Er überlegt. »Stimmt«, sagt er. »Katze ist real.« Dann setzt er sich seine Kopfhörer auf, während ich eine Katze male. Und dann einen Hund.

Ich ziehe Eddy die Kopfhörer runter und jetzt fragt er mich, was das soll.

»Hund ist –«

Eddy kneift seine Augen zusammen. »Was ist mit Hund?«

Ich muss überlegen, was die Steigerung von real ist. So was weiß Eddy besser als ich. Und gerade beim Begriff real ist wichtig, dass ich den auch real benutze, schließlich geht es um Realness. Und Realness ist in der Hip-Hop-Szene das Wichtigste. Tupac hat in Sachen Realness niemand was vorgemacht: Keiner ist more real als er. Tupac ist the realest. Das haben die Leute gespürt. Überall auf der Welt. Und das tun sie immer noch. Genau deshalb ist er bis heute auch so erfolgreich. Abgesehen davon, dass er der beste Rapper ist.

Von daher ist Eddy mit seinem »Hauptsache, real!«-Vorhaben auf dem richtigen Dampfer.

»Hund ist more real als Katze«, sage ich zu Eddy.

»Stimmt«, sagt er und ich erahne, wie er »Katz« von seinem Bildschirm löscht und durch »Hund« ersetzt. Dann sagt er. »Hund passt nicht. Das klingt als wären wir im Dackelclub.«

Eddy tippt weiter.

Er stupst mich an. »Ich brauch 'nen Vergleich, Bruder!«

»In welchem Kontext?«, frage ich.

»Deine Mutter springt zur Seite wie …«

Ich sage ihm, was mir spontan einfällt. »Deine Mutter springt zur Seite wie ein nasser Sack Reis.«

Eddy schüttelt extrem den Kopf. »Nein, nein, nein! Wie kommst du auf so 'nen Scheiß?«

»Du sagst ja nicht, worum's geht!«

Er schaut mir in die Augen. »Es geht darum, dass wir Too-Rakes sind! Wir nehmen uns, was wir wollen. Plündern! So'n bisschen Robin-Hood-Style, nur dass wir alles selbst behalten.« Eddy ist noch nicht fertig. »Die Message ist: Wir sind die Größten! Die Kings!«

»Wie wär's mit: Deine Mutter springt zur Seite, will uns dienen bis zur Pleite!«

Eddy nickt. »Eigentlich Killer«, sagt er, »ist aber Paarreim.«

»Ja und? Seite, Pleite. Ist doch Paarreim.«

Er winkt ab und als ich frage: »Oder Schweifreim?«, hat er die Kopfhörer längst wieder aufgesetzt.

Ich glaube, mit so vielen Fachbegriffen wie heute haben wir noch nie um uns geworfen. Es ist, als ob Tupac im Raum sitzt und uns zuhört, und wir beweisen ihm, dass wir unser Handwerk verstehen. Wenn ich mir Eddy anschaue, bin ich sicher: So ernst, so wichtig, war noch kein anderer Tag und kein anderes Werk für ihn. Auf jeden Fall bin ich extrem gespannt, was er gerade verzapft. Und weil ich eh nicht weiterkomme, gehe ich nach unten. Ist ja nicht so, als wäre da nichts los heute.

Deine Mutter springt zur Seite wie ein Kind auf der Autobahn, fällt mir ein, als ich die Treppe runterlaufe. Das kickt aber auch nicht richtig.

Ansonsten kommen mir noch ein paar Sachen mit »Nutte« in den Sinn.

Ich werde Tupac fragen. Der hat sicher Tipps fürs Dichten. In meinem Bauch kribbelt es. So eine Chance bekommt niemand. Gleich lerne ich vom Größten. »Wo ist –«

Nene lässt mich nicht aussprechen. Zeigt Richtung Tür. »Gerade raus.«

Tupac kniet auf den Pflastersteinen, schnürt seine Boots. Eigentlich trägt er sie immer offen.

Mein Herz klopft. Ich räuspere mich. »Kann ich was fragen?«

Er schaut mich nicht an. »Kommt drauf an!«

Ich gehe neben ihm in die Hocke.

Trägt er die Trainingsjacke von Eddys Vater? Weiß, Pink, Türkis.

Klaus sieht damit aus, wie ein ahnungsloser Fußballtrainer, der Kindern Sachen beibringen will, die er selbst nicht kann. Und Tupac? Sein Bart ist echt nicht so ganz schwarz. Eher grau meliert. Sieht aber insgesamt so aus, als hätten ihm die Pfannkuchen und das Nickerchen gutgetan. Nur noch kleine Ringe unter seinen Augen. Und den Bauchansatz verdeckt die ausladende Jacke locker.

Tupac sieht gerade ziemlich lässig aus. Ein Bild von ihm in dieser Jacke könnte im Lexikon neben »Swag« stehen. Dann würden auch Klaus und all die anderen Leute, die nicht wissen, was Swag bedeutet, verstehen.

Ich hol tief Luft, bin aufgeregt wie Sau. Hoffentlich wird er nicht aggro und denkt, dass ich denke, ich wäre in der gleichen Branche wie er. Bei allem, was Eddy so rausgehauen hat, ist er cool geblieben. Wieso sollte das bei mir anders sein? Vielleicht, weil Tupac ein Thug ist, der seine Wurzeln im Ghetto hat. Sich auf der Straße auskennt mit Drogen, Schlägereien. Sich Schießereien mit Polizisten lieferte. Wenn Tupac etwas nicht gepasst hat, ist er manchmal von null auf hundert ausgerastet. Hat sich gewehrt. Mit der Faust. Unberechenbar. Tupac soll mit durchlöchertem Lungenflügel »Fuck you!« zu einem Polizisten gesagt haben. Ein paar Tage später stellte er das Atmen für immer ein.

Jetzt atmet Tupac tief durch.

Ich auch. Dann sage ich: »Wie hast du das eigentlich gemacht, wenn du … oder besser: Wie machst du das –«

Tupac steht auf.

Ich stehe auch auf.

Er hat zwei Eisenstangen in der Hand. Holt aus.

Ich reiße die Arme vor meinen Kopf. Kneife die Augen zu.

Der Schlag … kommt nicht.

»Soll's regnen?« Zwischen meinen Ellenbogen hindurch sehe ich, wie Tupac nach oben schaut. Die Eisenstangen an die Schulter gelehnt.

Sein Gesicht sieht nicht so aus, als würde er mir jetzt den Schädel zertrümmern.

Vorsichtig nehme ich die Arme runter.

»Auf die Plätze, fertig, los!« Tupac marschiert davon.

Dabei schwingt er die Arme extrem weit nach vorne und zurück. Als würden unsichtbare Fäden daran ziehen. Tupac als lebensgroße Marionette. Eine Actionfigur. In der Sportausgabe.

Die Eisenstangen sind keine Eisenstangen, um Leuten, die blöde Fragen stellen, die Fresse zu polieren. Es sind Nordic-Walking-Stöcke.

Ich stehe wie versteinert da. Tupac Shakur walkt nordic um unseren See. Nach kraftvollem Beginn baut er stetig ab.

Schließlich schleppt er sich nordic auf mich zu. Der Schweiß rinnt sein Gesicht runter. Er lässt keuchend die Stöcke fallen, drückt den Knopf auf der Uhr. Hat mit seiner goldenen Rolex die Zeit gestoppt.

»Schöne Strecke«, ächzt er.

»Ja«, sage ich. »Die Strecke hat's echt in sich.«

Er guckt mich aggro an. »Wie meinst du das?«

Irgendwas musste ich halt sagen – dann kam Schwachsinn raus. Und wenn ich meinen Gedanken freien Lauf gelassen hätte, so wie Tupac seinem Körper, ihn gefragt hätte, ob er den totalen Lattenschuss hat, dann hätte er die Walkingstöcke wahrscheinlich doch zu Eisenstangen, mit denen man Leuten, die nervige Fragen stellen, aufs Maul haut, umfunktioniert.

Ich hätte nie gedacht, dass irgendwas, das Tupac macht,

peinlich sein könnte. Weil Tupac eben keine peinlichen Sachen macht. Oder sie nicht machen sollte. Mit Realness hatte dieser Auftritt gerade absolut gar nichts zu tun.

Dann fällt mir Frau Klumpe ein. Laut ihr ist Nordic Walking besser für den Beckenboden als Jogging. Da kann man sogar inkontinent werden. Das hört sich gar nicht schlimm an (Wobei: Wenn es aus ihrem Mund kommt, schon!). Dabei heißt das nichts anderes, als dass der Urin einfach … Worüber denke ich hier eigentlich nach? Ich werde schon zum Selbstfolterknecht.

»Hattest du nicht 'ne Frage an mich?«

Ich bin gerade nicht in der Lage, an Rap zu denken, »Hat sich erledigt.«

»Dann hab ich 'ne Frage«, sagt Tupac. »Wie fandest du meinen Stockeinsatz?«

Die Wahrheit wäre: gut. Sogar sehr gut. Schulmäßig. Zumindest zum Anfang. Technisch viel feiner als die meisten anderen hier, die die Stöcke nur alibimäßig hinter sich her schleifen. Würde sich glatt für ein YouTube-Tutorial eignen.

Das kriege ich nicht über die Lippen.

»Könnest du nicht was anderes machen?«

»Was sagst du?« Tupac schaut mich schräg von der Seite an.

»Vielleicht lieber Bankdrücken. Oder … keine Ahnung … Boxen?«

Er geht auf mich zu. Bleibt vor mir stehen.

Boxen war 'n Scheißvorschlag.

Tupac drückt mir mit dem Zeigefinger gegen die Brust.

»Hast du eine Ahnung, mit wem du hier gerade redest?«

Ich piss mir fast in die Hose. Keinen Ton kriege ich raus. Fange an zu zittern.

»Sag mir nicht, was ich tun soll, klar?«

»Klar«, hauche ich stimmlos.

Er klopft mir ein paarmal auf die Schulter und verschwindet kopfschüttelnd im Haus.

Das ging schon eher in Richtung Realness.

Eddy hat Schaum vorm Mund, als ich reinkomme. Richtig dichten Schaum. Sieht aus, wie nenes Eischnee, den sie immer für die Baklavas anrührt. Nur, dass Eddys Lippenschnee blau ist. Dann sehe ich den Chupa-Chups-Lutscher in seiner Hand. Der ist daran schuld, zumindest, was die Farbe angeht. Ich vermute, die Konsistenz ist auf unbremsbare Begeisterung zurückzuführen.

»Eddy, deine Lippen sind –«

»Bruder!«, raunzt Eddy. »Ich bin so unendlich inspiriert. Letzte Nacht erst unser Name: TooRakes! Und jetzt gerade habe ich den Opener für unser Album geschrieben. Alles nur, weil Pac da ist.«

Ehrlich gesagt habe ich auf den Moment gewartet, in dem er ihn beim Spitznamen nennt. Möchte mal wissen, ob er das auch machen würde, wenn er gesehen hätte, was meine Augen sich gerade draußen antun mussten.

Eddy steht auf und greift sich an die Stirn. »Ich wusste früher gar nicht, was Inspiration bedeutet!«

»Eddy, ich –«

Er zeigt mit dem Finger auf mich. »Du nennst mich ab jetzt Edgar!«

Drehen hier jetzt alle komplett durch? »Was willst du?«

»Edgar ist mein richtiger Name.«

»Das wusste ich gar nicht«, rutscht es mir raus. Dabei habe ich viel dringender eine Frage. Nämlich: »Warum?«

»Weil meine Eltern mich so genannt haben. Oder warum heißt du Cem?«

»Für mich bist du Eddy, Bruder!«

»Jetzt nicht mehr«, sagt er. »Eddy nimmt doch keiner ernst. Eddy klingt nach Spaßvogel, nach Kumpeltyp. Aber jetzt sind wir TooRakes. Edgar und Cem. Meinetwegen auch Cem und Edgar.«

Eigentlich wollte ich Eddy – oder meinetwegen auch Edgar – erzählen, was draußen passiert ist und jetzt bin ich in irgendeiner Sinnlosdiskussion gefangen.

Wenn ich drüber nachdenke: Vielleicht klingt Eddy wirklich nach Kumpeltyp. Und nach Spaßvogel. Und ein bisschen ist er das für mich auch. Also wäre es eigentlich real, ihn auch Eddy zu nennen.

Er redet weiter: »Wir beide – das habe ich dir schon mal gesagt – sind zusammen wie Pac.«

Jetzt geht das wieder los.

»Ich bin eher so …«

»… der Gangster«, vervollständige ich seinen Satz. »Und ich bin eher der Nachdenker!« Dann denke ich darüber nach, wer von uns beiden wohl der Walker ist.

»Genau«, sagt Eddy.

Ich erinnere mich daran, wie er mal meinte, ich sollte mir das mit der Brille noch mal überlegen. »Wir machen doch keinen Studentenrap, hier«, waren seine Worte. Aber dann hat er im Internet ein Bild von Tupac mit Brille gefunden und findet das seitdem »alles absolut stimmig«. Eddy hat auch mal gesagt, dass mein Migrationshintergrund wichtig für uns als Combo ist. Weil ich alles mit ganz anderen Augen sehe (mal abgesehen von meiner Brille), und er hat noch gesagt, dass ich ja auch nicht richtig dazu gehören würde in der Siedlung. Er zwar auch nicht, aber mein Name zum Beispiel würde das noch mal untermauern: Cem Karaman. Jetzt hat er halt festgestellt, dass sein Name seinen Status in unserer Crew nicht so richtig untermauert.

Irgendwo habe ich mal gelesen, dass Tupac gleichzeitig Schläger und Poet war – ein »sensibler Gangsterrebell«, stand da. Das hat mir gefallen. Ich finde, es passt auch zu Eddy. Eddy kann ziemlich sensibel sein. Und wortgewandt. Zumindest kommen immer wieder alle möglichen Sachen aus seinem Mund. Und dagegen ist er auch meistens, was ja Voraussetzung ist, um Rebell zu sein. Am Gangstersein muss er noch ein bisschen arbeiten, aber das sage ich ihm besser nicht.

Nachdem ich Eddy das erste Mal sah, hatte ich ihn rund in Erinnerung. Ehrlich gesagt dachte ich: Eddy ist dick. Aber als ich ihn wiedertraf, habe ich festgestellt: Er ist gar nicht dick, sondern schlank. Und wenn ich so darüber nachdenke, glaube ich: Das lag wirklich an seinem Namen. Eddy klingt irgendwie dick. Vielleicht wegen Teddy.

»Bruder! Wie findest du's?«

»Nice.« Das alte Spiel. Immer erst positiv.

»Was denkst du wirklich?«

Ich habe es gerade zum ersten Mal gelesen. Und ich würde es gerne hören. Bevor ich ihm das sagen kann, hat Eddy schon losgelegt und was ich höre, macht mich fertig. »Das hast du gerade geschrieben!?«

Seine Augen funkeln. »Gefällt's dir?«

»Es ist …, es ist … Ich weiß nicht, was ich sagen soll!«

»Gut oder schlecht?«, fragt Eddy.

»Hammer!«

»Echt?«

»Killer!«

Ich glaube, er kriegt wieder Schaum vorm Mund.

»Was hältst du von der letzten Line? Lieber: Du bist tot wie ein Aal? Oder eher: Wir sind phänomenal?«

»Eigentlich finde ich das mit dem Aal dope, aber –«

Eddy rennt die Treppe runter, dabei war ich noch gar nicht fertig. Er hat nämlich fünf oder sechs Tiervergleiche eingebaut, je nachdem, ob man Honigkuchenpferd mitzählt, und mich würde zumindest interessieren, ob das Absicht ist, oder nicht doch Sinn machen würde, noch mal drüberzuschauen.

Tupac sitzt frisch geduscht im Wohnzimmer. Wirft sich gerade ein paar Erdnüsse in den Mund. *Bebende Herzen* läuft. Wiederholung vom Vorabend.

Eddy nimmt die Fernbedienung vom Tisch, schaltet den Fernseher aus.

Tupac schüttelt aggro den Kopf, »Laura war gerade kurz davor –«

Eddy baut sich vor ihm auf.

Jetzt lehnt Tupac sich tief in die Couch zurück, die Beine in der dunklen weiten Jeans breit, seine hellbraunen Lederstiefel sind wieder offen. »Was stimmt nicht mit dir?«, fragt er Eddy mit leichter Kopfbewegung nach oben.

Eddy ist nicht mehr aufzuhalten.

Ich stehe zitternd daneben. Müsste ich einen Beat machen, würde ich sterben.

Während er rappt, verzieht Eddy keine Miene, schaut Tupac durchgängig ins Gesicht. Ein bisschen so, als würde er ihm drohen. Der Typ hat echt Eier. Und ich frage mich, wieso er in der einen Line überhaupt Katz statt Katze rappen wollte. Das macht null Sinn.

Eddy steht also vor Tupac.

Du wirst jetzt von uns hören, was eine Harke ist
Später kannst du stolz verkünden, TooRakes haben dich
*   gedisst*
Während deine Mutter dir noch weiter Honigbrote
*   schmiert*
Wissen wir schon ziemlich lange, wie das Leben funktio-
*   niert*
Bitches geben uns die Ehre, schnurren um uns rum wie
*   Katzen*
Kommen TooRakes in dein Haus, tust du so als würdest
*   du ratzen*
Wir klingeln nicht, wir klopfen nicht, wir kommen einfach
*   rein*
Mit dem Hammer vor der Tür, glaub mir, Junge, du wirst
*   schreien*
Deine Mutter springt zur Seite wie ein Honigkuchenpferd
Dann deckt sie uns den Tisch und du guckst nur zu, du
*   Fisch*

Wir sind TooRakes, schlagen alles kurz und klein
TooRakes, richten uns gemütlich ein
Wir sind TooRakes, trinken Wein aus dein'm Pokal
TooRakes sind in deinem Haus, unsere Fäuste aus Stahl

Wir sind TooRakes, lassen uns von dir bedienen
TooRakes stechen zu wie fette Bienen
Wir sind TooRakes – Bling Bling Royal
TooRakes sind echte Lebemänner, du bist tot wie ein Aal

»Er hat applaudiert – er hat applaudiert – er hat applaudiert.«
Eddy schweigt immer ungefähr 20 Sekunden und sagt dann:
»Er hat applaudiert.« Seit bestimmt zehn Minuten steht er
unter einem fetten Schock. Weil ich dachte, frische Luft hilft
vielleicht, gehen wir um den See. Immerhin hat er gerade
keinen Schaum vor dem Mund. Er starrt bloß geradeaus,
geht dabei vorwärts und sagt: »Er hat applaudiert.« Ein bisschen ist das wie Schluckauf. Nur mit Worten. Hat er jetzt
Tourette?

Kein Wunder, dass er so reagiert. Ein Wunder ist, was passiert ist. Wenn mir gestern Morgen jemand gesagt hätte, dass
Eddy Tupac seine selbst geschriebenen Lyrics vorträgt und
der nicht nur anerkennend nickt, sondern daraufhin dreimal
langsam in die Hände klatscht, dann hätte ich demjenigen
aus verschiedenen Gründen einen Vogel gezeigt. Und das,
obwohl ich nie Vögel zeige.

Dann hat er gesagt: »Nicht schlecht! Weiter so!« Das hat
mir die Gänsehaut meines Lebens verpasst. Niemals werde
ich diesen Augenblick vergessen. Und Eddy sowieso nicht –
zumindest, wenn man davon ausgeht, dass die ganze Nummer keinen dauerhaften Schaden bei ihm ausgelöst hat.

Vielleicht hilft erschrecken.

»Uaaaaah!«, schreie ich ihn an.

»Er hat applaudiert«, sagt Eddy.

»Ruhe da unten! Es ist Mittagszeit!«, brüllt ein Mann aus dem Fenster.

Soll er halt selber ruhig sein. »Ruhe da oben!«, brülle ich zurück. Eddy hat mir gerade gezeigt, was sich mit Eiern erreichen lässt.

»Ich komm gleich runter, dann setzt's was!«, ruft der Mann.

»Komm doch!«, rufe ich. Der weiß wohl nicht, dass wir TooRakes sind.

»Na warte!« Er verschwindet vom Fenster. Trägt genauso ein Feinripp-Unterhemd wie Tupac. Bei dem einen ist das Gangstastyle. Bei dem anderen Opastyle. Das ist genau wie mit unseren Bauchtaschen. Damit habe ich hier auch schon einige Hochbetagte herumwandern sehen. Und zum Anfang habe ich ganz kurz geglaubt, der ein oder andere wäre in der Hip-Hop-Szene aktiv. Wie krass man danebenliegen kann. Hat Witwe Bolte von Max und Moritz nicht auch 'ne Bandana auf dem Kopf?

Der Opa ist wirklich runtergekommen. Mit einem Besen, den er hält wie ein zu großes Schwert, kommt er auf uns zu. Sein Kopf ist glutrot. Er bleibt vor uns stehen.

»Er hat applaudiert«, sagt Eddy.

»Wer?«, fragt der Mann stirnrunzelnd.

»Er hat applaudiert«, wiederholt Eddy.

»Sag mal, willst du mich –« Zitternd hebt er den Besen so hoch er kann, als wollte er ausholen. Dann sagt er: »Ich werd euch zeigen, was 'ne Harke ist!«

Ich schau Eddy an. Der fängt an, ganz komisch zu blinzeln. Dann nickt er und sagt zum Opa: »Nicht schlecht! Weiter so!« Er fasst ihm auf die nackte, hagere Schulter, die nur vom Träger seines Feinrippunterhemdes bedeckt wird. So, als würde er ihm einen väterlichen Rat geben wollen.

»Fass meinen Mann nicht an!«, ruft jetzt eine Oma aus dem Fenster, an dem gerade der Opa stand. Dann taucht sie ab. Ich ahne schon, dass die gleich auch hier unten aufkreuzt.

Erst mal steht aber Frau Klumpe neben uns.

»Was ist hier denn los?«, krächzt sie.

Eddy sagt: »Nix Besonderes!«

Ich bin begeistert. Weil er nicht mehr »Er hat applaudiert« sagt und weil er nicht den Eindruck macht, gleich dem Opa und der Oma auf die Fresse zu geben. Auch wenn die beiden das verdient hätten.

»Komm, wir hauen ab!«, sage ich zu Eddy, er nimmt ohne Widerworte die Hand von der Opaschulter und wir verschwinden.

»Grüß deine Oma ganz lieb!«, blökt Frau Klumpe uns hinterher. Ich weiß nicht, ob sie das freundlich meint oder ironisch. Dann höre ich noch, wie sie sagt: »So, Frau Willutski, dann erzählense mal!«

Was sie erzählt, verstehe ich nicht mehr. Das liegt vor allem daran, dass Eddy gerade ziemlich laut unsere Zukunft feiert: Tupac hat es offensichtlich gefallen. Also wird er uns ziemlich sicher supporten wollen.

»Ich glaub, wir schnuppern am Plattenvertrag!«, sagt Eddy.

Ich könnte seine Euphorie bremsen, ihm von der Walkingnummer erzählen. Vielleicht sollte ich mich bei ihm entschuldigen. Es ist immerhin Tupac Shakur. Ich hoffe einfach nur, er ist nicht nachtragend. Gut, dass ich nenes Enkel bin. Vor nene scheint er Respekt zu haben. Völlig zu Recht natürlich.

Ich behalte es für mich und sage: »Das ist nicht irgendein Plattenvertrag.«

Und Eddy: »Das ist DER Plattenvertrag!«

Dann fällt mir was anderes ein. »Warum wolltest du erst Katz rappen statt Katze?« Ich kratze mich am Hinterkopf. »Hieß es nicht sogar Katzen?«

»Ganz ehrlich: Ich weiß es nicht mehr.« Eddy legt mir jetzt auch eine Hand auf die Schulter, so wie vorhin Herrn Willutski. »Schreiben ist für mich wie ein Rauschzustand, weißt du, ich hab kaum Erinnerung daran. Irgendwie übersinnlich. Als ob ein kleiner Tupac in meinem Kopf sitzt. Oder in meinem Herzen! Und dann bricht es einfach so aus mir raus!«

Veränderungen im Lifestyle

Wir essen Spaghetti mit Sojabolognese. Scheint allen zu schmecken.

Die Stimmung ist trotzdem seltsam. Das liegt daran, dass Tupac uns gelobt hat und wir nicht so genau wissen, wie wir damit umgehen sollen. Selbst Eddy hält sich zurück.

Es ist wie mit dem allercoolsten Mädchen, das man am Wochenende auf einer Party geküsst hat, montags sitzt man dann zusammen in der Klasse, traut sich nicht richtig hinzugucken und hat keine Ahnung, was man machen oder sagen soll. Nicht, dass ich damit Erfahrungen hätte, aber so ungefähr stelle ich es mir vor.

»Kannst du mir mal das Wasser geben, Eddy?«, fragt Klaus leise wie immer.

Eddy reagiert nicht.

»Eddy?« Klaus schaut ihn irritiert an.

»Edgar. Nenn mich bitte bei meinem richtigen Namen!«

Das Abendessen ist ein absoluter Stimmungskiller, zumindest bis jetzt.

Denn jetzt steht nene auf.

Sie grinst und sagt: »Nun seht ihr meinen Beitrag zum Thema Namen.«

Während sie ihre, offenbar heute Nachmittag erlebte, Geschichte erzählt, geht sie immer wieder um den Tisch, und tut so, als wären wir die Personen, die sie getroffen hat und wedelt dabei wild mit den Armen herum. Eine richtige Show zieht sie ab.

Es geht um die Klumpes, ein Mädchen, und diese elendige Zettelaktion.

Nene kam gerade vom Einkaufen wieder und gleichzeitig ging ein junges Mädchen neben ihr durch den Torbogen. »Vielleicht so alt wie Edgar und Cem«, meint nene. »Ziemlich hübsch. Und dieses Mädchen wird erwartet. Na, von wem? Ausgerechnet vom Ehepaar Klumpe und ihrem Köter.«

Während ich denke, dass es sich dabei bestimmt um die Enkelin aus dem Turnverein handelt, verkündet nene ihren Geistesblitz. Sie will ein »Exempel statuieren«, sagt sie, auch wenn es ihr etwas leid um das Mädchen tut.

»Ich bleibe also, zusammen mit dem Mädchen, genau vor den Klumpes stehen.« Nene bleibt vor Eddy stehen und kneift ihm in die Backe, der windet sich schmerzverzerrt aus ihrem Griff.

Wahrscheinlich haben die Klumpes ihrer Enkelin auch in die Backe gekniffen, und die Wange des hübschen Mädchens stinkt seitdem nach Spike. Ehrlich gesagt, kann ich mir nicht wirklich vorstellen, dass die Klumpes eine hübsche Enkelin haben, aber wenn nene das sagt …

»Ausweis!«, sagt nene streng, sie steht immer noch vor Eddy. »Na?«, fragt sie.

Eddy zuckt die Schultern. »Ich bin noch keine sechzehn!?«, kommt fragend aus seinem Mund.

Nene steht leicht gebeugt da, hebt ihren Zeigefinger und reißt ihre Augen auf, als ob sie übergeschnappt wäre. »Genau das hat das Mädchen auch gesagt. Und Frau Klumpe hat gekeift …« Nene huscht auf die andere Seite des Tisches, baut sich hinter Amaru auf. Sie verzieht ihr Gesicht. »Was fällt Ihnen ein?«, ahmt sie Frau Klumpe nach.

Jetzt huscht sie weiter und ich muss mich umdrehen, um ihr Gesicht zu sehen. Sie schürzt die Lippen und schaut abfällig, wie eine edle Dame, also ein bisschen wie sie selbst, nur extremer, und sagt: »Ich will unser buntes Wohnquartier Bonvivant bewahren! Für mehr Sicherheit zum Schutze unserer Kinder und Kindeskinder!«

Während nene weiter den Nazizettel zitiert, versuchen Herr und Frau Klumpe immer wieder mit einem »aber« dazwischenzukommen, aber es klappt nicht richtig. Nene fragt: »Was ist der Grund für deinen Besuch?«

»Meine Großeltern«, sagt das Mädchen.

Nene legt ihren Daumen ans Kinn, als würde sie grübeln. »Ob das ein triftiger Grund ist. Hm? Eine bedenkliche Entwicklung!«

Dann äfft sie so real Frau Klumpe nach, dass ich tatsächlich Frikadellen sehe. Mit Riesenzwiebelstücken. »Es ging uns um den fremden Mann, der –«

Nene schaut plötzlich todernst. Ihre Stimme ist klar und laut. »Pah!«

Alle am Tisch zucken zeitgleich zusammen.

»Ein blondes Mädchen darf kommen! Aber der Schwarze, vor dem haben wir Angst? Saftladen!« Nene wirft ein, dass sie an dieser Stelle auf den Boden gespuckt hat.

»Entschuldigen Sie, Frau Karmann, wenn wir Sie damit –«

Nene weitet ihren Brustkorb wie eine Opernsängerin. Steht auf Zehenspitzen da. »Karaman«, poltert sie mit rollendem R. »Sie bekommen bald Post von meinen Anwälten.«

»Entschuldigen Sie vielmals, Frau Karmann –«

»Ka RRRa Man!«

»Die Klumpes gucken blöd aus der Wäsche«, sagt nene.

»Und ich sag: Tschüss, Frau Pumpe! Herr Pumpe!«

Eddy und ich grinsen. Amaru klatscht. Ich zähle sieben-mal.

Auf Pumpe sind nicht mal Eddy und ich gekommen.

Über ihren falschen Namen lacht nene also ab sofort nicht mehr.

»Boah, die Pumpes!«, sagt Eddy und ich frage mich, ob es nicht besser Pumpen heißen sollte. Oder noch besser: Luftpumpen. Vielleicht sollten wir grundsätzlich mal drüber nachdenken, sie »die Klumpen« statt »die Klumpes« zu nen-nen.

Eddy zeigt auf mich. »Die Härte ist ja, dass die dich immer Sven nennen, Bruder!«

»Echt?« Das war mir noch nie aufgefallen. Die Klumpes denken, ich wäre Sven Karmann statt Cem Karaman. Irgend-wie schockiert mich das.

Und Eddy setzt noch einen drauf – genauer gesagt: zwei.

»Die denken auch, dass du ein Waisenkind bist! Und bei mir, dass ich Halbwaise bin!«

Ich muss schlucken. Halbwaise. Habe ich noch nie gehört das Wort. Gibt es dann auch Vollwaise? Und bin ich dann so was (abgesehen davon, dass ich so was nicht bin)?

»Shit!«, ruft nene. »Wir haben keinen Nachtisch.«

Man muss wissen: Bei uns gibt es immer Nachtisch.

Eddys Vater sagt: »Ich könnte Eis holen.«

Tupac lächelt. »Ich liebe Eis.«

Dem wird die Freude noch vergehen, denke ich.

»Also: Was darf's sein, Amaru?«

Als der sich am Kinn kratzt, erklärt Klaus emotionslos: »Ich hab eine eigene Eisdiele.«

Tupac nickt beeindruckt.

Und Eddy sagt: »Er ist der Eisdealer, der mit Eis dealt!«

»Cool«, sagt Tupac jetzt.

Ich will nicht wissen, was er wirklich denkt. Das gerade war sicher das beschissenste Wortspiel, das Eddy je gemacht hat. Der Spruch ist sogar mir peinlich.

Klaus holt Zettel und Stift raus, um die Bestellungen aufzunehmen, dabei gibt es für nene, Eddy und mich sowieso immer dasselbe: Zwei Kugeln Schokolade, zwei Vanille und die pimpen wir dann mit Oreokeksen aus dem Küchenschrank.

»Gute Wahl«, flüstert Klaus, nachdem Tupac bestellt hat.

Während wir auf Klaus, Eddy und das Eis warten, sucht nene ein Doldengewächs mit elf Buchstaben.

Aus Tupacs Mund kommen Wörter, die ich nie zuvor gehört habe. Kälberkropf. Stranddistel. Pimpinelle. Sie einigen sich auf Meisterwurz.

Über nene und die Zeitung gebeugt sagt Tupac: »Kurios mit sieben Buchstaben – das ist ›seltsam‹.«

Das ist sogar sehr seltsam.

Es ist Sonntagmorgen. Eddy zerquetscht seine Energydose in der Hand. Kurz saßen wir auf der Bank, aber ohne Tupac auf der Wand ist es nicht dasselbe. Und zu Hause konnten wir nicht in Ruhe reden. Weil Tupac da anwesend ist.

»Ich hab's, Bruder!« Eddy haut mir auf die Schulter. »Pac hat in Wirklichkeit ›Amerikanisch‹ gesagt.«

»Hä?« Ich weiß nicht, was er meint.

»Sag dreimal hintereinander ganz schnell »Amerikanisch!«

»Amerikanisch Amerikanisch Amerikanisch.«

Eddy breitet stolz seine Hände aus: »Also ich hab eindeutig Amarenakirsch verstanden. Damit steht fest: Er wollte eigentlich ein geiles amerikanisches Eis mit Cookies und hat dann eins gekriegt, das so schmeckt wie die Klosteine in den Pissoirs an der Autobahn, wenn die mit Kirscharoma versetzt wären.«

Mir wird schlecht. »Aber wieso Malaga? Ohne, dass er die Auswahl kannte! Das ist –«

»Gute Frage.« Eddy stülpt seine Unterlippe nach außen. »Amalgam? Mallorca?«

Was er von sich gibt, macht null Sinn. Fehlt nur noch, dass er behauptet Tupac hätte am ersten Abend nicht »Angenehme Ruh«, sondern »Amaru« gesagt. Amalgam muss jedenfalls in mein Blackbook.

»Dann mag er halt Eis mit Rosinen drin«, sage ich, »ist doch scheißegal!«

»Ja«, sagt Eddy. »Kam halt überraschend.«

Nach einer Seerunde probieren wir noch mal unsere Bank aus. Wir atmen beide gleichzeitig tief ein und schauen uns an. »Ist vielleicht alles etwas viel gerade, was?«

Eddy nickt und grinst. »Kannst du laut sagen, Bruder.« Dann sagt er: »Wir sind solche Idioten. Der Himmel schickt uns das größte Geschenk, was wir kriegen können, und wir haben nichts Besseres zu tun, als nach der Rosine im Eis zu suchen!«

Ich muss lachen.

Eddy steht auf. »Ehrlich gesagt steh ich auch auf Kreuzworträtsel. Die stimulieren meine Inspiration aufs Übelste.«

»Haste recht!«

Jetzt sagt Eddy: »Das Allerwichtigste ist doch: Er steht auf unseren Scheiß. Wir müssen jetzt noch mehr produzieren, dann mit Pac ins Studio und *zack!* sind wir in den Spotify-Charts!«

In meinem Bauch kribbelt es. Meine neueste Theorie: Tupac ist halt älter geworden. Jetzt nicht mehr so der Gangsterrapper, sondern hauptsächlich Produzent und Geschäftsmann. So was bringt bestimmt auch ein paar Veränderungen im Lifestyle mit sich.

Eddy klatscht in die Hände. Das Kribbeln verschwindet. Enten flattern in die Luft. »Lass uns nach Hause«, sagt er.

Ich hab das Gefühl, noch einen Moment allein sein zu müssen.

»Geh schon mal. Ich komm gleich nach.«

Mitten auf der weißen Wand zeichnen sich schwarze Konturen ab. Das habe ich früher nie bemerkt.

Heute schaue ich auf mich selbst. Genauer gesagt: auf meinen Schatten. Drehe ich mich zur Seite, erscheint meine Brille. Auch meine Locken sehe ich. Meine Nase. Das bin also ich.

Eigentlich ist Ich-sein kein Problem. Zumindest bislang nicht. Egal, ob noch bei Mama und Papa oder nur bei Mama oder nur bei Papa oder bei nene. Mir war immer klar, wer ich bin. Dachte ich. Auch neben Eddy und überall im beschissenen Bonvivant wusste ich es. Ich war ich, als Tupac noch auf der Mauer lebte. Jetzt wohnt er bei uns und plötzlich stellt sich überhaupt die Frage: Wer bin ich? Für die Klumpes bin ich Sven Karmann. Und das ist ganz sicher jemand anders als Cem Karaman. Aber ehrlich gesagt: Für mich macht das keinen Unterschied. Oder doch? Und wenn Eddy sagt, ich hätte einen anderen Blick auf die Dinge, weil ich Türke bin, dann ist das eigentlich Quatsch. Ich bin hier geboren. Genau wie er. Und wie die Klumpes. Wobei Herr Klumpe angeblich in Dänemark geboren wurde. Es geht also gar nicht um meinen Blick auf die Dinge, sondern um den Blick, den die anderen auf mich haben. Und wenn ich von dem Blick der anderen weiß, dann ändert das offensichtlich meinen. Zumindest jetzt gerade.

Für Eddy bin ich »Bruder«, für irgendein Mädchen »Otto«. Hab ich eine Brille auf, bin ich Student und plötzlich doch Rapper. Ich bin ein Lebemann und irgendwie das Gegenteil. Ich bin Vollwaise, obwohl das Riesenquatsch ist. Kurz denke ich: Scheiß drauf, aber dann fällt mir ein, dass Eddy das gleiche Problem hat. Sogar der weiß plötzlich nicht mehr, wer er ist und lässt sich Edgar nennen. Und wer ist eigentlich Tupac? Der geheimnisvolle Gangster. Höflich. Gefährlich. Freundlich und bedrohlich. Tot und lebendig. Plötzlich da. Aber wo war er vorher? Egal. Jetzt geht's mal um mich. Nene hat gesagt: Cem kommt von cemaat und heißt Versammlung. Vielleicht sollte ich es auch mal mit Akronymen versuchen. So wie Tupac mit N.I.G.G.A.Z.

C.E.M. – Charakter Einzigartig Massiv! Oder Meisterhaft? Oder Multikulturell?

Vielleicht auch: Charmanter Ehrlicher Mann! Etwas drüber.

Checkt Eure Macht! Könnte fast von Tupac sein. Oder: Checkt Eure Message!

Was auf jeden Fall zutrifft, ist: Chemisch Erklärbare Masse.

Ich zücke mein Handy. Da steht, dass Cem »Zwilling« bedeutet. Irgendwie passend. Ich bin ich. Und für die anderen bin ich mein Zwilling. Eine Idee, die sie von mir haben.

Dann passiert es. Es sprudelt aus mir raus. So massiv wie noch nie zuvor. Oder wie Eddy sagen würde: Meine Inspiration ist aufs Übelste stimuliert.

Die Sonne im Nacken, still ruht der See
Hab gerade das Gefühl, dass ich gar nichts versteh

Du entscheidest nicht, wer ich bin
Du bist nicht der King Pin
Mein Name ist Cem Karaman
Ich füll deinen Kopf mit Amalgam

Klappernde Gebisse
Die Hood voller Risse
Bellende Rentner
Hunderhaarzentner
Weise trifft Waise
Hör zu, sei leise
Bei uns im Block
Schaust du keiner untern Rock

Du entscheidest nicht, wer ich bin
Du bist nicht der King Pin
Mein Name ist Cem Karaman
Ich füll deinen Kopf mit Amalgam

Plötzlich sitzt er da
Tupac Ama
Ru ht sich hier aus
Kommt in mein H aus
Länderfeindliche Sprüche
Gebraut in deutscher Küche
Mir doch scheißegal, was für ein Eis du isst
Hauptsache, du zeigst, wie übertrieben nice du bist

Du entscheidest nicht, wer ich bin
Du bist nicht der King Pin
Mein Name ist Cem Karaman
Ich füll deinen Kopf mit Amalgam

Immer Ärger mit den Klumpen
Den pöbelnden Pumpen
Ihre einzige Vision
Die nächste Infusion
Zombieinvasion ist die Institution
Der Spaziergang um den See die letzte Bastion

Du entscheidest nicht, wer ich bin
Du bist nicht der King Pin
Mein Name ist Cem Karaman
Ich füll deinen Kopf mit Amalgam

Die Sonne im Nacken, still ruht der See
Hab gerade das Gefühl, dass ich alles versteh
Die Einzige, auf die ich mich verlasse, ist nene

6. Was glaubt der, wer er ist?

Tupac hockt vorm Küchentisch. Sein Gesicht direkt an dem Minibaum, nicht größer als eine Nachttischlampe, der in einem Keramiktopf auf der Platte steht.

Eddy sitzt mit großen Augen daneben. Seine Boots tippeln nervös unterm Tisch herum. Er hat neuerdings die gleichen wie Tupac.

Ich bleibe im Türrahmen stehen. Sie bemerken mich nicht.

Knips. Tupac hat gerade ein Stück Miniast samt Miniblatt vom Minibaum abgeknipst. Mit einer Minischere, die einen seltsamen krummen Griff hat.

»Kann man das rauchen?«, fragt Eddy.

Zisch. Tupac lacht. Er hat mit der gelben Sprühflasche den Baum bespritzt. Und Eddy.

»Ey!« Eddy hält sich die Hände vors Gesicht. »Lass den Scheiß!«

»Besser nicht rauchen«, sagt Tupac.

Eddy wischt sich panisch mit den Ärmeln die Flüssigkeit ab. Zeigt auf die Flasche. »Wieso? Sind da Pestizide drin?«

Tupac sprüht noch mal.

Eddy reibt sich wieder das Gesicht.

Ich bin mir nicht sicher, ob Tupac gerade »Keine Pestizide« oder »Ist zur Zierde«, gesagt hat.

Auf jeden Fall legt Eddy jetzt einen Stapel Blätter von seinem Schoß auf den Tisch und sagt: »Das sind die Lyrics!«

Tupac erinnert mich gerade ein bisschen an einen Clan-chef, wie er so die Minibaumkrone streichelt. Dann setzt er sich Eddy gegenüber, fängt an zu blättern, greift dabei nach nenes Lesebrille, die er sich auf die Nase setzt.

Will Eddy hier gerade Vertragsgespräche führen? Ohne mich?

Tupac schüttelt den Kopf. Schiebt die Papiere, die vor ihm liegen hin und her.

»Hallo!« Ich lasse mich auf den Stuhl neben Eddy fallen.

Die beiden ignorieren mich.

»Stimmt was nicht?«, fragt Eddy.

»Puh!«, macht Tupac.

»Das sind teilweise auch bloß TextSKIZZEN«, erklärt Eddy.

»Also Entwürfe. Nicht alles ist –«

Tupac räuspert sich.

Eddy hört auf zu reden. In der Küche ist es totenstill. Nur der Sekundenzeiger über der Tür tickt.

»Mädchen verlieren ihre Ehre! Machen uns zu Ehrenmän-nern!« Tupac schaut über die halbmondförmigen Brillenglä-ser. »Dein Ernst?«

Eddy nickt übertrieben schnell. »Klar ist das mein Ernst. Du musst mal –«

»Was sagst du?« Tupac schaut mich an.

Ich bemerke das Büchlein neben dem Minibaum: *Bon-saiglück.*

»Ja«, drücke ich gerade so heraus. Und quäle mir ein Ni-cken ab.

»Okay.« Tupac schluckt. Er guckt wieder Eddy an. »Ich schieb dir die Knarre in den Mund, bis du wimmerst wie ein Hund!«

Schon wieder Tiere.

»Wann habt ihr zum letzten Mal jemandem eine Knarre in den Mund geschoben?«

»Noch nie«, sage ich.

»Das ist eine Metapher!«, sagt Eddy.

»Wofür?«, fragt Tupac.

»Dafür, dass wir –«

Tupac unterbricht ihn. »Was meint ihr genau mit Ghetto?« Jetzt erinnert er mich an den Arzt aus *Bebende Herzen*, kurz bevor er Laura über ihre Querschnittslähmung aufklärt. Dabei guck ich das gar nicht. Und Eddy wirkt wie Laura, die die Diagnose nicht wahrhaben will. Trotzig zückt er sein Smartphone. Tippt. Liest vor: »Als Ghetto wird ein abgesondertes Wohnviertel bezeichnet. Der Begriff stammt aus –«

»Stopp!« Tupac hat genug gehört.

Während Eddy sein Handy in die Tasche steckt, löst sich ein Schweißtropen von seiner Stirn. Oder ist es ein Tropfen Bonsaiglück?

»Handwerklich ist das gar nicht schlecht. Und dein Vortrag gestern war tight – keine Frage …«

Eddy zuppelt während der lobenden Worte an seiner Kappe herum. Seine Augen sind groß. Er beginnt ganz vorsichtig zu grinsen.

Und Tupac sagt: »Inhaltlich ist mir das aber zu dünn.« Er wirft ein Blatt auf den Tisch und lehnt sich im Stuhl zurück. »Was mir fehlt, ist eure Message!«

»Aber –«, will Eddy dazwischenfunken.

»Ganz ehrlich: Bitches?« Seine Stirn wirft Falten. »Und diese ganze Hate-Fame-Sache – das ist nicht euer Ding!« Tupac schüttelt den Kopf. »Glaubt mir, ich mein's gut mit euch!«

Eddy steht auf. Geht zur Spüle, Richtung Flur, Richtung

Hobbyraum, Richtung Wohnzimmer, dann wieder zum Tisch. Bleibt stehen. »Wir können ja schlecht über Pudelfrisuren und Aperolabende auf der Seeterasse rappen! Das hat nichts mit –«

»Warum nicht?« Tupac neigt seinen Kopf zur Seite, dreht den Brillantring an seiner rechten Hand hin und her.

Bling Bling Royal, fällt mir Eddys Line von gestern ein.

Dann sagt Tupac: »Wenn Pudelfrisuren und Aperolabende auf der Seeterrasse euer wahres Leben sind …« Er hält kurz inne. »Wieso rappt ihr nicht darüber?«

Eddy wird kreidebleich. Der fällt gleich um. Aber plötzlich färbt sich sein Kopf knallrot, als hätte ihm jemand zwei Liter Tomatensaft ins Ohr geschüttet. Er holt tief Luft.

Ich bin gespannt, was er jetzt sagen wird und hab gleichzeitig Schiss, dass er Scheiße baut.

»Du kannst uns nicht –«

»Da wär noch was.« Tupac schneidet ihm das Wort ab. »Wir leben im 21. Jahrhundert. Ihr solltet dringend mal euer Frauenbild überdenken!«

»Bruder!« Eddy schreit mehr, als dass er spricht, und er zeigt auf das Poster an seiner Wand. »Was glaubt der, wer er ist?«

Tupac, könnte ich jetzt sagen, aber das wäre ein Totschlagargument. Da wir uns mit Totschlag und anderen Verbrechen laut dem nicht gut genug auskennen, lasse ich es.

Eddy will sowieso nichts von mir hören. Er will einfach nur haten.

»Wir sollen über unser Leben rappen?« Er schüttelt den Kopf. »Woher will der denn wissen, wie unser Leben ist?«

Jetzt schaut er mich an.

Ich ziehe die Schultern hoch.

»Abgesehen davon hat nichts und niemand uns zu sagen, über was wir rappen sollen und über was nicht! Da kann der 'ne noch so große Nummer sein!«

Eddy zieht 'ne Knarre aus seinem Schreibtisch.

»Edgar!«, schreie ich. Reiße meine Hände hoch.

Eddy zielt auf mich. Drückt ab. *Klick.* »Keine Sorge, ist von Karneval!«

»Lass den Scheiß!«

Er schüttelt den Kopf. »Im Hip-Hop geht es auch darum, wer man sein will!«

»Ist das so?«

»Klar«, sagt Eddy.

Ich erzähle ihm besser nicht, was ich denke. »Wer man sein will« klingt nämlich schwer nach Möchtegern. Ob wir Wannabes sind? Oder wie Eddy sagt: Keks? Oder ist nur Eddy einer?

Ich hab heute immerhin über mich und mein Leben gerappt. So wie Tupac es gesagt hat. Das kann ich Eddy natürlich nicht sagen. Sonst denkt der, ich würde ihm in den Rücken fallen.

Außerdem finde ich, dass Eddy recht hat: Niemand hat einem zu sagen, über was man rappen soll!

Er dreht die Anlage auf.

»Bist du bescheuert? Mach das leiser!«

The Notorius B.I.G. East-Coast-Rapper. Und Tupacs Erzfeind. Vielleicht mitverantwortlich für seinen Tod. Ausgerechnet seine Stimme verkündet gerade in *Juicy* noch mal Eddys Punkt. Er grüßt nämlich alle Lehrer, die ihn für wertlos halten.

So hat Eddy also Tupacs Kritik verstanden, auch wenn der das so nicht gesagt hat.

Eddy bewegt seinen Kopf zum Beat. Ruft: »Wieso!? Er kann ruhig hören, dass wir –«

Ich stehe auf und ziehe den Stecker. »Mit ihm anlegen brauchen wir uns trotzdem nicht!«

Eddy zielt wieder mit dieser Scheißknarre auf mich. »Denkst du, ich hab Schiss vor dem? Hä? Denkst du das?« Er geht auf mich zu.

Mir ist das zu blöd. Ich stehe auf, gehe ihm entgegen, nehme ihm die Karnevalspistole aus der Hand und schmeiße sie aus dem Fenster, höre, wie sie die Dachziegel herunterrutscht.

Eddy ist sauer.

»Sorry«, sage ich.

»Idiot!«, sagt er.

Am Fenster will ich sehen, ob sie runtergeflogen oder in der Dachrinne gelandet ist. »Komm sofort her!«, rufe ich.

Eddy schüttelt den Kopf. »Was'n das für 'n Scheißton, Bruder? Überleg dir mal lieber –«

»Komm her!«

Eddy kommt her. Eddy schaut raus. Eddy schaut mich an. Eddy schaut raus. Eddy schaut mich an.

»Und?«, frage ich. »Was sagst du?«

Eddy bleibt stumm. Bestimmt zwei Minuten. Er kann auch nicht glauben, was er da unten sieht.

Ich nehme meine Brille ab und halte sie Eddy hin.

Eddy guckt durch. »Immerhin sind das nicht die Klumpes.«

Der Rikschaverleih hat Fahrt aufgenommen. Herr Fiedler auf dem Sattel. Auf dem schwülstigen Rücksitz samt Lehne, wo bei normalen Fahrrädern der Gepäckträger ist, sitzen Frau Fiedler und Tupac. Plaudernd und lachend.

Die Fiedlers haben Eddy und mir mal ein altes Radio geschenkt. Einfach so. Sie hätten sich ein neues gekauft. Ein kleines für die Küche. Frau Fiedler ist nämlich großer Howard-Carpendale-Fan.

Den Riesenrecorder wollte sie nicht mehr.

Wir wollten ihn auch nicht. Später haben wir uns geärgert, weil das richtig schön oldschool gewesen wäre. Der silberne Kasten, Eddy, ich, die Wand, Tupac. Wie in einem Run-DMC-Video. Abgesehen davon, dass wir keine Tapes besitzen, die wir damit abspielen könnten. Die haben die Fiedlers garantiert auch nicht. Frau Fiedler war schon mal zum Kaffee-satzlesen bei nene. Und als sie wieder gegangen ist, habe ich gehört, wie sie gesagt hat: »So viel Glück, wie in meiner Tasse steckt, brauche ich gar nicht. Ich lass dir was für deinen Enkel da!« Damit meinte sie mich. Erst jetzt denke ich darüber nach, wie korrekt die Fiedlers eigentlich sind. Also nicht Bonvivantkorrekt, sondern Straßenkorrekt. Irgendwie vergesse ich die Fiedlers aber immer. Nene sagt, das ist typisch deutsch: »Was stört, sieht man immer. Was gut ist, sieht man nicht immer. Auch, wenn es direkt vor der Nase ist.«

Jetzt sehe ich die Fiedlers ziemlich direkt vor meiner Nase. Und trotzdem haben wir zuerst an die Klumpes gedacht. Ob das jetzt typisch deutsch war? Oder typisch Wohnquartier?

Den Fiedlers kann man jedenfalls keinen Vorwurf machen, dass sie Rikscha fahren. Aber dass Tupac mitfährt … Ich stelle mir vor, die Fiedlers haben auf so 'nem Kukidentsender im Radio den Hauptpreis gewonnen: eine Rikschatour mit dem großen Schlagerschwarm.

Eddy liegt auf dem Bett. Ich auf dem Teppich. Wir starren beide an seine Zimmerdecke. Schweigen. Immer wieder höre ich entfernt die Rikschaklingel bimmeln.

»Was denkst du?«, breche ich die Stille.

»Tupac ist irgendwie … keine Ahnung … durcheinander!«, sagt Eddy.

Die Zeiten, in denen er ihn Pac nannte, sind schneller vorbei als gedacht.

»Auch eine?« Eddy hält mir eine Schachtel Zigaretten hin.

Ich schüttel den Kopf. »Seit wann rauchst du?«

»Seit gerade.« Er schüttelt den Kopf. »Mal sehen, was der als Nächstes macht!«

Ich stell ihn mir bei der Aquagymnastik vor. »Der benimmt sich, als wär der auf Kur!«, sage ich.

»Der soll sich mal lieber benehmen, als wär er Shakur!«, haut Eddy einen raus.

Ich setze mich auf, stütze mich auf meinen Händen ab. »Meinst du, er ist es doch nicht?«

»Guck auf dein Handy, Bruder.«

Eine neue Nachricht. Ein Foto. Genauer gesagt: Ein Selfie von Eddy ohne Kappe, der eine kleine Karte hochhält. Und auf der ist auch ein Foto. Allerdings nicht von Eddy. »Was ist das?«

»Sein Knastausweis!«

Da ist er wieder. Der Blitz in meinem Kopf. »Woher …«

Eddy erzählt mir, dass er letzte Nacht runtergeschlichen ist. Dann durchs Loch. Aus der Küche hat er Tupac schnarchen gehört und ist dann rein in den Hobbyraum, auf Zehenspitzen. Weil er Zweifel hatte. »Wegen Malaga und so. Und dann hab ich das Lederportemonnaie aus der Baggypants gezogen, bin raus und hab mir halt 'nen Blick gegönnt. Als

Erstes kam mir der Knastausweis entgegen. Dann hat er im Hobbyraum aber so seltsame Geräusche gemacht.«

»Was 'n für Geräusche?«

»Keine Ahnung, klang irgendwie ronchopathisch!«

»Hä? Und dann?«

»Hab ich schnell 'n Beweisfoto gemacht, bin wieder rein, hab alles an Ort und Stelle gebracht, wieder raus, bin nene über den Weg gelaufen –«

»Waaaas?«

Er schnippt die Kippe aus dem Fenster, hat, glaub ich, nicht mal dran gezogen.

»Ja, keine Ahnung, die ist halt wach geworden, was weiß ich. Ich bin dann wieder rüber und hab weitergepennt.«

»Krass«, sage ich. Das trifft Eddys Aktion und die Gesamtsituation am besten. »Das heißt also, er ist wirklich DER Tupac!?«

»Ja, ist er«, sagt Eddy. »DER Tupac, für den alle möglichen Typen Motherfuckers waren und Frauen Nutten, die er fickt –«

»Na ja, in ›Dear Mama‹ hat er seiner Mutter schon Respekt –«

»Lass mich ausreden!«, sagt Eddy. »Und jetzt will DER Tupac uns erzählen, dass wir mal unser Frauenbild überdenken sollten, weil wir über Mädchen rappen, die ihre Ehre verlieren. Der hat sogar im Knast gesessen, weil er einer …«

»Aber ist doch komisch, dass Mädchen Schlampen sind, wenn sie Sex haben, und Jungs sind Player«, kommt es aus meinem Mund.

Eddy springt auf. »Willst du jetzt 'ne Diskussion anfangen oder was? Außerdem haben wir mit dem Scheiß nicht angefangen. So war Hip-Hop, so ist Hip-Hop und es könnte sein, dass Hip-Hop auch so –«

»Vielleicht hat Tupac ja draus gelernt«, sage ich. »Resozialisierung. Schon mal gehört?«

Eddy zeigt mit dem Finger auf mich. »Jetzt komm du mir nicht auch noch oberlehrerhaft!«

Er hat recht. Was laber ich da? »'tschuldigung!«

Eddy redet weiter. »ICE-T, Schooly D., NWA und all die anderen haben diese Welt erschaffen. Tupac hat mitgemacht – auch wenn viele seiner Texte eine Message haben. Und jetzt fragt der mich allen Ernstes, wann ich das letzte Mal einem 'ne Pistole in den Mund geschoben habe! Dabei weiß er doch ganz genau, dass es darum nicht geht.«

»Worum geht's denn?«, frage ich und entschuldige mich sofort, weil ich glaube, zumindest oberlehrerhaft geguckt zu haben.

Eddy ignoriert das. »Wir wollen hier nicht dazugehören! Du und ich. Zu diesem spießigen Moloch. Also rappe ich halt, dass ich irgend 'nem Opa die Knarre in den Mund stecke. Um laut zu sein. Um zu zeigen: Hey, wir sind auch noch da. Natürlich ist das provokativ, aber genau so funktioniert das doch. Das ist Kunst!« Eddy stöpselt den Stecker wieder ein. »Pass auf!« Er dreht die Anlage auf.

Tupac rappt:

What's the use unless we're shootin'
No one notices the youth

Die Musik stoppt. Eddy fasst sich an die Stirn. »Wenn wir nicht schießen, bemerkt niemand die Jugend! It's just me against the world, baby! Das hat Tupac gerappt. Und genau das will ich auch. Bemerkt werden!«

Wow, denke ich. So hätte ich Eddy gar nicht eingeschätzt.

Ich dachte, dem würde es hauptsächlich um die Baller-ballerblingbling-Sache gehen.

»Weißte was? Scheißegal!«, sagt er jetzt. »Wir sind doch nicht für die Analyse zuständig. Wir liefern bloß den Shit für die Ohren! Ist mir auch viel lieber, als hier rumzuphilosophieren.«

»Stimmt«, sage ich.

Eddy philosophiert trotzdem weiter: »Tupac ist halt ein Mann der Gegensätze, das war schon früher so und das geht jetzt offensichtlich so weiter. Oder wie die Leute in den Talkshows immer sagen: Er polarisiert.«

Ich denke, dass mit Polarisieren eigentlich was anderes gemeint ist, und hoffe, dass er jetzt nicht sagt: Genau wie wir beide, aber das tut er. Und als ich gerade seine Rede vervollständigen will, mit Gangster und Nachdenker und so, sagt Eddy: »Ich hau die Punchline raus und du die ganz feine Klinge!«

Zumindest was Tupac angeht, hat Eddy recht mit den Gegensätzen: Tupac ist in East Harlem in New York aufgewachsen. Sein Vater ist nicht da. Seine Mutter hat wenig Geld. Manchmal haben sie nicht mal eine Wohnung. Aber dann ziehen sie nach Baltimore, und Tupac besucht eine Kunstschule. Er weiß das zu schätzen, weil er weiß, wie es ist, wenn man nicht zur Schule geht. Er spielt Theater, tanzt Ballett, schreibt, singt, rappt. So wie die anderen auch. Er scheißt drauf, dass er wegen seiner Hautfarbe Außenseiter ist.

Als er 16 ist, oder 17, ziehen sie nach Oakland, an die Westküste. Er bricht die Schule ab. Sie leben wieder im Ghetto. Die Leute, die was zu sagen haben, sind Drogendealer. Zuhälter. Er steigt ins Musikbusiness ein. Wird ein immer erfolgreicherer Gangsterrapper.

Ich glaube: Tupac hat nicht nur von außen aufs Ghetto geguckt, er war das Ghetto. Und er hat nicht nur von außen auf die Kunstschule geschaut. Er war die Kunst. Bei Tupac war das Geballer beides: Metapher und Alltag, während das bei Eddy und mir … Egal. Lassen wir uns mal da raus, auch wenn ich glaube, dass Tupac genau das an unseren Texten stört. Wir sind – im Gegensatz zu ihm – nicht das Ghetto. Wir sind diejenigen, die zur Schule gehen, was zu essen haben. Wir finden es witzig, wenn jemand aus Versehen mit dem Hammer ein Loch in die Wand haut. Das Haus bricht nicht zusammen. Wenn unser Magen knurrt, steht das Apfelmus auf dem Tisch. Zum Greifen nah. Wir wissen nicht, was richtiger Hunger ist.

Klar: Unsere Familien sind durcheinandergeraten. Meine Eltern streiten nur und versuchen anderswo einen auf Happy Family zu machen. Und Eddys Mutter hat Klaus nicht mehr ausgehalten. Aber unsere Mütter saßen nicht im Knast, als sie schwanger mit uns waren. Zumindest weiß ich nichts davon. Mit nene und Eddys Vater haben wir es ganz gut.

Sind das Probleme, die wir haben?

Wir finden unsere Nachbarn scheiße. Es gibt Rassisten hier. Und was ist damit, dass wir jung sind und gehört werden wollen? Wo können wir laut sein? Wo können wir sein, wie wir sind? Oder meinetwegen auch, wie wir sein wollen? Und wer sind wir überhaupt?

Eddy und ich können ja nichts dafür, dass unsere Welt »Bonvivant« heißt.

Auch wenn die Klumpes behaupten, es gäbe hier Verbrechen, Gewalt, alles Mögliche, auch wenn Eddy und ich über Bitches, Knarren, Schlägereien rappen – das alles gibt's hier nicht!

Trotzdem muss Tupac uns verstehen.

Als hätte Eddy meine Gedanken gelesen, sagt er: »Dieser Tupac hier, hat mit Thug Life mal so gar nix zu tun!«

Da muss ich erst mal drüber nachdenken.

Für Tupac ist ein Thug nicht der typische kriminelle Gangster. Für ihn ist der Thug ein Unterdrückter, der sich wehren muss und es trotzdem schafft, stark zu sein. Thug Life hat er sich auf den Bauch tätowieren lassen. Seine Message dahinter: *The Hate U Give Little Infants Fucks Everybody.* Auf Deutsch: Der Hass, den du kleinen Kindern entgegenbringst, macht dich kaputt! Was er damit meinte: Die Gesellschaft geht kaputt, wenn sie die Schwächsten unterdrückt: die Kinder zum Beispiel. Und die Schwarzen in den Ghettos.

Der Gesellschaft fehlt es also an Liebe. Finde ich auch.

Und Eddy? Der sieht aus, als würde er schweigend fragen: Where is your fucking love, Mister Tupac?

Irgendwann frage ich Eddy: »Weißt du eigentlich, dass Tupac mal mit Madonna zusammen war?«

»Der ist jetzt auch tot!«

»Nicht Diego Maradona«, sage ich. »Madonna, die Sängerin.«

Eddy zuckt zusammen. »Die ist doch uralt!«

»Das ist 25 Jahre her. Da war die auch schon alt, aber nicht uralt.«

»Und?«, fragt Eddy.

»Nix und. Er hat sich von ihr getrennt, weil er dachte, seine Homies fühlen sich von ihm verletzt, wenn er was mit 'ner Weißen hat.«

»Schon krass«, sagt Eddy. »Das ist bloß Haut.«

Ich nicke und sage: »Im Kreuzworträtsel ›Das größte menschliche Organ mit vier Buchstaben‹.«

Eddy steht auf. »Ich denk bei Organen immer an Herz und Nieren. Oder Leber.«

»Ich auch«, sage ich.

Und Eddy: »Stell dir mal vor, man würde die Menschen unterschiedlich behandeln, weil sie unterschiedlich ausgeprägte Organe haben. Herzen zum Beispiel.«

»Ja«, sage ich und muss an Geschlechtsorgane denken. Schwanz gleich Ehrenmann. Muschi gleich Bitch. So ist das auf dem Schulhof. Zumindest gilt das für diejenigen, die Schwanz und Muschi benutzen. Nicht für Eddy und mich.

Zurück zu Tupac.

»Was denkst du?«, frage ich Eddy. »Was ist los mit Tupac? Warum ist er überhaupt hier? Und wo war er die ganzen Jahre?«

Eddy schweigt.

»Glaubst du, er wurde gar nicht getötet und hat bloß so getan? Er ist abgetaucht, weil er keine Lust mehr hatte auf den ganzen fame? Dann wäre er jetzt 50. Findest du, er sieht so aus?«

Eddy zieht die Schultern hoch. »Er sieht auf jeden Fall älter aus als früher. Aber 50 ist wirklich uralt. Vielleicht eher 49 oder so.«

Ich versuche bei 50 zu bleiben. »Warum sollte er nach 25 Jahren Kuba oder sonst wo plötzlich bei uns auf der Bank hocken, ausgerechnet an dem Tag, an –«

»Ich erklär dir meine Theorie«, unterbricht Eddy mich. »Aber du lachst nicht!«

»Okay.«

»Schwör!«

»Ich schwör.«

Eddy hat sich aufgesetzt. »Gut.« Er räuspert sich. »Tupac ist ja kein ganz normaler Typ«, fängt er an und macht damit weiter, dass er überall auf der Welt verehrt wurde, und er dadurch sowieso irgendwie weiterleben würde. In den Köpfen, in den Herzen, blaba. Eddy meint: »Tupac ist eine Art Gott geworden, weil wir und viele andere ihn vergöttert haben.«

Ich denke darüber nach, dass Tupac schon längst tot war, als wir auf die Welt kamen.

»Oder zumindest ein Zwischenwesen«, redet Eddy weiter. »So wie ein Flaschengeist, keine Ahnung …«

»Ein Flaschengeist?« Ich muss aufpassen, nicht zu lachen. Wenn schon, ein Dosengeist, denke ich. Weil er ja zuerst aus der Can vom King of Style kam.

»In diesem Fall halt 'n Mauergeist«, sagt Eddy. »Bis er überstrichen wurde. Dann kam ich mit der Kerze und *zack!* saß er da.«

Ich nicke, dann schüttel ich den Kopf.

»Könnte doch sein«, sagt Eddy. »Er hat zu lange hier auf der Mauer gechillt und dabei ganz einfach zu viele bescheuerte Rentner gesehen, und hat deshalb jetzt 'ne Schraube locker.« Er klopft sich mit der Faust auf den Kopf. »'nen richtigen Dachschaden.«

Die Theorie hatte ich auch schon. Aber das Problem ist …

»Weißt du, wie viele Tupac-Graffitis auf der Welt … Glaubst du, in allen von denen steckt der Geist von –«

Anscheinend glaubt Eddy das. »Vielleicht passiert das ja häufiger. Und wir wissen das gar nicht. Wenn er Gott ist oder zumindest göttlich, dann kann er ja auch an verschiedenen Orten gleichzeitig oder nacheinander …« Eddy stockt.

»Da spielen Raum und Zeit gar keine …« Er stockt wieder. Räuspert sich. »Oder stell dir das doch mal so wie die Weihnachtsgeschichte vor. Gott schickt ein Zeichen zu den Hirten: den kleinen Jesus.«

»Ist Tupac dann Gott oder Jesus?«

»Jesus.« Er blinzelt ein paarmal. »Vielleicht auch Gott.«

»Und wir sind die Hirten oder was?«

Eddy nickt. »Sozusagen.«

Ich denke, wenn Tupac aufersteht, dann eher irgendwo im Ghetto und nicht bei uns. Außerdem war die Auferstehung Ostern und nicht Weihnachten. »Glaubst du an einen Gott?«, frage ich.

»Ich hab an Pac geglaubt!« Eddy lässt sich wieder aufs Bett fallen. »Keine Ahnung«, sagt er dann. »Ich denke, deine Oma ist 'ne kluge Frau, die immer recht hat, und wenn man sich an ihre Ratschläge hält –«

»Wie kommst du jetzt darauf?«

»Nene hat gesagt: Unverhofft kommt oft, also sollten wir vielleicht auch aufhören, uns zu fragen, warum Tupac da ist, sondern es einfach genießen, uns freuen. Wobei ich mich mittlerweile, ehrlich gesagt, nicht mehr drüber freue.«

Stopp!, denke ich. Das ist viel zu heftig: Tupac wohnt bei uns und Eddy freut sich nicht. Ich schüttel den Kopf. »Verdammt komisch ist das alles!«

»Das kannst du laut sagen!«

»Verdammt komisch ist das alles!«, schreie ich, so laut ich kann.

Klaus kommt reingelaufen. Kaum lauter als sonst fragt er: »Was ist denn hier los?«

Wir lachen uns schrott.

Klaus verschwindet wieder.

»Was hat nene eigentlich gesagt, als sie dich letzte Nacht …«

»Ab ins Bett, Freundchen!«

Ich kann's mir vorstellen. »Und was machen wir jetzt?«, frage ich.

»Musik hören«, sagt Eddy. »Kein Wort sagen! Einfach nur da liegen, Hirn ausschalten, Genießen! Dem Größten lauschen! Egal, was gerade ist.«

Kopfnicken. Ballernde Beats im ganzen Körper. Ich fühle Dunkelheit. Nur ein Funken und der Raum fliegt in die Luft. Kann nicht mehr liegen. Muss aufstehen. Hatte das alles vergessen. Weil diese Sachen passiert sind. Weil wir uns mit dem ganzen Drum und Dran beschäftigt haben, der Geschichte dahinter, die uns jetzt erdrückt wie ein Fels, der auf uns liegt.

Dabei geht es eigentlich um Musik. Um Rap. Oder wie Eddy sagt: um den Shit für die Ohren.

Und der geht ab. Ich fühl mich, als würde jemand auf mich schießen, aber die Kugeln prallen ab. Rap, der sich um meine Haut legt wie ein Schutzschild. Ich bin ein Messer. Keiner packt mich. Mein Griff ist wertvoll. Meine Klinge scharf. Und plötzlich *zack!* haut mir jemand in die Fresse. Paam! Ich schlag zurück.

Ihn zu hören, ist Hinfallen und Aufstehen auf einmal. Tupac ist die Wolke, der Mond, der Morgen. Fäuste ballen und heulen. Es geht weiter. Krieg. Leben. Tod. Echtes Leben. Familie. Echter Tod. Bitches! Motherfuckers! Das ist der echte Tupac. Scheiß drauf, wer da unten in der Rikscha sitzt.

Die Bässe stoppen. Er hat aufgehört zu rappen.

Eddy und ich stehen beide mitten in seinem Zimmer und schauen uns an. »Tupac hat mal gesagt, dass der Umzug und der Schulabbruch der entscheidende Moment war, an dem er auf die schiefe Bahn geraten ist.«

Jetzt fängt der schon wieder damit an. »Ich dachte, wir wollten das Hirn ausschalten und genießen. Kein Wort sagen.«

Eddy grinst mich mit wahnsinnigen Augen an.

Ich breite die Arme aus wie ein verzweifelter Dirigent. »Was willst du von mir?«

Er macht's mir nach. »Verstehst du denn nicht, Bruder?«

»Eigentlich will ich die ganze Scheiße hinter mir –«

Eddy unterbricht mich. »Ich sehe die Sache so: Tupac ist nicht damals auf die schiefe Bahn geraten, sondern erst so richtig in die Spur gekommen. Ohne seinen Umzug und den Schulabbruch wäre er nicht der Gangster geworden, der er geworden ist!«

Ich nicke. »Wenn du das sagst … Ich denke, damit können wir das Thema abhaken.«

Aber Eddy hört nicht auf. »Und jetzt hier, bei uns, da ist er wirklich auf die schiefe Bahn geraten. Die Rikscha, *Bebende Herzen* und so, du verste–«

»Natürlich verstehe ich das, aber –«

»Und wir beide, Bruder, du und ich, wir bringen ihn wieder in die Spur zurück!« Eddy hüpft in die Luft wie ein kleines Kind.

Oh Mann! Ich schüttel den Kopf.

Und Eddy sagt: »Kann doch nicht sein, dass Bonvivant so mächtig ist, den größten Gangsterrapper aller Zeiten in einen spießigen Vollidioten zu verwandeln!«

Ich schüttel wieder den Kopf. »Vergiss es!«

»Ich vergess gar nix«, sagt Eddy. »Und ich bluff auch nicht. Tupac hat gesagt – ich zitiere – dein Vortrag war tight. Ich wiederhole – tight. Du hast gesagt, der zeigt Westcoast. Und guck mal, wie er rumläuft mit seinen Boots, der Bandana.« Eddy tickt sich an die Stirn. »Merkste was, Bruder? Da glüht noch was in ihm!« Er schnippt mit Daumen und Zeigefinger. »Wir müssen den Funken nur entflammen!«

Das, was in dem glüht, spüre ich die ganze Zeit. Ehrlich gesagt bin ich ganz froh, dass Funken und Flammen bislang ausgeblieben sind. Sonst wüsste ich wahrscheinlich jetzt, wie es sich anfühlt, wenn ein Nordic-Walking-Stock einem die Schneidezäh… Ich hab nicht das Gefühl, dass viel fehlt, um für einen Flächenbrand zu sorgen. Gegen ein bisschen mehr Rap würde ich mich aber auch nicht wehren. »Meinst du nicht, es –«

»Wir treiben dem die Rentnerflausen aus. Punkt. Aus. Ende!«

Tief Ein- und Ausatmen hilft jedenfalls nicht gegen Eddys Flausen. »Und wie willst du das anstellen?«

»Nicht ich. Wir.« Eddy zieht beide Augenbrauen so hoch, wie ich es noch nie bei jemandem gesehen habe.

Ich versuch mich abzulenken. Von dem, was war. Vor allem von dem, was kommt. Wenn Eddy sich was in den Kopf gesetzt hat, ist er nicht zu bremsen. Ich hatte noch mal versucht, die Sache anders zu sehen. »So Spießerhobbys sind ja neuerdings auch hip. In Berlin gärtnern auch die jung–« Weiter bin ich nicht gekommen. Eddys Konter war: »Kann sein, dass Bonsaiglück hip ist, aber bestimmt nicht Hip-Hop.«

Hip-Hop soll mir jetzt helfen. Gar nicht so einfach, einen Text zu schreiben, wenn einem die höchste Instanz vorher gesagt hat, worüber man rappen soll und worüber nicht. Ich fühl mich einerseits trotzig und andererseits immer wieder so, als würde ein kleiner Amaru in meinem Ohr sitzen.

Wir sind die Pimps, ihr seid die Pimpinellen
Versteckt eure Wahrheit hinter euren Lesebrillen
Bückt ihr euch, pflanzt ihr Meisterwurz
Geht ihr aufs Klo, kommt Kleisterfurz
Checkt mal lieber eure Message und checkt eure Macht
In der Welt, in der wir leben, werden Fremde umgebracht

Cem und Edgar wissen alles, wissen auch, dass Wissen
    Macht ist
Francis Bacon null am haten wheatless auf dem Schacht
    sitzt
Ein Dude, der heißt wie Speck
Haut die Message raus wie Pac
Amaru Shakur
Wer ist die Gangsterkreatur
Macht hier Nordic Walking
Erforscht den Bonsai wie Stephen Hawking
Gott hab beide selig
Oder sieht er ihm nur ähnlich
Wir haben keinen Plan
Ich sag zu jedem: Siktir lan
So klingt unsere Symphonie
Wir starten jetzt den Angriff auf die Plattenindustrie

Kurz vor Schluss unsere Warnung an euch
Mit dem Mikro als Dolch
Stoßlegende
Bringen wir das hier zu Ende
Zwischen Goldzahn und Wolfram
Halten wir die Colts warm
Pimps und Pimpinellen
Ed und Cem sind die Gesellen
Noch in hundert Jahren hört ihr uns in euren Ohren bellen

Ein klitzekleiner Ghettoimpuls

Tupac in der Hocke. Ein Auge zugekniffen. Das andere schaut durch die Kamera. Die hat er von Eddys Vater geliehen, der benutzt die nie. Während Tupac am Objektiv dreht, zeigt er durchgängig seine Zähne – so wie Fotografen das halt machen beim Fotografieren. Heute Abend trägt Tupac ein weißes T-Shirt und eine schwarze Weste, die andere Leute zu ihrer Hochzeit anziehen würden. Dazu die blaue Baggy-jeans. Seinen Hoodie hat er sich um die Hüfte geknotet. Keine Kappe. Keine Bandana. Die Glatze blitzblank rasiert.

Er ist die Kunst und das Ghetto, denke ich.

Wobei ich mich frage, ob das hier wirklich als Ghetto durchgeht. Bisher war ich einmal in der Gegend. Als nene irgendwo da oben im 14. Stock eine Tajine gekauft hat. Das ist ein marokkanischer Tontopf. Stand bei Ebay Kleinanzeigen für 20 Euro drin und das Essen, das man darin kocht, heißt auch Tajine und schmeckt extrem lecker.

Tupac steht auf, die Kamera um den Hals gehängt. Ernst nickend sagt er: »Brutalismus! Brutaler Brutalismus!«

Eddys Plan, ihn zu »den Hochhäusern« zu locken, ist auf-gegangen. Er meinte zu mir: »Die Hochhäuser sind zwar kein Ghetto in Oakland, aber Gras und Schlägereien gibt's da auch.«

Ob es schon reicht, bloß ein bisschen die Luft hier zu schnuppern – zwischen den Betonriesen mit tausend Balkons und genau so vielen rostigen Satellitenschüsseln – und schon ist Tupac wieder in der Spur? Hat Bock auf Brutalismus. Richtig schön brutale Schlägereien. Fingerknochen auf Kieferknochen! Faust in Augenhöhle!

»Brutalismus ist der Baustil«, flüstert Eddy mir zu. Hätte mich auch gewundert. Nicht nur die Architektur ist anders als im Bonvivant. Hier rennen auch andere Leute rum. Ein paar davon haben sofort gemerkt, dass ich nicht Sven Karmann bin. Schon zwei Typen haben »Selam N'aber?« zu mir gesagt. Das heißt so viel wie: »Was geht?« Und ich hab »İyilik, senden?« geantwortet. Das heißt ungefähr: »Einiges. Und bei dir?«

Eddy hat mich auf jeden Fall ziemlich beeindruckt angeguckt. Und ich mich gefragt, ob ich eigentlich hier wohnen müsste.

Zurück zu Eddys Plan. Wortwörtlich meinte er: »Heute Abend schieben wir ihn von der schiefen Bahn in die richtige Spur zurück.« Auch wenn ich dagegen bin – alleine gehen lassen, will ich die beiden trotzdem nicht.

»Nicht schlecht der Ausflug!« Tupac legt seinen rechten Arm um Eddys Schultern und den linken um meine. Ich weiß nicht, was ich fühlen soll. Wir gehen tiefer in die Siedlung.

Ein kleines Mädchen kommt uns entgegen. Im Bonvivant läuft um diese Zeit kein Mädchen alleine herum. Liegt vielleicht daran, dass es da keine Mädchen gibt. Sie ist höchstens vier. Bleibt vor uns stehen. Tupac kriegt das nicht mit. Er steht zwanzig Meter hinter uns, vor einem Stück Rasen, und fotografiert den Sonnenuntergang. Oder den Mond.

»Wie heißt du denn?«, fragt Eddy. Sie hat keine Windel an. Zumindest pisst sie sich gerade in die Hose. Dann fängt sie an zu heulen. Und rennt weg. Wir gehen weiter. Ich will Eddy fragen, ob er irgendwo die Eltern sieht.

Eine Frau krakelt: »Michelle!« Michelle rennt zum Einkaufswagen. Der ist vollgepackt mit 1,5-Liter-Plastikflaschen Orangenlimonade. Einen Supermarkt gibt es hier nicht. Die Mutter und ein paar andere stehen um den Wagen herum wie um einen Stehtisch. Der Vater ruft: »Ich kann jetzt nicht.« Er hebt seine Krücke in die Luft, zeigt damit Richtung Himmel.

Die Mutter legt Michelle auf den Betonboden, zieht ihr die Hose aus und hängt die zum Trocknen über den Einkaufswagen.

Wir gehen auf den Platz.

»Das ist Stinker!«, flüstert Eddy mir zu.

Er meint den Jungen mit den Sommersprossen, der oberkörperfrei auf dem BMX sitzt. Ich sehe jede einzelne seiner Rippen.

»Der kleinste Kiffer der Stadt«, flüstert Eddy weiter.

»Woher weißt du –?«

»Weiß jeder!«

Um uns herum ragen fünf Hochhäuser in den Himmel. Es gibt ein paar Bänke. Gebüsche. Einen Spielplatz mit einem angekokelten Klettergerüst. Der Boden darunter ist mit Gummiplatten gepflastert. In vier oder fünf Gruppen stehen Erwachsene zusammen. Drei Grundschuljungs schießen abwechselnd mit einem gelben Plastikball gegen eine Wand.

»Wo ist Tupac?«, frage ich.

»Da!«, sagt Eddy und zeigt geradeaus auf ein Hochhaus. Genauer gesagt auf ein Vordach aus Wellblech. Vielleicht zwanzig Meter lang und drei Meter hoch. Und darunter, an der Wand, ist ein Bild.

Das Tupac-Graffiti sieht genauso aus wie unseres. Der Unterschied: Es ist nicht nur auf die Mauer gesprüht – die rechte Hälfte seines Kinns und ein Teil vom Mund ziehen sich über eine massive Metalltür. Der Rahmen ist auch komplett besprüht. Mit Zähnen und einem Stück Lippe. Der Künstler hat es echt draufgehabt.

Unter dem Vordach stinkt's nach Pisse.

»1010«, lese ich unten rechts. Gänsehaut. Genau wie auf unserer Mauer.

»Das hat der Gleiche gemacht«, sagt Eddy.

»Ja«, sage ich. »Muss.«

»Wie ist die Postleitzahl hier?«, frage ich.

»078 minus 1«, sagt Eddy.

»Hä?

»Oder 077. Wie du willst.«

Eins Null Eins Null macht für mich überhaupt keinen Sinn. Wieso sollte sich der King of Style so nennen?

»Genau wie in Wien«, sagt Eddy.

Eddy hat mit Wien nichts am Hut.

»Fünf Euro!«

»Was willst du?«, fragt Eddy.

Stinker fährt in einem immer enger werdenden Kreis um ihn herum und streckt seine linke Hand aus.

»Fünf Euro! Sonst –«

»Was sonst?«, fragt Eddy.

»Wallah! Fünf Euro!«

»Verpiss dich!«, ruft Eddy.

Stinker springt vom BMX und rennt auf mich zu. »Gib fünf Euro, ich schwöre!« Er fasst mir an die Hosentasche. Ich rieche, warum er Stinker heißt. Reiße mich los. Er rennt wieder zu mir. Ich hab Schiss, obwohl er ein Zwerg ist.

»Hier!« Tupac steht neben mir. Hält ihm zehn Euro hin.

Stinker reißt sie ihm aus der Hand. Setzt sich auf sein Fahrrad, rotzt auf den Boden und fährt weg.

»Jetzt ist Feierabend«, sagt Tupac. »Ihr habt hier nichts verloren!«

Dann sieht er das Graffiti. *Klick.* Tupac hat soeben sein eigenes Abbild fotografiert. Er seufzt. »Das waren Zeiten.«

Der perfekte Augenblick, ihn was zu fragen. Zuerst, wie das ist, wenn überall auf der Welt Bilder von einem existieren.

Er hat sich schon umgedreht. »Abmarsch!«, befiehlt er.

»Komm weiter!«, ruft Eddy aus der anderen Richtung.

»Wohin?«

»Da!« Eddy zeigt auf ein Mädchen und einen Jungen, die auf einer Bank sitzen. Vielleicht so alt wie wir. Eigentlich will ich nicht, drehe mich um. Tupac ist weg. »Eddy, ich …«

Er ist schon unterwegs. Ich folge ihm. Er wird schneller. Ich langsamer.

Jetzt stehen da zwei Jungs und ein Mädchen. Jetzt drei Jungs.

»Was ist, Bruder?« Eddy ist stehen geblieben. »Komm schon!«

Noch ein Mädchen kommt dazu. Bei mir schlägt der Blitz ein.

Wir stehen vor ihnen. Zwischen uns auf dem Boden die Hülsen von Sonnenblumenkernen.

»Was willst du denn hier, Otto?« Sie schaut mich mit ihren großen braunen Augen an. Die Locken genauso wild wie beim letzten Mal. Heute trägt sie keinen grauen Kittel, sondern ein bauchfreies pinkes Top. Der Blitz hat sich in ein Kribbeln verwandelt, dessen Zentrum ganz klar mein Bauch ist. Eigentlich ganz angenehm. Wenn ich allein in meinem Zimmer hocken würde zumindest.

Eddy haut mich an. »Du kennst die?«

Ich sag ihm besser nicht, wer das ist und was sie gemacht hat. Wer weiß, was dann passiert? Wie kommt er überhaupt dazu, die hier so einfach anzuquatschen? Ob er sich das auch getraut hätte, wenn er wüsste, dass sie Sozialstunden machen musste, weil sie einem in die Fresse gehauen hat?

Mit den Jungs, die um sie herumstehen, würde ich mich auch unter keinen Umständen anlegen wollen. »N'aber« sagt jedenfalls keiner von denen zu mir. Auch wenn ich glaube, dass der eine Türke ist. Oder Araber?

»Wer sind die Opfer?« Stinker hat schon wieder sein BMX fallen lassen.

Sie zuckt mit den Schultern. Stinker fragt lauter: »Wer ist das? Wallah!« Bei jedem Wort, das aus seinem Mund kommt, hüpft er ein Stück in die Luft.

Sie sagt: »Scheiß drauf! Die haben sich verlaufen.«

»Was laberst du, Jojo …« Stinker will auf sie los.

Das andere Mädchen stellt sich dazwischen. »Halt die Fresse, sonst kriegst du 'ne Schelle!«, schreit sie ihn an.

Die anderen lachen. Rufen »Abfuhr!« und wedeln mit den Händen, als ob sie sich gerade die Finger verbrannt hätten.

Stinker setzt sich wieder aufs BMX und fährt im Kreis um uns alle herum.

»Du hast dich doch verlaufen, oder?«, fragt sie.

Sie heißt also Jojo. Das passt gut zu Otto, denke ich. Zweimal zwei Os. Jojo und Otto. Könnte auch der Titel einer Billigdoku auf RTL2 sein. Oder von einem Disneyfilm. Mit Liebesgeschichte.

»Das sind unsere Mädchen!«, keift ein Junge mit Bart und Zahnspange.

Und Jojo: »Du hältst auch die Fresse!« Die anderen schüt-

teln wieder die Hände durch die Gegend und rufen »Uuuh!«
und anderes Zeug, was ich nicht verstehe.

Stinker ruft: »Wallah!«

Das verstehe ich. Wahrscheinlich besser als er.

Ich will unbedingt weg. Haue Eddy mit dem Ellbogen in
die Seite, aber den interessiert das nicht.

Zwei neue Jungs kommen. Größer als die anderen. Mindestens 16 sind die. Vielleicht auch 18. Sie stehen einfach
da und sagen nichts. Gucken uns an. Der eine trägt Jeans
und Unterhemd und ist tätowiert. Ich hab Schiss, dass er
ein Nazi ist. Aber würde er dann mit denen hier rumhängen?

Der andere hat seinen knochigen Körper in einen viel zu
großen blauen Trainingsanzug gesteckt. Soll wahrscheinlich
Swag sein.

Jojo sagt: »Kein Stress! Die fragen nur nach dem Weg.«

Die Jungs nicken, sagen immer noch nichts.

Und das andere Mädchen zu uns: »Verpisst euch!«

Stinker ruft wieder »Wallah!«

Eddy öffnet seine Jacke. Zieht etwas aus der Innentasche.

Was soll der Scheiß?, denke ich, aber da hält er den Jungs
schon ein kleines Plastiktütchen hin.

Die Mädchen keifen jetzt beide gleichzeitig: »Verpisst
euch!«

Die Jungs geben sich das Tütchen hin und her.

»Ich glaub, es ist wirklich besser, wenn wir –«, flüstere ich.

»Das ist guter Stoff«, sagt Eddy. »Ich hab da 'ne Quelle …«

»Weißt du eigentlich, wer ich bin?«, fragt der Typ mit
dem Unterhemd. Der ist mit Abstand am gefährlichsten.
Mit seinem krassen Stiernacken sieht er aus, als ob er sich
ein Hähnchen unter die Haut zwischen den Schultern ge-

schoben hätte. Er neigt den Kopf leicht. Die braunen Haare sind auf ein paar Millimeter gestutzt. Sein Blick ist wahnsinnig.

Alle sind ruhig. Starren den Typen an. Keiner und keine ruft mehr »Verpisst euch!«.

»Ich bin Gecko!«, haucht er. Noch ruhiger, als Eddys Vater das machen würde. Aber vor Eddys Vater braucht man keine Angst zu haben. Jetzt schaut er sich das Plastiktütchen genauer an. Das braune Etwas darin. Wahrscheinlich Dope. Wo hat Eddy das her? Hoffentlich nimmt er das Geheimnis nicht mit ins Grab.

Gecko steht direkt vor Eddy. Kopf an Kopf. Nase an Nase. Halt bitte die Fresse, Eddy!, probiere ich es mit Telepathie.

Klappt.

Und der Typ haucht ihm noch mal ein: »Ich bin Gecko!« ins Gesicht.

»Ja und?«, fragt Eddy.

Plötzlich hat Gecko einen Baseballschläger in der Hand. Holt aus.

Jemand springt dazwischen. Batman!, schießt es mir in den Kopf.

»Faaaaaassssss!«, brüllt eine tiefe Stimme. Laut wie ein Löwe. Rundherum erstarrt alles. »Ihn nicht an!«, stellt Tupac klar. Nicht ganz so laut, aber mindestens so eindringlich. Den hatte ich ganz vergessen. Die Kapuze des Hoodies tief ins Gesicht gezogen, drückt er seinen Zeigefinger auf die Brust von dem Vogel, der sich Gecko nennt.

Gecko hat den Baseballschläger immer noch gehoben. Sein Stiernacken schwillt jetzt auf Truthahngröße an. Er starrt gegen die Kapuze. Geckos Kiefer zittert.

»Nur eine falsche Bewegung, ein falsches Wort und ich

reiße dir deinen verfickten Arsch auseinander, dass du ewig an mich denken wirst.«

Brutalismus, denke ich. Brutalster Brutalismus.

Gecko starrt weiter gegen die Kapuze.

Tupacs Fingerspitze färbt sich weiß, so sehr drückt er gegen die Brust. Er flüstert. »Du nimmst jetzt das Ding runter und gehst nach Hause zu deiner Mutter.« Er atmet einmal durch. Dann brüllt er wie er vorhin »Faaaaaasssss!« gebrüllt hat – löwenmäßig: »Uuuund daaaann …« Gecko lässt den Schläger fallen. Tupac ist wieder leiser geworden. »Und dann bedankst du dich bei ihr. Für alles. Alles, was sie in ihrem Leben für dich getan hat. Verstehst du mich?«

Gecko nickt ganz leicht und ganz langsam.

Tupac dreht sich zu uns. »Und ihr … Verpisst euch!«

Eddy und ich schauen uns ratlos an.

»Verpisst euch!«, wiederholt Tupac. Immerhin schreit er uns nicht so an wie diesen Gecko.

Wir nicken beide und laufen los. Erst jetzt sehe ich, dass alle Leute, die vorhin noch verteilt auf dem Platz waren, in einem Halbkreis um uns herumstehen.

Schweigend machen Michelles Mutter und Vater eine Lücke frei, durch die wir verschwinden. Ihre Tochter haben sie mit einer Tüte Chips im Buggy ruhiggestellt. Es ist totenstill. Dann höre ich Jojo und ihre Freundin, wie sie noch ein paarmal »Verpisst euch!« rufen. Stinker ruft jedes Mal »Wallah!« hinterher.

Es dämmert. Wir haben den Platz verlassen, bleiben unter einer Laterne stehen. Ungefähr da, wo Tupac vorhin die ganzen Fotos geschossen hat.

Eddy sieht aus wie gestern, als er die Idee zu der Sache

hatte. Als wäre er auf Koks oder so. »Boah, Junge!«, ruft er. Er fasst sich mit beiden Händen vors Gesicht. Bückt sich und kommt wieder hoch. »Hast du die Vibes gespürt? Was der für eine Aura hat!« Jetzt schüttelt er ungläubig den Kopf. »Alle sind zur Seite! Keiner hat sich was getraut! Keiner hat was gesagt!«

Er boxt mir gegen die Brust und grinst so doll, wie man nur grinsen kann. »Ich hab dir gesagt, das funktioniert. Nur ein klitzekleiner Ghettoimpuls und Tupac ist wieder der Ehrenmann, der er mal war.«

»Hattest du gar keinen Schiss?«, frage ich.

Er zuckt mit den Schultern. »Nö«, sagt er. »Tupac war ja da.«

Ich glaube, ich weiß, warum der die Kapuze im Gesicht hatte. Damit ihn niemand erkennt. Bei Stinker hatte er da offensichtlich keine Sorge. Und uns hat er wahrscheinlich weggeschickt, damit die denken, wir kennen ihn nicht und er wäre nur zufällig vorbeigekommen. Warum auch immer.

Es knallt. Dann ist es dunkel.

»Hallo?« In Eddys Stimme liegt endlich die Angst, die ich vorhin vermisst habe.

»Was?« Tupac steht neben uns. Ist aggro. Hat gerade mit einem Karatekick gegen den Mast das Licht der Laterne ausgetreten.

Er geht vor. Bestimmt. Fast marschierend. Wir hinterher.

»Verantwortungslos«, höre ich ihn schimpfen. Unter der nächsten Laterne bleibt er stehen. Schaut auf die Rolex. »Fuck!«

»Was ist?«, fragt Eddy.

Tupac tritt auch die Laterne aus. Marschiert schweigend weiter.

Ich schaue auf mein Handy. 21 Uhr 17. »Vielleicht weil *Bebende Herzen* angefangen hat?«, flüstere ich.

Ich bin mir gerade nicht sicher, ob Tupac jetzt wieder der Alte ist oder doch wieder der Alte. Kompliziert!

»Er ist auf einem verdammt guten Weg«, flüstert Eddy mir zu.

»Vielleicht ist Tupac wie ein Chamäleon«, sage ich. »Je nach Umgebung ändert er seine –«

»Besser Chamäleon als Gecko!«

Als wir durch den Torbogen ins Quartier laufen, schaue ich nach oben. Sehe beide Kratzer, die Jojo mit der Leiter in den Beton geritzt hat. Ich muss grinsen. Und mir fällt auf, dass ich überhaupt nicht mehr sauer auf Eddy bin. Dabei war die Aktion totaler Wahnsinn. Grenzte an Selbstmord. Oder zumindest Selbstverstümmelung. Er kann doch nicht ernsthaft damit gerechnet haben, dass die ganze Sache so abläuft. Wahrscheinlich hat er gar nicht erst mit so 'nem Baseballschlägertypen gerechnet. Ich auch nicht. Auf jeden Fall ist sein Plan aufgegangen. Und besser so, als schneidezahnlos auf der Intensivstation zu liegen. »Da ist noch was«, sage ich.

Eddy weiß schon, worum es geht. »Die Sache mit den Drogen ...« Er bleibt stehen. »Das hab ich aus der einen Serie, weißte? Guter Stoff, ich hab da 'ne Quelle und so.«

Ich könnte ihm jetzt sagen, dass das hier aber das echte Leben ist und nicht irgendeine Serie, aber in Anbetracht der Gesamtsituation schenk ich mir das. Frage deshalb: »Wo hast du eigentlich das Zeug her? In der Tüte.«

Eddy bleibt stehen. Schaut mich an und grinst. »Das, Bruder, hab ich nicht aus der Serie. Das war meine eigene Idee!«

»Also?«

»Das Zeug ist von Spike.«

Ich bin sprachlos.

Eddy nicht. »Extra sonnengetrocknet.«

Eddy rüttelt mich wach.

Ich glaube, die Sonne ist noch nicht aufgegangen.

»Steh auf!«

»Was?«, krächze ich.

»Ich hab 'nen Schub!«

Ich schrecke auf. »Was? Bist du krank?«

»Inspirationsschub!«

Ich falle auf die Matratze zurück. Es ist sechs Uhr irgendwas.

»Jetzt habe ich die Lizenz, über Baseballschläger zu rappen, über Gangs, Schlägereien, Haschisch und über Hundekacke! Das alles gehört nämlich neuerdings zu unserem Leben dazu.«

Ich verkrieche mich unters Kissen. Bin zu müde, um ihm zu sagen, dass er die Lizenz zum Hundekackerap auch schon gestern besaß. Außerdem wollte er sich doch von niemandem sagen lassen, worüber er …

Eddy zieht mir die Decke weg.

Dann halt Gangsterrap statt gemütlich ausschlafen.

Eddy schreibt fast alles. Nur das Ende nicht. »Bruder«, sagt er. »Wie wär's mal mit 'n bisschen Storytelling zum Schluss?«

Baseballschläger Butterfly Marihuana
Riecht nach Ghetto

Homies Explosion Fata Morgana
Was ist Ghetto?
Nutten Brillis Clanfamiliensaga
Ist das Ghetto?
Die Machete an der Halsschlagader
Cut im Ghetto
Eine Bombe vor dem Barber
Knallt im Ghetto
Tausend Ratten auf dem Radar
Kommt ins Ghetto
Cem und Edgar waren da
Dann kam Gecko
Wollte nur unser Gras haben
Und dann die Rettung
Das müssen wir klar sagen
Ohne Pac
gäb es nicht
diesen Track

»Willste 'n Kissen?«

»Wieso?«, fragt Eddy. Er guckt jetzt schon seit einer Stunde aus dem Fenster.

»Ist vielleicht angenehmer für deine Unterarme. Herr Willutski hat immer ein Ki–«

»Pscht!«

Scheint spannend zu sein, da draußen. Mir ist die Gefahr zu groß, die Klumpes zu sehen. Der Anblick würde mir den Tag versauen. Gestern Abend, als wir wiederkamen von unserer Mission, haben die doch tatsächlich »selam« zu mir gesagt. Auch wenn es aus ihrem Mund eher nach »Salami« klang. Sie machen jetzt einen auf multikultioberfreundlich. Ich hoffe nur, dass sie Tupac nicht auf Suaheli zutexten.

Tupac will ich jetzt auch nicht unbedingt in Aktion beobachten. Wenn er zum Beispiel gemütlich zurückgelehnt im Anglerstuhl hockt und Würmer im See badet, würde Eddy bestimmt weitere Maßnahmen ergreifen wollen. Aber wenn er nach gestern Abend tatsächlich wieder in der Spur sein sollte, und sich auf der Bank neunzigerjahremäßig 'ne Bong durchzieht, gibt das auch Ärger.

Ich wage einen kurzen Blick raus. Nichts. Nur ein Mädchen, das auf unserer Bank sitzt. Beanie auf dem Kopf. Kopfhörer auf den Ohren.

»Ist das die Enkelin?«, frage ich.

»Ich schätze«, sagt Eddy.

Dann mache ich den Fehler meines Lebens: Ich erzähle Eddy, dass es Jojo war, die Tupac überpinselt hat. Weil ich das dringende Bedürfnis habe, über sie zu reden. Weil sie mir im Kopf rumspukt. Ihre Augen. Die Locken. Ihr bauchfreier Bauch unter dem pinken Top. Ihre reine Stimme, wie sie »Verpiss dich!« ruft. Wie sich mich »Otto« nennt.

Könnte ja sein, dass Eddy so was sagt wie: Die hat dich aber gar nicht aus den Augen gelassen! Oder: Hast du nicht gemerkt, wie sie dich angeguckt hat? Sagt er aber nicht. Stattdessen meint Eddy, dass sie 'ne Bitch ist und wir uns das nicht bieten lassen können. Er ist schon wieder wie besessen.

Mit dem Satz »Tupac ist auch dabei – willst du nicht wissen, wie er heute tickt?«, kriege ich Eddy zum Glück dazu, aufzuhören und mir nach unten zu folgen. Die Kaffeesatzleserei ist gerade die perfekte Aktion. Solange Eddy mit uns in der

Küche hockt, kann er keine Pläne schmieden und Jojo nicht noch mal Bitch nennen.

Wir haben noch nie mitgemacht. Weil es langweilig klingt und sicher nicht funktioniert.

Nene macht das Licht aus. Ein paar Kerzen stehen auf dem Tisch. Keiner sagt was. Sie setzt sich zu Klaus, Eddy, mir und Tupac. Der scheint weder stoned zu sein, noch aggro oder sonst was. Alles unauffällig. Vor nene und Klaus tun wir gerade alle drei so, als hätte die Sache gestern nicht stattgefunden.

Nene nickt uns mit bedeutungsvollem Blick zu.

Wir heben synchron die Tassen an und trinken den türkischen Kaffee.

Mein Mokka schmeckt, als wären fünf Löffel Zucker drin.

Nene nickt wieder. Wir drehen ehrfürchtig die Tassen um und stülpen sie auf die Untertassen. Mit dem Trinkrand nach unten.

Als Erstes hebt Eddys Vater hoch. Nene guckt Klaus in die Tasse. An der Innenseite hat der Kaffeesatz Schlieren gezogen. Ich muss an die Schulklos denken. Mit denen würde das auch hervorragend funktionieren. Auch ohne Kaffee.

Nene sieht einen Baum. Sagt sie zumindest. Obwohl ich eindeutig einen Hammer erkenne. Klaus' Tasse scheint eher die Vergangenheit nachzuerzählen, als die Zukunft zu zeigen. Der Baum steht jedenfalls für Gesundheit.

Bei Amaru sieht nene ein Dreieck. Das heißt: Ein Wandel steht bevor.

Eddy nickt übertrieben schnell. Er glaubt, Tupacs Wandel eingeleitet zu haben. Während ich sicher bin, dass nene wieder aus der Vergangenheit erzählt: Tupac hat sich vor ein paar Tagen von einem zwar wunderschönen, aber leblosen

Mauergemälde zu einem Menschen aus Fleisch und Blut transformiert. Mehr Wandel geht nicht.

Klaus räuspert sich. »Wo ist eigentlich die Kamera, Amaru? Ich bräuchte sie nachher mal, wegen –« Mehr sagt er nicht. Weil nene ihn streng anguckt. Immerhin ist das gerade die Kaffeesatzzeremonie.

Tupac antwortet trotzdem: »Wenn's dir nichts ausmacht, würd ich die gern noch 'n bisschen behalten, um –«

Er hört auch mitten im Satz auf. Ich will mal wissen, wofür die beide jetzt die Kamera brauchen. Wobei – lieber nicht.

Tupac hat plötzlich nenes Tasse in der Hand und liest daraus. »Ein Auto«, sagt er. »Eindeutig.« Fragt dann: »Was bedeutet ein Auto für dich?«

Nenes Antwort kommt überraschend. »Das Auto ist, ehrlich gesagt, der Grund, warum ich hier eingezogen bin. Weil das Quartier autofrei ist. Kein Lärm, kein Gehupe, kein Streit, wer wem die Vorfahrt genommen hat. Es gibt mehr Platz für die Menschen. Ich wollte immer schon an einem autofreien Ort leben.«

Und mir ist nicht mal aufgefallen, dass hier keine Autos fahren. Die seniorengerechten Karren mit hohem Einstieg stehen alle vor der Außenmauer. Oder in der Tiefgarage.

Nenes Tasse deutet also auch in die Vergangenheit.

Wenn in Eddys und meiner Tasse gleich Lutscher zu sehen sind oder eine Bank oder streitende Eltern, werde ich das zumindest ganz vorsichtig anmerken.

Zu meiner Überraschung sieht sie in Eddys Tasse ein Herz. Soweit ich weiß, läuft bei Eddy wenig auf dem Gebiet. Zumindest seit ich ihn kenne.

Nene hebt meine Tasse an. In meiner Brust klopft es.

»Das ist 'ne Dose. Genau genommen sogar zwei Sprüh-
dosen!«, sage ich, bevor nene was sagen kann.

»Das ist auch ein Herz«, sagt Eddy.

»Das sind zwei Herzen!«, bestimmt nene. Sie lächelt kein
bisschen und sagt: »Das heißt Verlobung oder Hochzeit.«

Keiner killt Tupac Shakur

»Ich komm nicht mit!« Wie ein stures Kind verschränke ich die Arme und bleibe unter der Laterne stehen.

Es knallt. Eddy hat dagegengetreten. Sie flackert kurz. Bleibt an. Wir drehen uns um. Hat keiner gesehen.

»Die Bitch ist einfach so in unsere Hood spaziert und hat dort mit ihrer Scheißfarbe unser Graffiti gecovert. Genau genommen sogar gekillt!«

»Na ja, sie hatte 'nen Farbeimer und 'ne Rolle dabei, das hat mit killen wenig … Außerdem haben wir das Bild ja nicht selbst –«

Eddy unterbricht mich. »Auf jeden Fall hat sie ihr Revier markiert!«

Ich schüttel den Kopf. »Sie musste Sozialstunden machen!«

»Woher weißte das denn?« Eddy kommt einen Schritt auf mich zu.

»Ist doch scheißegal!«, sage ich.

Eddy schüttelt genervt den Kopf. »Wenn du dich schon so gut mit ihr auskennst, weißt du dann auch, warum?«

»Klar«, sage ich. »Sie hat 'nen Jungen zusammengeschlagen.«

Eddy lacht auf. »Als ob!«

»Isso!«

Er hebt seinen Finger. »Willst du wissen, was ich denke?«

»Nein«, sage ich.

»Wir beide, du und ich, Bruder, wir stecken mitten in einer Miniaturausgabe des East-Coast-West-Coast-Beefs.«

»Des East-Coast-West-Coast-Beefs?«, wiederhole ich Eddys Satzende.

Er spuckt auf den Boden. Will nach seiner Gymnasiastenkonstruktion wahrscheinlich wieder mehr Straße in die Diskussion bringen. »Die wollen Stress mit uns? Die können Stress haben! Gecko und seine Bitches gegen TooRakes!«

Wenn er noch einmal Bitch zu Jojo sagt, raste ich aus. »Aber warum sollte sie denn –«

»Denen hat einfach nicht gepasst, dass Pac mit uns abhängt. Die glauben, er passt nicht zu uns. Also hat sie das Bild …« Eddy macht Pinselbewegungen. Dann sagt er, für meinen Geschmack etwas zu entschlossen: »Keiner killt Tupac Shakur!«

Ich schüttel den Kopf, während Eddy ganz tief in die East-Coast-West-Coast-Geschichte einsteigt. Wie das war in den 80ern und 90ern. Mit Bad Boy und so weiter. Und wer alles behauptet hat, wessen Freundin oder Mutter gefickt zu haben. Und dass sie sich dann gegenseitig abgeknallt haben. Am Ende sagt er: »Wir müssen unbedingt zurückschlagen!«

»Das macht null Sinn, Eddy!«

»Edgar!«

»Macht trotzdem null Sinn.«

»Wenn wir uns jetzt nicht wehren, glauben die doch, wir sind Opfer.«

»Wir sind denen scheißegal«, sage ich. Und hoffe heimlich, dass ich einer bestimmten Person zumindest nicht völlig scheißegal bin.

Eddy tritt noch mal gegen die Laterne. Diesmal mit Anlauf. Sie leuchtet heller als vorher.

Ich werde ihn nicht aufhalten können. Und ich spüre, dass mich der Ort anzieht. Das Bild. Die Bank. Aber wir können da nicht einfach auf den Platz spazieren. Ich schaue auf die Uhr. Es ist mitten in der Nacht. »Du versprichst mir eins!«, sage ich.

»Was?«

»Du sprichst keinen an, wir machen nichts kaputt, keine Drogen, keine Scheiße!«

»Keine Drogen. Keine Scheiße!« Eddy nickt. »So machen wir's!«

»Schwör!«

»Ich schwör!«

»Und wenn irgendjemand da ist …«

»… dann hauen wir ab!«, bringt Eddy meinen Satz zu Ende.

»Wir checken nur die Lage!«, halte ich fest.

»Wir checken erst mal nur die Lage!«

Der Plan ist nicht nur ohne Sinn – der Plan ist Scheiße. Genau genommen ist es nicht mal ein Plan.

Keiner ist mehr auf dem Platz. Die Bänke leer, der Spielplatz auch. Wir stehen vor einer Wand, die nicht bemalt, angekokelt oder sonst was ist. Es stinkt nach Pisse. Ein bisschen nach Gras. Die Hochhäuser sind tiefschwarz. Nur ein paar Wohnungen flackern im Licht der Fernseher. Irgendwo da oben wohnt Jojo.

Eddy hält mir eine Dose hin.

Mein Herz klopft. Ich ziehe meine Kapuze tiefer ins Gesicht.

»Ich hab gesagt, ERST MAL die Lage checken. Das haben wir getan. *Jetzt kommt der nächste Schritt!«*, rechtfertigt er sich.

Dabei habe ich nichts gesagt. Ich wundere mich bloß, warum diese Wand. Wenn, dann müssten wir ja … Aber das will ich zu null Prozent. Für mich behalten kann ich es auch nicht, weil es so unausweichlich und das einzig Logische ist. Vielleicht kommt Eddy ja selbst drauf und die Idee dann aus seinem Mund, und ich kann sagen: Das machen wir auf keinen Fall!

»Denkst du, was ich denke, Edgar?«

»Bruder, nenn mich Ed!«

»Wieso das denn jetzt?«

»Weil das mehr klingt wie Pac. Mach schon!«, flüstert er.

»Ed!«, sage ich.

»Du sollst sprühen!«, sagt Eddy.

Ein Hund bellt.

Wir drücken unsere Körper komplett an die Wand. Die Gesichter nach vorne. Die Kapuzen nach hinten.

»Schnauze!«, brüllt jemand vom Balkon.

Ich höre auf zu atmen.

Der Hund hört auf zu bellen.

Wir bleiben so.

Dann stupst Eddy mich an.

»Lass uns abhauen«, hauche ich ihm zu, als mein Hirn wieder mit Sauerstoff versorgt ist.

»Hier unten ist keiner.« Er hält mir wieder die Dose hin.

Ich nehme sie nicht.

»Bruder! Markier unser Revier so wie Spike, wenn er an die Wand pisst!«

Ich sag's jetzt. Geht nicht anders: »Die haben uns Tupac

weggenommen. Warum willst du denen nicht auch Tupac wegnehmen?«

Ein paar Sekunden schweigt alles. Der Mond. Die Laternen. Die Hochhäuser. Die rostigen Satellitenschüsseln. Das Klettergerüst. Die Bänke. Eddy.

Ich greife vorsichtig nach der Dose. Er zieht sie weg und rennt rüber zum Vordach. Ich hinterher.

Keuchend stehen wir davor.

Und Eddy flüstert. »Das geht nicht.«

Ein Glück, denke ich und gleichzeitig rutscht mir »Warum nicht?«, raus.

»Weil die dann auch einen echten Tupac bekommen.«

Ich muss mich kurz sammeln. »Du glaubst –«

»Hat mit Glauben nichts zu tun«, sagt Eddy. »Stell dir doch mal vor, ich cover jetzt das Bild und *zack!* sitzt da vorne auf der Bank ein echter Tupac. Und der tickt ganz anders als unserer. Ist wahrscheinlich ein Killer.«

»Aber müsste nach deiner Theorie nicht erst jemand ein Grablicht –«

»Das weiß keiner sicher«, unterbricht er mich.

»Du denkst –«

»Hat mit Denken nichts zu tun«, sagt Eddy jetzt.

Ich stelle mir vor, dass wir heute Nacht einen weiteren Tupac erschaffen und dann tatsächlich so etwas wie eine Miniaturausgabe des East-Coast-West-Coast-Beefs entflammt. Angeführt von zwei Tupacs, die sich gegenseitig dissen, batteln, bekämpfen, schlagen, töten. Oder sie verstehen sich blendend und verbünden sich gegen uns. Oder gegen Gecko und seine Crew. Oder sie führen uns mit den anderen zusammen. Vielleicht sogar Jojo und mich.

Wir könnten das auch zu unserem Ding machen. Eddy

und ich. Reisen durch die Welt und erwecken einen Tupac nach dem anderen zum Leben, in dem wir seine Bilder covern. Bis eine ganze Armee existiert.

»Mir ist das zu gefährlich«, flüstert Eddy. »Es könnte ja auch sein, dass unser Tupac dann verschwindet und stattdessen hier weitermacht.«

An die Version hatte ich noch gar nicht gedacht.

»Tupac gehört uns! Nicht denen!«, stellt Eddy klar.

Ob Eddy weiß, dass er Scheiße redet? Tupac gehört niemandem und wenn, dann eher denen, als uns. Meine Meinung. Außerdem hat Eddy neulich selbst gesagt, dass er sich nicht mal darüber freut, dass Tupac … Egal. Hauptsache, Eddy will nicht, dass … Mir kommt die nächste Idee, die ich nicht umsetzen will. »Aber was, wenn wir was übrig lassen?«

»Wie meinst du, Bruder?«

»Na ja, wenn wir ihn nicht ganz … also wir könnten ja einen Teil … Keine Ahnung, seinen Mund oder so … dann würde ja logischerweise kein menschlicher Tupac hier auftauchen, weil … vergiss einfach, was ich gerade gesagt habe.«

»Stimmt«, sagt Eddy. Er hebt den Arm mit der Dose. »Lassen wir seinen Mund übrig!«

Ich muss das verhindern. »Aber was, wenn dann ein Tupac ohne Mund auftaucht, der wär doch bestimmt aggro ohne Ende und der wüsste ja wahrscheinlich auch, dass wir … lass uns einfach abhauen!«

Eddy schüttelt die Dose.

»Denk doch mal an den King of Style und an sein Werk! Schon mal was von disrespect gehört?«

»Wir crossen das jetzt!«

»Aber was ist, wenn unser Tupac morgen früh bei nene am Tisch sitzt und keinen Mund hat, in den er sein Frühstück –«

»Unwahrscheinlich!«, würgt Eddy mich ab.

Ich stelle mir vor, was passiert, wenn man nur den Mund übersprüht. Den Rest lässt, wie er ist. Sitzt dann morgen bloß sein Mund auf der Bank da vorne? Spuckt im Zehnsekundentakt Sonnenblumenkernschalen aus? »Der Mund ist für einen Rapper so ziemlich das Wichtig–«

Eddy fängt an zu sprühen.

»Stopp!«, zische ich.

»Pscht!« macht Eddy.

»Schnauze!«, schreit jemand vom Balkon.

Wir rühren uns nicht.

»Wallah!« schreit jemand anderes. Die Stimme kommt mir bekannt vor.

Ich renne weg. So schnell ich kann. Bin viel zu laut. Renne weiter. Bis meine Lunge brennt. Ich bleibe stehen. Warte fünf Minuten an unserer Laterne.

Eddy kommt nicht.

Sie haben ihn erwischt. Gecko, Stinker, der Zahnspangentyp.

Ich muss die Polizei rufen. Kann Tupac nicht einfach wieder angesprungen kommen? Aus dem Nichts?

Ich schleiche zurück. Keuchend. Zitternd. Mir ist heiß.

Ein weißer Fleck wird in der Dunkelheit größer.

Je näher ich komme, desto lauter höre ich das Zischen der Dose. Ich schaue hoch. Zähle nur noch sechs flackernde Fernseher.

»Ed, hör bitte auf!«, flüstere ich.

Er macht weiter. »Keine Sorge. Ich lass was anderes übrig.«

»Wie meinst du –«

»Ich lasse seinen Skalp stehen.«

»Hä?«

»Indianertrophäe mit fünf Buchstaben«, sagt Eddy jetzt.

»Aber er hat doch gar keine Haare.«

»Ich meine damit den oberen Kopfteil«, erklärt Eddy. »Inklusive Bandana. Falls doch was schiefgeht, könnte ein echter Pac dann eine Kappe aufsetzen.«

Eddy lacht und ich muss auch lachen. Weil das alles so bescheuert ist.

S.K.A.L.P., denke ich dann. Schöner Kopf Aber Leider Platt. So würde das zumindest aussehen, wenn beim echten Pac der obere Kopfteil ab ist.

»Was machst du da?«

»Wonach sieht's aus?« Eddys Kopf ist knallrot. Das liegt nicht an der Sonne, sondern an seiner Haltung.

Ich zucke mit den Schultern. »Handstand?«

Eddy keucht. »Der Kandidat hat hundert Punkte.«

»Warum?«

»Weil die Antwort richtig ist.«

Sein Hirn scheint überdurchblutet zu sein. »Ich mein, warum –«

»Training, Bruder.«

Was für ein Training? Ich habe Eddy noch nie Sport machen sehen. Ob er seinen Körper fit machen will, für den bevorstehenden Kampf? »Und deine Kappe? Haste die angeklebt?«

»Haha!«, ächzt Eddy. Sein Kopf ist mittlerweile lila.

Nie im Leben würde ich mit meinen bloßen Händen diesen Boden berühren. Und nie im Leben würde ich an unserer Mauer ein Training machen.

Eddy rollt sich im Gestrüpp ab. Stellt sich hin. Wird kurz blass, dann sieht er wieder aus wie immer. Er legt seine Hände, an denen höchstwahrscheinlich Partikel von Spikes letztem Geschäft kleben, auf mein frisch gewaschenes T-Shirt. Drückt sich dann gegen mich und macht irgendwelche Dehnübungen.

»Pac hat jetzt auch 'ne Klimmzugstange, haste gesehen?«, fragt er und wischt sich mithilfe meines Shirts den Schweiß von den Wangen.

Mir ist nur aufgefallen, dass er heute Morgen schon Liegestütze gemacht hat. »Meinst du, die haben's schon bemerkt?«, frage ich.

»Klar!«, sagt Eddy. Er drückt so stark, dass ich fast umfalle. Mir sticht es im Magen. »Und was glaubst du? Was machen die jetzt?«

»Die toben vor Wut!«

»Meinst du, die wollen Rache?«

»Klar wollen die Rache!«

»Wir hätten das niemals tun dürfen«, flüstere ich. Dabei kann uns sicher keiner hören, der gefährlich ist.

Eddy lässt mich los. Stellt sich auf Zehenspitzen und reißt seine Hände in die Luft. Als wollte er nach den Wolken greifen. Oder als würde er an zwei Ringen hängen, die in einer Turnhalle von der Decke baumeln. »Die wissen ja nicht, dass wir das waren.« Erst zwinkert er mir zu, dann grinst er mich an. Irgendwie ist sein Blick komisch heute. Als würde er an mir vorbeigucken. Hat wohl zu lange über Kopf gechillt.

Außerdem verstehe ich ihn nicht. »Wir sind doch extra da hin, um zurückzuschlagen … Und du meintest, das wäre ein gezielter Anschlag von denen … Dann müssten sie doch wissen, dass … Außerdem: Wie soll ein Gangkrieg funktionieren, wenn nur eine Seite weiß, gegen wen sie kämpft?«

»Sei doch froh drüber!« Eddy grinst wieder scheel halb mich, halb die Gegend um mich herum an.

»Das bin ich, glaub mir!« Kann mir bloß recht sein, dass seine Aktionen und Pläne –

»Mach mal Räuberleiter!« Jetzt steht er links von der Mauer. Ich falte meine Hände. Die Innenseiten zeigen nach oben. Er steigt drauf und krackselt seitlich die Wand hoch. Eddy sieht gerade aus wie ein Faultier mit Kappe nach zwei Litern Zuckermokka. Oben bleibt er sitzen.

»Was wird das jetzt?«, frage ich.

»Ich spring runter.«

Ich schüttel den Kopf. Und ich lache. Schüttel dann wieder den Kopf.

»Du spinnst!«

»Der Sprung ist das Ende einer jeden Kür!«, ruft er mir von oben zu.

»Weißt du, was ich glaube?«

Er steht oben, hält das Gleichgewicht und schafft es dabei mit den Schultern zu zucken.

»Du hast von dem Zeug geraucht, aus der Tüte. Sonnengetrocknet.«

»Bäh!«, ruft Eddy. Und: »Mach mal Platz da!« Dazu Handbewegungen, als wollte er ein paar Enten verscheuchen.

Wie er meint. Ich drehe mich um.

Da sitzt jemand auf der Bank.

Das Mädchen mit der Beanie.

»Ist das …« Ich schau wieder Eddy an. Er weiß, was ich fragen will und nickt hastig, bevor ich es aussprechen kann.

»Hast du mit ihr …«

Jetzt schüttelt er den Kopf.

Auch wenn die Klumpe-Enkelin sicher keine Hochhausconnection besitzt, hoffe ich, dass sie nichts von unseren Privatangelegenheiten aufgeschnappt hat. Klar, sie hat Kopfhörer auf. Aber bei Bibi und Tina auf dem Sportfest gibt es bestimmt zwischendurch Sprechpausen.

Ich atme tief durch und gehe auf sie zu. Sie schaut mich an. Ich weiche ihrem Blick nicht aus. Das ist immer noch unsere Bank. Setze mich neben sie. Sehe aus dem Augenwinkel, dass sie ihren Kopf in meine Richtung dreht. Drehe meinen Kopf in ihre. Wir schauen uns an.

Sie runzelt die Stirn. »Is was?«, fragt sie aggro.

»Ne, is was bei dir?«

Sie hat sich schon wieder weggedreht. Meine Frage wohl nicht gehört.

Ich ziehe an ihrem linken Kopfhörer.

Sie packt meine Hand. »Nicht anfassen!« Ihre Stimme ist zwar viel leiser, aber fast so bestimmt wie Tupacs neulich. Ein paarmal blinzeln die Lider über ihren hellgrünen Augen. »Du Pussy!«, schiebt sie hinterher.

»Ich springe jetzt!«, ruft Eddy von oben.

Dann springt er. Die Füße landen zuerst. Er wankt hin und her. Bleibt stehen. Breitet die Arme aus. Verbeugt sich. Kommt wieder hoch. Und jetzt wird mir klar, dass er die ganze Zeit schon nicht mich angrinst, sondern die Enkelin. Die runzelt wieder die Stirn. Grinst nicht zurück. Und schüttelt ganz leicht den Kopf.

Wie in Schockstarre sitze ich da. Sie hat mich Pussy genannt. Und das waren sicher nicht Bibi und Tina, die aus ihren Kopfhörern kamen.

»Ich bin Edgar, meinem Vater gehört die Eisdiele hier!« Er

hält ihr die Hand hin. Sie nimmt die Kopfhörer ab. Stoppt die Musik. Wird bei Bibi und Tina auch gerappt? Ich meine so richtig …

»Was hast du gesagt?«, fragt sie.

»Meinen Namen. Edgar. Und, dass ich der Sohn des Eisdielenbesitzers bin.«

Der Sohn des Eisdielenbesitzers? Wie kann man es mit nur vier Wörtern schaffen, so eine Riesenscheiße zu labern? Und warum nimmt sie für ihn die Kopfhörer ab und für mich nicht?

Sie hält ihm ihre Hand hin. »Ich bin Lina.«

Klumpe, denke ich.

Sie zeigt Richtung Mauer. »Was hast du da gerade gemacht? Bist du Akrobat oder so?«

»Turner«, sagt Eddy.

»Nicht schlecht.«

Jetzt check ich erst, was die ganze Show soll. Das hat sicher nichts mit Pacs Klimmzügen zu tun oder Vorbereitungen für einen Kampf. Eddy will Lina Klumpe beeindrucken. Offensichtlich sind bei ihm alle Sicherungen durchgebrannt. Ob er auf sie steht? Hat ihm das Herz in der Tasse die Sinne vernebelt? Die Klumpes sind der Erzfeind!

Ich geh jetzt da hin. Doch nicht. Soll ich Tupac fragen, ob er mitkommt? Als Bodyguard? Aber wenn der sieht, dass wir sein Abbild zerstört haben …

Dann wäre es am besten, ich würde es ihm vorher sagen. Etwa so: »Wir haben dich weggemacht!«

»Ihr habt mich weggemacht?«

Ich muss alleine gehen. Ich gehe alleine.

Ich frage Eddy. Dann baut der wieder irgend 'ne Scheiße. Und dann kriegen die doch raus, dass wir das waren. Und dann ist die Kacke am Dampfen.

Ehrlich gesagt glaube ich: Die wissen sowieso, dass wir das waren. Zumindest Jojo. Jojo ist ja nicht blöd. Oder doch? Ich kenn sie gar nicht. Sie wird es auf jeden Fall wissen. Ich meine, sie hat unseren Tupac überpinselt. Ein paar Tage später stehen wir vor ihrer Bank und machen Stress und kurz danach ist deren Tupac weg. Zumindest fast. Jeder Vollidiot würde auf uns kommen. Ich hoffe, dass sie nicht draufkommt. Sie würde mich wahrscheinlich hassen. Aber wenn sie nicht draufkommt … Würde das bedeuten, sie ist eine Vollidiotin? Das will ich auch nicht. Also hoffe ich, dass sie draufkommt und gleichzeitig nicht sauer auf mich ist. Oder mich zumindest nicht hasst. Wie das gehen soll? Keine Ahnung.

Ich bleibe besser hier. Ich gehe hin. Was will ich überhaupt da?

Die Hochhäuser sind wie ein Magnet, der sich ständig dreht. Und ich bin eine Büroklammer. *Zack!* werde ich angezogen und *zack!* wieder abgestoßen. *Zack zack zack zack!* Anziehen. Abstoßen. Anziehen. Abstoßen.

»Ich wollt fragen, ob du Lust auf 'nen kleinen Ausflug hast?«

Tupac guckt mich skeptisch von unten an.

»Keine Sorge, nicht wie beim letzten Mal.«

Tupac guckt mich noch ein bisschen skeptischer von noch weiter unten an.

»Eddy kommt auch nicht mit«, sage ich.

Jetzt kann er mich kaum noch sehen, so weit beugt er seinen Kopf runter.

»Ich sprech auch niemanden an oder so.«

Er sitzt jetzt wieder aufrecht. »Wohin geht's denn?«

Jetzt neige ich meinen Kopf.

»Nicht dein Ernst!«, sagt er. »Was willst du da?«

Die Frage ist mehr als berechtigt. »Nur 'ne kleine Brutalismustour. Ich fand das so interessant, was du gestern –« Tupac schmunzelt. »Als ob.«

Natürlich will ich bloß gucken, wie die Lage vor Ort ist. Heimlich. Aus der Entfernung. Die Stimmung. Wie Jojo aussieht. Vielleicht könnte ich auch irgendwas machen, um 'ne falsche Fährte zu legen. Vor allem will ich zu hundert Prozent ausschließen, dass da noch ein menschlicher Tupac herumschwirrt.

»Vergiss es! War 'ne Scheißidee«, sage ich.

»Du gehst da nicht hin!« Tupac ist aus dem Sessel aufgestanden und zeigt mit dem rechten Zeigefinger auf mich.

»Okay!«, sage ich.

Und Tupac sagt: »Schwör, dass du nicht hingehst!«

»Ich schwör!«, sage ich.

»Sonst …« Mehr sagt er nicht. Schlägt sich gleichzeitig mit beiden Fäusten auf die Brust. Keine Ahnung, was das bedeuten soll, aber Eddy wäre sicher zufrieden damit.

Seine Glatze glänzt unter den Deckenstrahlern.

»Indianerehrenwort«, rutscht es mir raus. Unser Tupac hat seinen Skalp auf jeden Fall nicht verloren.

Klaus kommt rein. »Was ich dich noch fragen wollte, Amaru.« Er wird immer leiser. »Ich wollte für die Homepage der Eisdiele …«

Ich bin kurz davor, mir eine Hand hinters Ohr zu halten.

»Also wenn du mir die Kamera wiedergeben könntest.«

Nene ruft: »Amaru, Klaus, die Jubiläumsfolge geht los!«

Ich guck auf die Uhr. Es ist 21 Uhr 14.

Tupac klopft Klaus auf die Schulter. »Klar, kein Problem, ich muss nur noch ein paar Fotos rüberziehen.«

»Klar«, sagt Klaus. »Kein Problem.«

Dann geht er Richtung Fernseher und Tupac aus dem Haus. Wo will der hin?

Ich frag doch Eddy.

Um 21 Uhr 18 stehe ich vor der Eisdiele.

Um 21 Uhr 19 sehe ich, wie Eddy einem Mädchen drinnen einen Eisbecher zubereitet.

Um 21 Uhr 21 betreten die Klumpes die Seeterrasse. Um 21 Uhr 24 beobachte ich Eddy aus sicherer Entfernung dabei, wie er ihnen lächelnd zwei Aperol Spritz serviert.

»Nene!«, rufe ich. »Nene!«

»Pscht!«, macht Klaus.

Irgendein Lappen gibt dem Koch einen Haken. Mit der Faust. Seine Nase blutet. Die Kamera zoomt ran. »Meine Riechfäden sind gerissen!«, stottert der Koch mit aufgerissenen Augen.

Klaus schweigt und nene ruft hektisch: »Ist gleich Werbung, Cem.«

In der Küche frage ich sie: »Nene, wie wahrscheinlich ist es, dass die Tasse recht hat?«

»Welche Tasse?«, fragt sie.

»Meine, zum Beispiel. Und Eddys.«

Jetzt lächelt sie. Das trägt schon mal zu meiner Entspannung bei. Ich dachte schon, alles, was mit dieser Kaffeesatzleserei zu tun hat, wäre von tödlichem Ernst.

Sie fährt mir mit den Fingern durchs Haar. »Die Tasse hat immer recht, Cem.«

Ich schiebe ihre Hand zur Seite.

»Ernsthaft?«

Sie lächelt immer noch und zuckt mit den Schultern.

»Wenn du dran glaubst, stehen die Chancen zumindest nicht schlecht dafür.«

Solche Wischiwaschi-Antworten bin ich von ihr gar nicht gewohnt.

»Kannst du das nicht irgendwie in Prozent ausdrücken?«

»Hundert«, sagt sie.

Ich zucke zusammen. »Aber wenn da zum Beispiel rauskommt, dass ich Krebs oder so ... oder einen Unfall –«

»Meine Tassen sind nie trübe Tassen«, sagt nene. »Meine Tassen bringen Glück, Cem!«

»Okay«, sage ich. »Danke!«

Sie streichelt mir wieder durchs Haar. »Gibt es denn da jemanden, den du ...«

»Ich frag für 'nen Freund.«

Nene zwinkert mir zu.

Ich zwinker zurück.

»Du machst das schon«, sagt sie.

Ich nicke. »Ich glaub einfach nicht dran. Dann passiert auch nichts.«

»Mach, wie du willst!«, sagt sie mild und läuft schnell rüber, weil sie wissen muss, ob Maximilian je wieder schmecken können wird. Davon hängt nicht nur seine Kochkarriere ab.

Klaus meint: »Es gibt überhaupt keine Riechfäden.«

»Und wenn schon«, sagt nene.

Wo die Liebe hinfällt

wächst kein Hass mehr

Jede Sekunde mit dir zählt

Ich dreh die Tasse hin und her

Sehe unsere Herzen schlagen auf dem Porzellan

Denk an deine Haare als die wildeste Verlockung

Sag mal, Babe, gehör ich jetzt zum falschen Clan?

Egal. Ich komm trotzdem in deinen Block und

verschlüssel meine Message so verschnörkelt wie nie

Komm, wir drehen 'nen Liebesfilm und ich führ die Regie

Nenn mich, wie du willst

Und sei es Otto

Träume, dass du mit mir chillst

Sechser im Lotto

Träume, dass du mich du mich nicht willst

Was für ein Horror

Träume, dass du Gecko killst

I don't feel sorrow

Du und ich zusammen, endlich glaub ich an tomorrow

Ich geh los, ich komm zurück

Das ist der Jojo-Effekt

Der Weg zum Glück

Schwester, ich fühl mich wie der Homo Erec

Tus, Bete in den Himmel

Dass vor deiner Bank kein Hass mehr wächst

Bin dein Prinz auf meinem Schimmel

Ich schwör, ich fühl mich wie verhext

Träume nachts davon, dass du mich am Morgen weckst

Legst den Kopf auf meine Schulter, wir kuscheln unter Decken

*Niemals wieder will ich irgendwelche anderen Mädchen
   checken*

Ich bin ins Gebüsch gesprungen. Ungefähr da, wo unsere Laterne steht. Scheiße! Was, wenn wir doch einen Zweiten erschaffen haben, letzte Nacht? Das ist hundertpro Tupac, der mir gerade entgegenkam. Eindeutig am Gang zu erkennen. Ein paar Laternen weiter. Entschlossen, das eine Bein ganz leicht hinterhergezogen. Aufrecht. Wie ein richtiger Thug. Tupac hat genau die gleichen Klamotten an, wie vorhin bei uns. Keine Bandana oder so. Jetzt geht er an mir vorbei. Zwei Meter entfernt. *Pam!*

Mein Herz! Er hat gerade die Laterne ausgetreten.

Als mein Puls wieder unten ist, bin ich mir zu 99 Prozent sicher, dass es unser Amaru ist. Immerhin ist er vorhin noch mal vor die Tür. Aber was wollte er bei den Hochhäusern? Mich abfangen? So wichtig bin ich ihm wahrscheinlich nicht. Oder war er woanders? Aber wo? Vielleicht wollte er noch ein paar Fotos schießen. Von der Abenddämmerung. Vom Mond. Dann die brutalistische Architektur im Dunkeln genießen. Oder er hat Gecko noch mal 'ne Ansage gemacht. Eigentlich denke ich, Tupac hat keinen Bock auf unnötigen Stress.

Es ist dunkel. Hier unten ist keiner und trotzdem fühlen sich meine Knie an wie schmelzende Butter. Ich zähle die flackernden Fernseher. Es sind vier.

Sonst passiert nichts. Keine Ratten, die im Müll spielen, keine bellenden Hunde. Kein Windzug, der die Blätter bewegt. Oder die Wolken.

Ich atme tief durch. Beruhigend, dass Eddy nicht im nächsten Moment den Frieden hier stören wird.

Erst wollte er Tupac in die Spur bringen und wir wären fast im Krankenhaus gelandet. Dann wollte er den großen Bandenkrieg anzetteln, weil wir die unberechenbaren Reptilien hier ja noch nicht genug gereizt hatten. Dann interessiert ihn das alles gar nicht mehr. Wegen dieser kleinen Klumpe-Bitch. Und jetzt stehe ich hier. Obwohl ich das alles nicht wollte. Auf jeden Fall gut, alleine zu sein.

Nur noch drei flackernde Fernseher. Ich wage mich aus dem zweiten Gebüsch, in dem ich heute Abend hocke. Gehe über den Platz.

Es ist eine klare dunkle Nacht. Ein klarer weißer Mond. Genau wie bei Nate Dogg und Warren G. in *Regulate*. Niemand sieht mich. Keiner weiß, dass ich da bin. Ich fühl mich mächtig. Erwachsen. Während die Homies schlafen wie Kinder. Wenn die wüssten …

Zum Vordach schlendere ich rüber. Das Weiß zieht mich magisch an. Es ist das Licht. Ich bin die Motte. Alles sieht aus wie letzte Nacht. Die obere Kopfhälfte ist auch noch da. Inklusive Bandana.

Ich setze mich auf den Boden, am Rand des Vordachs, lehne meinen Rücken an einen Pfeiler, links von der dicken Tür, nur ein paar Schritte entfernt vom weißen Fleck.

Ich hab noch nie wirklich geraucht. Aber jetzt hätte ich Lust auf …

Da vorne bewegt sich was.

Eine wandelnde Kreatur. Eine riesige graue Ameise. Menschengroß. Mit schwarzem Kopf. Der ist Pferdegroß. Die Riesenameise trägt eine Tannennadel auf dem Rücken.

Eine silberne Tannennadel, die doppelt so groß ist wie sie selbst.

Ich habe nichts geraucht, geschnupft oder geschluckt.

Sie existiert wirklich. Ich halte die Luft an. Spüre mein Herz klopfen. Beiße auf die Zähne. Fühle meinen zitternden Oberkörper.

Nicht bewegen.

Die Kreatur kommt auf mich zu. Schritt für Schritt. Bleibt stehen. Dreht sich zur Wand.

Meine Knie zittern jetzt auch. Der ganze Körper.

Stummes Einatmen durch die Nase. Stummes Ausatmen. Ein. Aus.

Mein Herz kollabiert gleich.

Dann Blitzeinschlag. Inklusive innerem Donner. Dann Kribbeln. Kribbeln wie Miniameisen im Bauch.

Die Riesenameise ist Jojo. Der Pferdekopf ihre Lockenmähne. Die riesige Tannennadel ihre Leiter.

Die klappt sie jetzt auseinander.

Der Strahl einer Lampe unter dem Wellblech streift ihr Gesicht.

Ich sitze im Stockdunkeln, hab mir die Kapuze bis zu den Augenbrauen runtergezogen. Mein Kinn auf die Knie gelegt. Die Unterarme vor Mund und Nase. Nur durch einen winzigen Spalt sehen meine Augen, was Jojo macht. Ich schätze, dass es ein Uhr ist.

Sie geht weg.

Ich richte mich auf.

Es ist ein Uhr.

Sie kommt zurück.

Ich krümme mich wieder zusammen.

Keinen Blick wirft sie in meine Richtung. Würde sie die

Leiter hinlegen, sie würde vielleicht genau von ihr zu mir reichen.

Jojo hat jetzt einen weißen Eimer in der linken Hand, in der rechten Hand wahrscheinlich die Rolle vom letzten Mal. Sie schiebt die Leiter mit dem Fuß direkt vor die Wand.

»Schnauze!«, ruft jemand vom Balkon.

Jojo duckt sich, als wollte sie sich hinter der Leiter verstecken. Bewegungslos hockt sie da.

Ein Hund bellt. Noch mal »Schnauze!« Dann ist Ruhe.

Jojo steht vorsichtig auf.

Ich bleibe, wie ich bin.

Sie klemmt sich die Kopfhörer auf die Ohren und tippt auf ihrem Handy herum. Der Lichtkegel bestrahlt ihre Nase, die braunen Augen. Die kleine Lücke zwischen den oberen Schneidezähnen. Ich kann nicht hören, was sie hört.

Mit Eimer und Rolle steigt sie die Leiter hoch.

Jojo rollt hin und her. Von links nach rechts. Von oben nach unten. Das kann alles nicht wahr sein.

Sie tunkt die Rolle ein. Noch mal hin, noch mal her. So lange, bis seine obere Kopfhälfte ganz und gar hinter einem weißen Farbfilm verschwunden ist. Jojo hat eben gerade Tupacs Skalp entfernt.

Sie klettert die Leiter runter. Rückwärts. Vorsichtig.

Kommt unten an. Dreht sich in meine Richtung. Bückt sich. Stellt den Eimer auf den Boden. Nimmt die Kopfhörer ab.

»It was a clear black night, a clear white moon ...« Das kommt nicht aus ihren Lautsprechern. Das ist mein Handy.

9. Risse

»Wer bist du?«, hat Jojo geflüstert. Das Display leuchtete durch meine Hosentasche. Ich hab mich nicht bewegt. Sie kam näher, ganz langsam. Und sie flüsterte noch mal: »Wer bist du?« Ich konnte sie riechen, so nah war sie. Sie roch nach Mandarine. Nach Farbe. Ein bisschen nach Energy.

Warren G hat weitergerappt. Und dann bin ich gerannt. So schnell ich konnte. Ich hab noch ihren linken Arm gestreift.

Jetzt bin ich von oben bis unten nass geschwitzt. Liege auf meinem Bett.

Drei Anrufe in Abwesenheit. Eine neue Mailboxnachricht.

Eigentlich würde ich klopfen. Eddy liegt direkt hinter der Wand. Und er würde zurückklopfen und dann könnte er mir erzählen, was so dringend war.

Ich drücke die Eins, um die Nachricht abzuhören.

»Bruder! Hier ist Edgar! Ich meine Ed. Wollte dir nur sagen, dass sie übertriebene Katzenaugen hat. Also ihr Blick. Und die Farbe. Und wenn die mich anguckt. Miiiiaaaauuuu! Ich sag's dir! Wie findest du sie denn so? Boah, ich hab mich da voll zum Affen gemacht mit der Turnerei, haste ja gesehen, aber der Tag war auf jeden Fall … und auch der Abend … Ich bin echt froh, dass sie … Und ihr Mund, der ist auch irgendwie so … so katzenhaft. Ich weiß auch nicht … Dabei sind Katzenmünder ja eigentlich … Was denkst du? Ist ihre Augenfarbe Grün? Oder Türkis? Sag mal, wo steckst du eigentlich? Ruf mich mal an, Bruder! Ich mach mir Sorgen! *Tuuuuuuut!*«

Ich atme tief durch, drücke auf die Zwei, um die Nachricht zu speichern. Vielleicht kann ich das irgendwann mal benutzen, wenn es dringend nötig ist, ihn auszubremsen. Dann sollte eine Erinnerung daran, dass er mal auf die Enkelin der Klumpes stand, ausreichen, um ihm zu zeigen, dass er ab und zu ziemlich danebenliegt. Ich ziehe mein T-Shirt aus. Schmeiße es in den Wäschekorb.

Was, wenn sie mich erkannt hat? Eigentlich war es zu dunkel. Ob es ihre Bestimmung ist, sämtliche Werke von 1010 – dem King of Style – zu killen? Aber wieso?

Was, wenn Jojo eine Magierin ist? Eine Zauberin, die mit ihrer Streichkunst Tupac Shakur auferstehen lassen kann. Und was, wenn ich mich in sie verliebt habe? Ob sie mich auch irgendwie verzaubert hat?

Ich klemme mir die Kopfhörer auf die Ohren und stelle *Regulate* auf repeat. Das ist ab jetzt unser Song.

Eddy rüttelt mich wach.

Ich glaube, die Sonne ist noch nicht aufgegangen, verkrieche mich wieder unters Kissen, krächze: »Inspirationsschub?«

Ohne zu antworten, legt er gleich mit anderen Sachen los. Die führen dazu, dass ich meinen Kopf aus der dunklen warmen Höhle ziehe und mich hinsetze. Ich reibe mir die Augen. Dabei müsste ich mir eigentlich die Ohren reiben.

»Für mich ist das jedenfalls 'n handfester Skandal«, sagt Eddy und schüttelt den Kopf. »Mädchen gehören im Rapbusiness so was von auf die Überholspur!«

»Eddy?«, frage ich.

Er redet weiter. »Die wirklich dicken Plattenverträge der letzten zwanzig Jahre wurden zu 99 Prozent mit Männern abgesch–«

»Eddy!«, rufe ich jetzt lauter.

»Was ist denn?«, raunzt er mich an und verscheucht mit den Händen eine Fliege in der Luft, auch wenn ich glaube, dass da keine ist.

»Ich wollte nur wissen, ob du es wirklich bist!«

Er rollt mit den Augen. »War klar, dass du das nicht verstehst!«

Mir fehlen die Worte.

Eddy nicht. »Dann halt was anderes«, sagt er. »Lina ist überhaupt nicht im Turnverein.«

Glaubt der ernsthaft, das interessiert mich?

»Pass auf, die Geschichte ist Hammer.« Eddy klopft sich auf die Schenkel.

»Weißt du noch? Ich hab mir doch zu Weihnachten auch mal 'ne Anlage von Bang und Olufs–«

»Eddy, was willst du von –«

»Lass mich doch mal ausreden! Das war auf jeden Fall so'n Geschenk, was man eh nicht kriegt, und Lina, die hat sich von Hannelore und Gerhard zum Geburtstag 'n Mischpult gewünscht. Auch 'n Looppad. Und ein Turntable. Sie baut nämlich ihre eigenen Beats. Und die haben dann nicht Turntable gelesen, sondern Turntable. Wie man Deutsch spricht. Und dachten dann, dass sie sich verschrieben hätte und sich 'ne Turnhalle wünschen würde oder irgendein modernes Turngerät, was sie nicht kannten. Und bei Looppad. Da dachten die dann Looping, Salto, was weiß ich. Krass, oder?«

»Ja, krass!«, sage ich und denke, dass er gerade leibhaftig von Hannelore und Gerhard geredet hat, während er auf meiner Bettkante saß.

Wenn Eddy meint, Frau Klumpe würde mit Worten foltern – was macht er gerade? Verbale Höllenqual!

Wie in Schockstarre sitze ich da. Sage kein Wort. Das ist nicht zu viel am frühen Morgen – das ist zu viel für ein ganzes Leben.

»Wo warst du eigentlich gestern Abend? Ich hab versucht dich anzurufen!«

Ich sage ihm stumpf, was passiert ist. Dann wird der ziemlich sicher 'ne andere Platte auflegen.

»Was ist das denn für 'ne Hexe?«, fragt Eddy.

»Hä?«, frage ich.

»Na ja, die kleine Bitch streicht mitten in der Nacht –«

»Halt die Fresse, Mann!« Ich bin aufgesprungen.

Eddy auch. »Was sagst du da?«

»Du sollst deine Fresse halten!«, sage ich. »Und du willst wissen, wie deine kleine Klumpe-Bitch aussieht. Wie 'ne Katze sicher nicht.«

Eddy macht Riesenaugen. »Halt selber deine Fresse. Was laberst du?«

»Sie sieht aus wie 'ne Ratte!«

Eddy schubst mich. Ich falle aufs Bett. Dann haut er ab.

Ich ruf ihm hinterher: »Bestell Hannelore und Gerhard schöne Grüße von mir!«

Kurz danach knallt bei ihm die Tür. Dann kommt eine Nachricht.

»Eine Sache will ich klarstellen«, schreibt Eddy.

Ich antworte nicht.

»Ich nenn die nicht Gerhard und Hannelore, ich hab nur Lina zitiert.«

Ich antworte wieder nicht und denke, dass sich mir schon der Magen umdreht, wenn er »Lina« sagt oder schreibt, als wäre es das Normalste auf der Welt.

»Sie nennt sie selbst nicht Oma und Opa. So ist das zustande gekommen.«

Ich überlege kurz, ihm eine Ratte zu schicken, lasse es aber.

Und Eddy schreibt: »Außerdem heißt sie gar nicht Klumpe!«

Ich reagiere nicht.

Eddy schreibt: »Sie heißt Risse.«

Schön für sie, denke ich. Und verkneife mir »Risse-Bitch« zu schreiben.

Dann ist Funkstille.

Wo die Liebe hinfällt, wächst kein Hass mehr! Die Line habe ich gestern geschrieben. Damit lag ich voll daneben. Wenn die Liebe irgendwo hinfällt, scheint das mit dem Hass erst richtig loszugehen.

Ich habe mich in mein Zimmer eingeschlossen und höre Musik. Bei *If I ruled the world*, stell ich mir vor, Nas zu sein und Jojo ist Lauryn Hill. Beide in jung natürlich.

Unten knallt es. Irgendwas scheint los zu sein.

»Hier baut niemand eine Mauer!«

Ich stehe auf der Treppe und sehe Tupac, wie er laut und bestimmt auf Eddy einredet.

Der kniet vor dem Durchbruch neben einem Stapel Steine.

Tupac geht hin und her. »Ihr seid doch Brüder!«, sagt er. »Brüder halten zusammen!«

Ich laufe die restlichen Stufen runter, greife durch den Durchbruch nach einem Stein. »Schon gut!«, sage ich. »Ich helf ihm dabei.«

Tupac wird lauter: »Wenn hier auch nur ein einziger Stein, auf einen anderen gelegt wird, dann –«

Klaus kommt in den Flur. Sieht aus, als hätte er gerade ein Mittagsschläfchen gehalten. Er reibt sich die Augen. Flüstert: »Amaru, wo ich dich gerade treffe … wegen der Kamera … ich bräuchte sie … wollte ein paar Fotos …«

Tupac geht nicht darauf ein. »Siehst du nicht, was hier los ist?« Man könnte auf die Idee kommen, er will die Kamera behalten.

Klaus schüttelt den Kopf.

»Die Jungs wollen Mauern bauen, statt Grenzen zu überwinden.«

Eddy nuschelt irgendwas.

»Was hast du gerade gesagt?« Auf Tupacs Stirn bilden sich Zornesfalten.

»Vergiss es«, sagt Eddy, den Blick auf einen Stein gerichtet.

Tupac geht noch mal den Flur auf und ab, zeigt mit dem Daumen auf sein Brustbein. »Du meinst, mich geht das nichts an? Ich soll mich nicht einmischen?« Er bleibt vor dem Loch stehen.

Eddy traut sich nicht, was zu sagen. Kein Wunder.

Tupac wird noch lauter. »Als ob ich nicht schon genug mitgemacht habe hier. Muss mir Ewigkeiten das Elend angucken. Häng hier in eurem Scheißpark rum. Bewegungslos. Und bin plötzlich mittendrin. Alle wissen, wie ich sein soll. Aber ich respektiere jeden hier. Zieh dich aus der Scheiße, weil du nicht verstehst, dass das da draußen kein Spiel ist …«

Eddy schluckt. Ich sehe Schweißperlen auf seiner Stirn.

»… aber jetzt ist Schluss damit«, erklärt Tupac. »Es gibt wirklich Wichtigeres als diesen Kindergarten.« Er zeigt Richtung Haustür. »Und zwar hinter den Mauern. In der echten Welt.« Und dann bin ich mir nicht sicher, ob er gerade »Fuck Life« oder »Thug Live« gesagt hat.

»Was ist hier los?« Nene zieht die Haustür hinter sich zu. Dann sieht sie die Steine.

»Sie streiten«, stellt Klaus fest.

»Nicht in meinem Haus!«, ruft nene.

Stille.

Sie schaut einen nach dem anderen an.

»Auf eure Zimmer!« Ihre Augenlider zittern. Der rechte Arm zeigt geradeaus. Da ist gar kein Zimmer.

Ich lege vorsichtig den Stein ab und gehe langsam Richtung Treppe. Eddy auch.

»Alle!«, schreit nene.

So laut, dass ich zusammenzucke. Ich drehe mich um.

Klaus und Tupac schleichen mit geneigten Köpfen davon.

Und nene brüllt: »Kafayı yicem!« Das lässt noch mal alle zusammenzucken. Auch wenn ich der Einzige bin, der es versteht: »Ich esse meinen Kopf!«

In meinem Zimmer schlage ich das Blackbook auf und fang an zu malen. Die Leiter, die Wand. Jojo von hinten. Und wie sie mit der Rolle Tupacs Kopf verschwinden lässt.

Nach ein paar Stunden kommt Tupac persönlich rein, fragt, ob ich noch ein paar von diesen Lutschern hätte.

»Wofür?«, frage ich.

Er runzelt die Stirn. Als wollte er fragen: Dein Ernst?

Schade, dass nene vorhin reingekommen ist. Ich hätte zu gern gewusst, was Tupac noch so von sich gegeben hätte. Ob er damit meinte, dass er auf unserer Mauer gefangen war? So klang es. Die Scheiße angucken. Das Elend. Und Eddy und ich wollen, dass er unseren Vorstellungen entspricht. Versteh ich gut, dass ihn das aufregt. Mir geht's ja mit den Klumpes genauso.

– *Du erzählst mir nicht, wer ich bin, du bist nicht der King Pin* –

Und Tupac hat recht: Er respektiert jeden hier. Könnte ja auch einfach reinkommen und sich die Lutscher nehmen. Da würde ich mich auch nicht wehren.

Ich zeige auf den Schreibtisch, wo die Riesendose steht. »Bedien dich.«

Tupac greift rein. Geht zur Tür. Bleibt stehen. »Eine Frage noch.«

»Ja?«

»Dieses Energyzeug, was ihr trinkt, wo gibt's das?«

»Wieso?«

Er schaut mich schon wieder so aggro an wie gerade.

»Ich hab was hier«, erkläre ich ihm meine Nachfrage. »In der Schublade steht 'n Sixpack. Kannste haben.«

Tupac zückt einen Zwanni aus der Hosentasche und legt ihn mit der flachen Hand auf den Schreibtisch. »Reicht das?«

»Dicke!«

Dann haut er ab. Hat offensichtlich Bock auf Zucker. Kann ich verstehen, bei der Stimmung im Haus. Fuck Life!

Eddy und ich kloppen die weiße Wand vor unserer Bank zusammen. Danach gehen wir mit den Riesenhämmern aufeinander los.

Ich wache auf. Schweißnass. Was für eine unruhige Nacht. Meine Mutter hat gestern Abend noch angerufen, wollte hören, wie es mir geht. »Gut«, habe ich gesagt. Und dass die Ferien langweilig sind. Dabei sind sie ziemlich genau das Gegenteil. Mama hat gefragt, ob sie kommen soll. Wir könnten was unternehmen. Ich glaube, wenn sie wüsste, was hier gerade wirklich los ist, würde sie ziemlich schnell auf der Matte stehen. Ganz egal, ob ich ihr davon abrate oder nicht.

Nebenan kichert ein Mädchen.

Ich beschließe spontan, schwimmen zu gehen, schleiche die Treppe runter. Links im Flur das Loch. So wie immer. Die Steine sind weg. Wage einen Blick in die Küche. Niemand da.

Draußen singen Vögel. Auf dem See keine Welle.

Die Bademeisterin packt mich am Arm, als ich aus der Dusche komme. »Nicht reinspringen!«, faucht sie, dabei wollte ich wie alle anderen auch die Treppe benutzen.

Ich dusche nachher gründlicher als zu Hause, um den Niveafilm abzukriegen und fühle mich besser als vorher.

Setze mich draußen noch einen Moment auf die Bank, schaue auf den Boden zwischen meine Sneakers, atme die frische Morgenluft ein. Gucke nach vorne.

Letzte Nacht hat jemand ein neues Bild auf die Mauer gesprüht.

10. Eine verschlüsselte Botschaft

Die komplette Wand ist schwarz. Von oben bis unten, von rechts nach links. Einzige Ausnahme ist ein weißer Kreis. Den hat der Künstler frei gelassen. Weißer Kreis auf schwarzem Hintergrund also. Wobei der weiße Kreis nicht mittig ist, wie zum Beispiel der rote Kreis auf der japanischen Flagge. Er ist eher oben rechts. Das ist alles. Es gibt kein Tag, keine Signatur. Kein 1010. Es war also jemand anderes als der King of Style. Warum sollte man so was sprühen? Ich meine: Was soll das bedeuten?

Ein Land, das so eine Fahne hat, fällt mir nicht ein. Oder steht es für die neue Bewegung der Klumpes? Nach der Rassismuskampagne jetzt ein Multikultilogo. Schwarz und Weiß zusammen!

Vielleicht wollte da jemand die komplette Mauer schwarz sprühen und ist gestört worden? Dafür wirkt der Kreis zu sauber. Die Konturen sind messerscharf und genau so gewollt.

Mir fällt der Kaffeesatz ein. Amaru hatte ein Dreieck, dann wird wahrscheinlich auch der Kreis etwas bedeuten.

»Nene, was bedeutet Kreis?«, schreibe ich.

Sie antwortet sofort. »Erfolg. Wieso?«

»Nur so.« Ich bin nicht wirklich schlauer als vorher.

Das Ganze macht mir Angst.

Ob Eddy das war? Aber der würde solche Konturen nicht

hinkriegen. Oder seine neue Gespielin. Die ist anscheinend in der Szene unterwegs, mit ihren Turntables. Vielleicht malt sie auch. Oder waren es die beiden zusammen? Aber warum sollten sie?

Am wahrscheinlichsten ist das, was ich am wenigsten will: Gecko hat rausgefunden, wo wir wohnen, und das ist seine Antwort. Seine Drohung. Wobei das eine ziemlich komische Drohung ist und ich glaube auch nicht, dass so das Tag von diesem Stiernacken und seiner Gang aussieht.

Ich gehe nach Hause, leg mich aufs Bett. Setz mir die Kopfhörer auf. Mach die Augen zu. Habe so lange drauf geschaut, dass ich es jetzt negativ sehe: schwarzer Kreis vor weißem Hintergrund.

Drücke mit dem Daumen auf Play. *Regulate* beginnt mit dem Intro. Pfeifen. Eine Stimme spricht über »Regulators« und ich verstehe nicht so richtig, was das alles bedeuten soll. Erst dann wird gerappt. Bei meinem Klingelton geht es immer sofort los.

»It was a clear black night, a clear white moon …«

Ich reiße die Augen auf. Wie konnte ich das nicht sehen?

Es ist eine Nachricht. Von Jojo. An mich. Oder an Eddy? Ich weiß ja nicht, ob sie weiß, wer sie da nachts heimlich beobachtet hat. Wobei ich eigentlich sicher bin, dass es dafür zu dunkel war. Oder hat auch sie mich gerochen? So wie ich sie. Wonach ich wohl rieche?

Fest steht: Letzte Nacht war sie hier. Wahrscheinlich mit Leiter. Und diesmal ohne Farbrolle, sondern mit Dose.

Die Nachricht muss für mich sein! Jojo hat Eddy bloß einmal gesehen. Woher soll sie wissen, dass er hier wohnt?

Sie vermutet also, dass ich derjenige war, der auf dem Boden saß. Aber sie weiß es nicht hundertprozentig. Deshalb schickt sie mir eine verschlüsselte Botschaft. Ziemlich romantisch eigentlich. Ob ihre Oma auch zwei Herzen in ihrer Mokkatasse gefunden hat und Jojo ist seit dem out-of-control und taumelt in ihrem Liebeswahn von einer unüberlegten Aktion zur nächsten? Wäre schön.

Zumindest will sie wissen, ob ich es wirklich war. Deshalb hat sie die Line mit der klaren dunklen Nacht und dem klaren weißen Mond in ein Bild verwandelt und auf unsere Wand gesprüht. Hätte ich nicht besser machen können.

Ich klappe mein Blackbook auf.

Es klopft.

Ich sage nichts.

Die Tür geht auf. Tupac setzt sich auf mein Bett. »Es wäre gut, wenn ihr euren Beef –«

»Is meine Sache«, sage ich.

Ob Eddy ihn geschickt hat? Glaub ich nicht. Eddy behandelt ihn mittlerweile wie Luft. Außerdem: Nach dem Streit gestern …

»Das Mädchen ist doch ganz okay, oder nicht?«

Dass Tupac einen miesen Geschmack hat, weiß man ja – bei allem Respekt – spätestens seit Malaga.

»Ihre Beats sind dope«, sagt Tupac jetzt. »Das Beste, was ich seit Langem –«

Hat er nicht gestern angekündigt, sich ab jetzt wichtigeren Dingen da draußen zu widmen, statt unserem Kindergarten? »Warum machst du das hier?« Ich lege meinen Bleistift ab. Drehe mich mit dem Schreibtischstuhl.

Er schaut mir in die Augen. »Du und Eddy, ihr seid …«

»… wie Brüder! Blabla! Ich weiß!«

Seine Muskeln zucken, haben wieder Konturen angenommen. Der Bauch ist auch weg. Tupac sitzt da wie auf dem Cover von *All Eyez on Me*. Schwarzes Unterhemd. Das goldene Armband und die goldene Uhr. Er sieht müde aus. Irgendwie gequält. Ich schaue auf das Outlaw-Tattoo auf seinem linken Unterarm. Ein Ausgestoßener, der will, dass sich alle Augen auf ihn richten. So war das früher.

Heute ist er nur noch Ausgestoßener. Die Klumpes wollten ihn von Anfang an ausstoßen. Eddy hat nur noch Augen für seine Tussi. Und ich bin auch auf dem besten Wege, ihn wie einen Outlaw zu behandeln. Der kleine Stinker auf dem BMX erkennt ihn nicht mal. Und Jojo streicht ihn überall von den Wänden.

»Dass ihr Brüder seid, wollte ich nicht sagen«, stellt Tupac klar. »Was ich meinte, war: Realness! Du und Eddy, ihr seid real!«

Ich schlucke. Muss mich sammeln. Meint der das Ernst? Und könnte es ein größeres Kompliment aus einem wichtigeren Mund geben?

»Aber du hast über unsere Texte gesagt –«

Tupac winkt ab. »Ja, die Texte. Aber mittlerweile kenn ich euch.«

Ich melde weitere Zweifel an: »Jemand, der plötzlich Edgar, dann Ed genannt werden will, wegen ... und der dem Erzfeind Aperol ... so jemand ist für dich real!?«

»Warum nicht?« Tupac lacht. Er klopft sich auf den Oberschenkel. »Ihr beiden zusammen. Hockt hier bei den Rentnern. Vor ’ner Wand. Organisiert für mich ’nen Ausflug, bei dem ihr Hundescheiße als Hasch vertickt. Und träumt davon, mit euren Rhymes groß rauszukommen.« Er zwinkert mir zu. »Das kann man sich doch nicht ausdenken so was.«

»Das meiste ist Eddys Idee.«

»Ich weiß«, sagt Tupac. »Aber du bist immer dabei.« Er zeigt mit dem Finger auf mich. »Stehst an seiner Seite.«

Ich krieg Gänsehaut, auch wenn mir der »Stehst an seiner Seite«-Satz etwas zu pathetisch war.

Dann überlege ich, was ich sagen kann, damit ich und Eddy weiter Feinde bleiben können. »Du hast selbst mal gesagt: ›Reality is wrong, dreams are for real!‹« Darauf wird ihm nichts Sinnvolles einfallen. Denn es ist egal, ob wir real sind, wenn Realness was für idiotische Träumer ist.

»Stimmt«, sagt Tupac. »Hab ich gesagt.« Und jetzt krieg ich die doppelte, die dreifache, Gänsehaut von gerade, weil das hier der Moment ist, in dem Tupac sich zu einhundert Prozent als der zeigt, der er ist. Und zwar in meinem Zimmer mit mir ganz alleine. Auf meinem Bett sitzend. Vor seinem eigenen Poster an der Wand. Oder besser gesagt vor meinem Poster, mit ihm drauf.

Er redet weiter. »Genau das ist der Punkt. Ihr seid Dreamers. Keine Fakers! Ich hab nämlich auch mal gesagt: *It's fucked up how people get judged for being real, and how people …*«

»*… get loved for being fake!*«

Tupac nickt. »Im Grunde ist es scheißegal, was ich sage, oder was ich mal gesagt habe. Fest steht: Ihr beiden faked nicht rum.«

»Er hat Kopf über an der Wand –«

Tupac unterbricht mich. »Eddy ist halt etwas impulsgesteuert.«

Ich muss kurz grinsen. Etwas impulsgesteuert ist gut.

»Und du bist eine treue Seele!«, sagt Tupac, während er mir zunickt.

Wieder Gänsehaut.

»Eddy ist, wie er ist, und du bist, wie du bist. Das Mädchen ist übrigens auch, wie es ist. Sie kann ja nichts für ihre Großel–«

»Sie hat Pussy zu mir gesagt«, sage ich.

Tupac lacht. »Willst du sie jetzt erschießen?«

»Mal sehen«, sage ich. Und denke, dass gerade ein geeigneter Zeitpunkt ist, ihn zu fragen, warum er hier ist. Und wo er all die Jahre war. Und ob wir nicht mal in Ruhe, sprechen können. Über sein Leben. Hip-Hop. Alles halt. Denn das hier ist ziemlich sicher das, was man ein »offenes Gespräch« nennt.

Es klopft an der Tür. Nene kommt rein. Ich soll runter, Amaru besser oben bleiben.

Vor der Haustür stehen eine Polizistin und ein Polizist. Daneben Klaus, Eddy und seine neue supertalentierte Freundin. Zusammen mit nene gehen wir Richtung Mauer. Bleiben stehen und werden befragt.

Ob wir das waren. Ob wir wissen, wer das war. Ob wir jemanden gesehen haben. Wo wir waren.

Darauf antwortet nene: »Wir haben gestern Abend alle zusammen Rummikub gespielt und sind dann spät ins Bett gegangen.«

Ich möchte mal wissen, wer wegen einer nutzlosen Mauer im Gestrüpp die Polizei ruft.

»Unsere Enkelin hat nichts damit zu tun!«, krächzt Frau Klumpe. Hätte ich auch sofort drauf kommen können.

Ich stelle mir vor, wie sie außerdem sagt: Unser zukünftiger Schwiegersohn auch nicht. Aber so weit geht die neue Zuneigung offenbar nicht. »Wir haben gestern Abend Rummikub gespielt und sind dann ins Bett!«, stellt Frau Klumpe klar.

Der Polizist zeigt auf nene. »Ich dachte, SIE hätten gestern Rummikub gespielt.« Jetzt zeigt er auf Frau Klumpe. »Und jetzt sagen SIE, Sie hätten auch –«

»Wir haben alle zusammen gespielt!«, bestimmt nene.

»Soweit ich weiß, kann man das nur mit zwei bis vier Personen –«

»Wir haben ein Turnier gespielt!«, flüstert Klaus.

»Wie bitte?«

Klaus räuspert sich. »Wir haben ein Turnier gespielt!«

»Oh!«, sagt die Polizistin. »Dann sind sie aber wirklich sehr spät ins Bett.«

»Aber –«, sagt Herr Klumpe.

»Nichts aber!«, stellt nene klar. »Das Turnier war nach Mitternacht zu Ende und keiner von uns hat was gesehen.«

Nene fragt uns, ob wir es wirklich nicht waren. Dass wir irgendwie was damit zu tun haben, kann sie sich wahrscheinlich denken. Dann meint sie, dass die Polizei vielleicht noch mal kommt und uns wieder befragt. Deshalb wäre es gut, wenn wir wüssten, wie das Spiel funktioniert. Sie ruft ein Rummikubturnier für den Abend aus.

Während Lina, Eddy, Klaus und ich gähnend um den Tisch sitzen, macht nene im Hobbyraum so 'ne Art Teatime. Mit den Originalpralinen aus *Bebende Herzen*.

Tupac ist nicht da. Vielleicht wieder bei den Hochhäusern? In der echten Welt?

Irgendwann steht Lina auf und fragt nene: »Boah, können wir nicht wenigstens Scrabble spielen?«

Auch wenn ich sie scheiße finde, für diese Frage bin ich dankbar. Rummikub ist noch langweiliger als Rommé und dauert noch länger.

Nene sagt: »Meinetwegen.«

Ihr geht es gar nicht darum, uns für Polizeifragen zu einem ominösen Turnier zu wappnen, sondern darum, Eddy, mich und wahrscheinlich auch Lina zusammen an einen Tisch zu setzen. Damit wir uns vertragen. Bei einem Endgegner wie Rummikub wäre es immerhin denkbar, dass wir uns zusammen gegen das Spiel verbünden.

Jetzt spielen wir Scrabble.

Klaus setzt sich rüber zu nene.

Tupac kommt von draußen rein. Grinsend.

»Ist das Schadenfreude?«, fragt Lina.

Boah, ist die aggro, denke ich und Tupac sagt, immer noch grinsend: »Das ist Lebensfreude!«

Er steckt sich einen Chupa Chups in den Mund. Der Lutscherkonsum tut ihm offensichtlich gut. »Zucker haben« ist in unserer Gegend ja immer schon angesagt.

Tupac zwinkert mir zu. Soll mich wahrscheinlich daran erinnern, dass ich mich wieder mit Eddy vertrage.

»Hast du Bock mitzuspielen?«, frag ich ihn.

»Zu dritt weitermachen!«, ruft nene rüber.

Wir legen schweigend Buchstaben aufs Spielfeld.

»Asi«, legt Lina.

Sie schaut mich an.

Ich lege »SP« davor und schaue sie an. Ich weiß zwar nicht, was Spasi heißt, aber es klingt, wie ein Schimpfwort.

Nachdem Eddy dran ist, steht da »Spasipissy«

Vor zwei Tagen hätte ich gelacht. Jetzt rümpfe ich nicht mal die Nase.

Eddy sichert sich den dreifachen Wortwert.

Irgendwann gehen wir ins Bett.

Lina zu den Klumpes.

Und als alle ganz sicher schlafen, schleiche ich mich raus.

Ich muss Jojo antworten. Mit irgendwas aus *Regulate*.

Das Licht, in dem ich neulich Jojos Gesicht sehen konnte, flackert die ganze Zeit.

Ich lege mein Blackbook mit der Skizze auf den Boden und vertraue auf mein Gefühl.

Mein rechter Arm zittert beim Sprühen. Gut, dass die Fläche weiß ist. Ich erkenne die Outlines. Zumindest einigermaßen.

Erst dachte ich, ich nehme die Line mit den Ringen und der Rolex. Oder »Guns to my head«, wäre beides auf jeden Fall ziemlich gangstamäßig. Dann habe ich mich entschieden.

Heute Nacht sprühe ich einen Jungen mit Flügeln auf den weißen Fleck, der Tupacs Kopf verdeckt. »If I had wings I could fly.« Das ist am romantischsten.

Ob Jojo mir von ihrem Balkon aus zusieht? Das Wellblechdach dürfte im Weg sein. An einem der Pfeiler hockt sie jedenfalls nicht. Ich habe alle Ecken mit dem Handy ausgeleuchtet.

Was wenn das eine Falle ist? Und der Stiernacken mit dem Reptiliennamen auftaucht?

11. Höhenflug

Ich schrecke hoch. Die Sonne ist aufgegangen. Es ist kurz nach sechs. Springe aus dem Bett. Durchwühle meinen Rucksack. Nur Dosen. Noch mal. Wieder nichts. Auf dem Schreibtisch liegt es auch nicht. Im Bett? Nichts. Nirgendwo in meinem Zimmer. Nicht auf dem Klo. Oder sonst wo. Ich hab mein Blackbook verloren.

Nach vier Stunden Schlaf schmeiß ich mir die Klamotten von letzter Nacht über und laufe los. Den Blick durchgängig auf dem Boden. Vielleicht ist es aus der Tasche gefallen.

Ich bete, dass es keiner gefunden hat. Wegen der Skizze. Und dem ganzen anderen Zeug, aus dem man rauslesen kann, dass es mir gehört. Dann hätten die Cops mich am Arsch. Abgesehen davon, dass ich das ganze andere Zeug wieder haben will. Die Texte. Die Bilder.

Wenn alles glatt läuft, spaziere ich geradeaus und unbemerkt über den Platz. Zum Vordach. Werfe nur einen flüchtigen Blick auf mein perfektes Kunstwerk von letzter Nacht (ganz perfekt wird es nicht sein – der Türrahmen im Dunkeln war ein richtiger Endgegner), dann hebe ich mein Blackbook auf, im Vorbeigehen, und spaziere straight zurück. Wieder unbemerkt.

Es ist sieben Uhr. Es sind Ferien. Da ist eh keiner wach, der gefährlich ist.

Ich spaziere geradeaus und unbemerkt über den Platz. Es

ist kühl. Er liegt im Schatten der Hochhäuser. Werde schneller. Das Bild ist ganz okay geworden. Könnte Jojo gefallen. Am Boden davor erkenne ich ein kleines schwarzes Ding, das mit jedem Schritt, den ich mache, größer wird. Ich stoppe nicht, als ich mich bücke. Hebe es unauffällig im Vorbeigehen auf und drehe ab.

»If I had wings, I could fly?«

Ich zucke zusammen. Bleibe stehen. Drehe meinen Kopf zur Seite. Jojo hockt am Pfeiler. Im Schneidersitz. Jetzt steht sie auf. Sie trägt ein neongelbes Top. Bauchfrei. Sieht müde aus. Schaut mich an. Ob ich wieder wegrennen soll?

»Nicht abhauen!«, sagt Jojo, als hätte sie meine Gedanken gelesen.

Sie geht auf mich zu. Mir wird schwarz vor Augen, dabei müsste eigentlich ihr schwarz vor Augen werden, so schnell, wie sie aufgestanden ist. Vielleicht sieht sie ja gerade auch nichts. Ob ich nicht doch besser abhau…

»Du malst auch!?« Ich sehe wieder klar: Jojos Arm, wie er auf mein Bild zeigt.

Ich nicke.

»Nicer Style!«, sagt sie.

Ich lächle. Das war eindeutig ein Kompliment.

»Ich dachte, du bist voll das Opfer, aber du bist oberkorrekt!«

Ich lächle heftiger.

Sie lächelt zurück.

Ich bin kurz vorm Explodieren. Tausend Fragen schießen durch meinen Kopf, aber aus meinem Mund kommt nur: »Warum?«

»Warum?«, wiederholt sie und lacht. Sie fährt sich durch die Haare. Zum ersten Mal fallen mir die großen silbernen

Ohrringe auf, die jetzt wieder hinter ihren Locken verschwinden. Sie schaut mir in die Augen.

Ich muss schlucken. Mein Mund ist ultratrocken.

»Weil du mir geholfen hast!«

Keine Ahnung, wie sie auf den Trichter kommt. Fest steht, der Morgen hätte beschissener laufen können. Ich hab mein Blackbook wieder und Jojo getroffen. Der gefällt mein Bild und sie ist mir für irgendwas dankbar.

»Kein Problem«, sage ich, als wüsste ich, worum es geht.

Sie steht jetzt direkt vor mir. Streckt ihre Faust aus. Sagt: »Jojo!«

Ich check meine Faust gegen ihre. Spüre die weiche Haut ihrer Finger. Ob das die beste Sekunde meines Lebens ist?

»Otto!«, sage ich.

Jojo geht lachend einen Schritt zurück.

»Cem«, mein ich. »Ich heiße Cem.«

»Ich dacht schon«, sagt sie.

»Ich weiß, dass du Jojo heißt.«

»Ach so, klar, war ja deutlich zu lesen.«

Ich nicke, auch wenn ich wieder nicht checke, was sie meint.

Jojo steckt die Hände in die Hosentaschen, deutet dann mit ihrem Kopf auf mein Blackbook.

»Was hast du da?«

»Ach, nix Besonderes«, sag ich. »Hab ich letzte Nacht hier –«

»Du Hurensohn! Wallah!« Jemand reißt mir das Buch aus der Hand.

»Lass den Scheiß!«, ruft Jojo.

Der kleine Stinker steht vor meinem Graffiti mit meinem Blackbook in der Hand und hüpft bei jedem Wort in die Luft.

»Was will die Missgeburt hier? Wallah!«

»Gib ihm das Buch wieder, sonst –«

Stinker zückt ein Feuerzeug, klickt drauf und eine Riesenflamme kommt rausgeschossen. Wenn sie doppelt so groß wäre, wäre sie fast so groß wie er.

»Ich mach Feuer draus«, brüllt er.

»Stinker, was soll die Scheiße?« Jojo geht auf ihn zu.

Ich dreh meinen Kopf in alle Richtungen. Sehe niemanden sonst.

»Ich schwöre, ich mach Feuer draus!«

Soll er halt Feuer draus machen. Ich muss weg hier. Bevor Gecko kommt.

Jojo schnappt sich das Feuerzeug, schmeißt es ins Gebüsch. Es brennt weiter, dann reißt sie ihm mein Buch aus der Hand und schubst ihn.

»Du Hässliche!«, schreit Stinker, als er gegen die Wand knallt.

Ich glaub, der braucht 'ne Brille.

Jetzt zieht er etwas aus seiner Hosentasche. Einen Lutscher. »Willste kaufen?«, fragt er. »Fünf Euro!«

»Geh nach Hause!« Jojo zeigt mit dem Finger in die Luft. Wahrscheinlich wohnt er ziemlich weit oben.

Er schüttelt seinen kleinen Kopf.

»Wenn du bei zehn nicht im Fahrstuhl bist, dann klopf ich bei deinem Vater und erzähl dem –«

Stinker rennt los. Seine Beine sind so krumm wie die Griffe von der Bonsaischere. Bevor er in einem der Hochhäuser verschwindet, schreit er: »Wallah!«

»Ich muss los, tschüss!«, sage ich und laufe weg.

Wie ein Vogel fliege ich an der Laterne vorbei, gegen die Tupac und Eddy immer treten. Jojo ist der Engel, der mir die Flügel verpasst hat. I have wings, I can fly. Ich bin federleicht, die Sonne scheint, die Gänseblümchen blühen zwischen Grashalmen. Bienen summen über den lila Kleeblüten. Und flauschige Hummeln. Ich mache eine Pause auf der Bank und genieße die Wärme, die Sonnenstrahlen kitzeln meine Nasenspitze. Ich schließe die Augen. Es riecht fantastisch hier. So leicht. Nach Sommer. Und süß. Süß wie … Mandarinen. Ein bisschen auch wie Energy. Ich öffne die Augen. Jojo sitzt neben mir.

Sie lächelt wieder und hält mir mein Blackbook hin. »Das gehört dir!«

Der Höhenflug hört nicht auf. Im Gegenteil. Er geht jetzt steil nach oben.

»Tut mir leid wegen Stinker!«, sagt sie.

»Kannst du nichts dafür!«

»Wenn ich nicht runtergegangen wäre …«

Ich warte ab, aber sie redet nicht weiter.

»Hä?«, frage ich.

Jojo lacht. Beim ersten Treffen hat sie nicht eine Sekunde gelacht, beim zweiten auch nicht. Und heute lacht sie fast die ganze Zeit. Zumindest, wenn sie mich anguckt. Was auch immer es ist, irgendwas mache ich besser als sonst.

»Stinker ist mein Bruder!«

»Quatsch!«, rutscht es mir raus.

Sie lacht wieder. Und stupst mir mit der Stirn gegen die Schulter. Wow, denke ich. Ich kann machen, was ich will. Ihr gefällt alles. Jetzt habe ich Schiss, dass ich träume. Ich könnte laut rülpsen und wenn sie dann auch lacht, dann ist das ziemlich sicher –

»Er ist nicht so richtig mein Bruder. Aber halt 'n bisschen wie mein kleiner, weißte?«

Ich nicke und Jojo redet weiter. Erzählt mir, dass Stinker ganz oben wohnt. Zwei Stöcke über ihnen. »Früher hat Stinker nachts oft geschrien«, sagt sie. »Wie ein Wolf. Weil er Hunger hatte und sein Vater …« Sie stockt. »Auf jeden Fall hat Mama sich in den Kopf gesetzt, sich um ihn zu kümmern. Jetzt schreit er nicht mehr. Oder zumindest anders. Wenn jemand laut draußen ist, brüllt sein Vater: ›Schnauze!‹ vom Balkon. Der ist nachts immer wach und Stinker schreit dann ›Wallah‹ hinterher. Was anderes fällt ihm nicht ein.«

»Hab ich schon gemerkt«, sage ich. Weil ich bei Jojo keine Angst haben muss, irgendwas Falsches zu sagen.

»Stinker heißt Stinker, weil er stinkt«, erzählt sie weiter. »Alle nennen ihn so. Sogar Mama. Dabei müsste sein Vater Stinker heißen. Der stinkt noch mehr. Viele stinken hier.«

Sie schaut mich an.

Ich nicke. Wie krass das ist: Vor ein paar Tagen stand ich neben Eddy, als er ihren Jungs Hundescheiße angedreht hat, und jetzt erzählt sie mir von Stinker, sogar von ihrer Mama, als wäre es das Normalste auf der Welt.

Es geht weiter: »In der Schule verteilen sie manchmal so Flyer: ›Jugend forscht‹, oder ›Jugend musiziert‹. Kennste?«

»Schon mal gehört«, sage ich.

Jojo räuspert sich. »Gäbe es die Aktion ›Jugend stinkt‹, wir würden safe den ersten Platz machen.«

Jetzt lachen wir beide und Jojo legt ihren Kopf auf meine Schulter. Ich spüre die Locken an meiner Wange. Alles in mir kribbelt.

»Deshalb ist Stinker vorhin hinter mir her, weil er neuerdings auch Frühstück von uns geiert. Eigentlich find ich's gut,

weil er ohne Mama noch mehr abkacken würde«, sagt sie.
»Aber wenn der so 'ne Scheiße macht …«

Sie legt ihre Hand auf meine Brust. Wenn das so weitergeht, küsst sie mich gleich. Ich hab mir heute Morgen nicht die Zähne geputzt. Und gestern Nacht, glaube ich, auch nicht.

»Jedenfalls übelst korrekt von dir, dass du mir geholfen hast!«

Ich tue weiter so, als wüsste ich, worum es geht. »Ist doch keine große Sache, hab ich gern gemacht.«

Sie lächelt. »Das hätte nicht jeder ge–«

»Übertreib mal nicht!«

»Keiner weiß das. Nur Blanka.«

Das ist wahrscheinlich ihre Freundin. Von der Bank.

»Wenn Gecko wüsste, dass ich das Bild gecovert habe, der würd mich schlagen. Die Cops haben mich zwar gefickt und ich hatte keine andere Wahl. Ist dem aber scheißegal. So ein Pisser«, sagt sie. Und dann: »Auch wenn der ohne mich nicht mal wüsste, wer Tupac überhaupt ist.« Sie steht auf und klopft sich auf die neongelbe Brust. »Ohne mich wär Tupac überhaupt gar nicht da!«

Ich verstehe nicht viel, aber eins ist sicher: Mit dem letzten Satz hat sie recht.

»Ich konnte mich ja schlecht mitten am Tag dahin stellen und vor allen die Scheißsozialstunden machen.«

Während Jojo weiterredet, fängt es ganz langsam bei mir im Kopf an zu rattern. Erst noch ziemlich holprig, aber je mehr sie erzählt, desto schneller und mehr verstehe ich. Schließlich rattert es nicht mehr. Es läuft wie geschmiert.

Jojo glaubt, ich habe Tupac gecovert, um ihr zu helfen. Weil ich ihr die Arbeit abnehmen wollte. Sie glaubt, ich habe gespürt oder irgendwie gewusst, dass es für sie ein Problem ist, Tupac selbst zu überstreichen. Offensichtlich gehörte es auch zu ihren Sozialstunden, das Tupac-Bild hier wegzumachen. Da haben sich die Cops oder das Ordnungsamt oder wer auch immer was ganz Besonderes ausgedacht. Ohne Sinn.

Dem Otto hat sie wahrscheinlich ziemlich hart auf die Fresse gegeben, wenn einmal Tupac killen nicht ausreicht.

Jojo denkt außerdem, dass ich in der Nacht darauf wieder da war, weil ich beim ersten Mal keine Leiter dabeihatte, um den oberen Teil fertig zu machen. Aber die paar Striche hat sie mit der Leiter selbst ganz gut hinbekommen.

Plötzlich lacht sie nicht mehr. »Was für 'ne Scheiße!« Sie schluchzt, fängt voll an zu heulen. Ihr Gesicht vergräbt sie in meiner Schulter.

Irgendwann ist sie fertig und nimmt den Kopf wieder hoch.

»'tschuldigung!«, sagt sie.

»Nicht schlimm.«

»Immerhin ist dein Buch noch ganz.« Jetzt zwinkert sie mir zu, was wieder zu kurzer Extremkribbelei im Bauch führt.

Jojo schaut mich an, ihr Kopf fängt leicht an zu wippen, zwei Lockensträhnen springen vor ihrem Gesicht auf und ab.

Schwester, ich fühl mich wie der Homo Erec
Tus, Bete in den Himmel
Dass vor deiner Bank kein Hass mehr wächst
Bin dein Prinz auf meinem Schimmel
Ich schwör, ich fühl mich wie verhext

Jojo hat gerade meine Lines, die ich für sie geschrieben habe, gerappt.

»Cem? Alles klar? Du bist 'n bisschen bla–«

Ich nicke. »Alles klar.« Mein Kopf wird heiß. Ich glaube, ich bin nicht mehr blass, sondern glutrot.

Irgendwas sollte ich sagen, hebe mein Buch leicht an. »Hast du gerade drin …«

Sie schüttelt den Kopf. »Hab schon reingeguckt, bevor du kamst.« Sie zwinkert mir wieder zu.

Weil ich nicht weiß, was ich machen soll, klappe ich das Buch auf und denke gleichzeitig: Ich bin für Jojo wie ein offenes Buch. Voll peinlich alles.

»Homo Erec Tus find ich Killer!«, sagt sie.

»Echt?«

»Na klar.«

»Aber als ich dann in der nächsten Line Himmel gelesen hab, dacht ich: Oh Gott! Homo Erec Tus, dann Himmel, dann wächst – gleich kommt Pimmel.«

Sieht so aus, als hätte Jojo bei mir auch keine Angst, was Falsches zu sagen.

»Ne«, sag ich. »Kein Pimmel. Schimmel.«

»Ja«, sagt Jojo und lächelt.

»Ja«, sage ich und lächel zurück.

»Nice, nice, nice«, sagt sie.

Und mir fällt nichts Besseres ein, als meine Augenbrauen etwas zu hochzuziehen.

»Hast du noch kurz Zeit?«, fragt sie.

»Klar.«

Sie nimmt mein Buch, zieht einen Fineliner aus ihrer Tasche, setzt sich im Schneidersitz an die Laterne und schaut mich an. »Bleib so!«

Ich bleibe so. Fang irgendwann an zu zittern und höre Jojo lachen.

»Atmen darfst du schon, Cem!«

Wie schön mein Name aus ihrem Mund klingt.

»Fertig!« Nach ungefähr zehn Minuten drückt sie mir das Blackbook in die Hände. »Ich muss los.«

Ich klappe es auf. Sehe mich selbst, so, wie ich mich noch nie gesehen habe. Im Profil. Und ich denke, was ich noch nie gedacht habe: Ich bin ein schöner Junge. Ist Jojos Blick gerade mein Blick? Oder ist mein Blick Jojos Blick? Oder … Ich bin verwirrt. Und was ich dann sehe, ändert alles.

1010, steht unten rechts.

Ich schau zu ihr auf.

Sie ist weg.

Laufe ein paar Schritte Richtung Hochhäuser, drehe dann um. Will das Buch nicht schon wieder unbeaufsichtigt rumliegen lassen.

Dann schießt mir ein Gedanke in den Kopf: Jojo hat mein Porträt signiert.

Auf dem Weg nach Hause geht mir ein Licht nach dem anderen auf. Sie hat die Bilder von Tupac selbst gemalt. Wahrscheinlich hat sie überhaupt keinen Otto geklatscht, sondern die Cops haben sie beim Malen gepackt. Rausgefunden, dass sie 1010 ist. Und dann macht's Klick: 1010 heißt überhaupt nicht Eins Null Eins Null und auch nicht Zehn Zehn. 1010 heißt J O J O. Jojo. Wie konnte ich so blind sein?

Ich schwebe zurück ins Quartier, schaue mir die schwarze Wand und den weißen Mond an. Deshalb ist es unsigniert. Weil sie polizeibekannt ist. Der King of Style ist in Wirklichkeit die Queen of Style. Und ich kenne sie persönlich. Sie hat mich angelächelt. Sie hat mich gemalt. Sie hat mir zugezwinkert.

Sie hat auf meiner Schulter geheult. Und jetzt check ich auch, warum: Weil sie traurig ist, dass sie ihre eigenen Bilder vernichten musste. Wie krass!

Außerdem ist sicher: Jojo steht auch auf Tupac. Wahrscheinlich noch mehr als ich. Und ich bete mehr als jemals zuvor: Hoffentlich steht sie auch auf mich.

»Wart mal bitte, Cem!«

Ich bin extra reingeschlichen, damit mich keiner von der Seite anquatscht. Auch, weil ich dringend schlafen muss. Wahrscheinlich würde ich eh kein Auge zumachen. »Was ist?«

»Gib mal bitte die Tasche da vorne.« Tupac steht oberkörperfrei in der Küche, ich sehe Nofretete, die ägyptische Königin, auf seiner Brust, an seinen Händen gelbe Gummihandschuhe.

Eier- und Bananenschalen liegen auf dem Tisch. Auf einem Teller daneben ein brauner Haufen. Tupac rührt mit dem Holzlöffel in einem Topf herum. Das I von Thug Life auf dem Bauch ist eine Patrone – wusste ich gar nicht.

Ich greife nach der Tasche. Gucke rein. »Sind das … AAAH!!«

Brennnesseln. Meine Hand brennt wie eine Hand eben brennt, wenn sie ungewarnt in einen Sack …

Tupac grinst. »Weißt du nicht, dass Brennness–«

»Natürlich weiß ich, dass Brennness–«

»Und warum packst du dann … Gib mal her.« Tupac greift mit den Handschuhen in die Tasche und zieht ein grünes Büschel heraus. Wirft es in den Topf.

Ich reibe mir die brennenden Hände. »Was machst du da überhaupt?«

Er hebt den rechten Zeigefinger im Gummihandschuh.
»Den eigenen Bonsaidünger herzustellen, spart Geld und schützt die Umwelt. Zum Beispiel eignen sich Bananenschalen, Pferdedünger –« Er hört auf zu reden und runzelt die Stirn. »Du hast Schmerzen, oder?« Tupac packt mir mit den dreckigen Handschuhen an den Unterarm.

Ich reiße mich los. »Pferdedünger?«

»Keine Sorge, ich hab kein –«

Am Spülbecken wasch ich mir Tupacs Düngerreste vom Arm. »Ist das etwa Hunde–«

»Kaffeesatz!«, stellt Tupac klar. »Wobei ich gelesen habe, dass auch Urin gut für –«

»Was?«

»Keine Sorge!« Er zieht die Handschuhe aus. »Zeig mal her.« Überall Pusteln auf meiner Hand.

»Ist gut gegen Rheuma«, sagt Tupac. Dann schlägt er Spitzwegerich vor. »Absoluter Geheimtipp. Der Saft wirkt Wunder bei Brennne–«

»Mir reicht's an Grünzeug.« Ich gehe nach oben. Am Loch vorbei. Bemerke auf der anderen Seite Eddy und Lina.

»Du hast nicht gecheckt, dass der Typ Tupac ist!?«, fragt Eddy aufgebracht.

»Woher hätte ich denn wissen sollen ...«

Ich presse mich zum Lauschen an die Wand. »Nur um sicherzugehen«, sagt Eddy. »Du weißt schon, wer Tupac ist?«

Klingt nach erster Beziehungskrise.

»Wieso interessiert dich das?«

»Weißt du's oder weißt du's nicht?«

»Gehört hab ich den Namen schon mal.« Sie macht eine kurze Pause. »Deutschrap, oder?«

»Ist nicht dein Ernst!«

»Mach mal nicht so 'n Ding draus!«

»Tupac ist 1996 erschossen worden«, sagt Eddy.

Sie lacht. »Das ist hundert Jahre her!«

»25«, stellt Eddy klar.

»Na dann macht das natürlich mehr Sinn, dass der hier eingezogen ist. Kannst du mir auch was von dem Gras geben, das du –«

»Ich schwör dir, er ist es. Wir –« Eddy stockt. Es ist still. Ich höre irgendwas schmatzen. Schiebe meinen Kopf vorsichtig Richtung Durchbruch. Sehe Eddy und die Enkelin. Sie knutschen rum. Er hält ihren Kopf in beiden Händen. Sie fasst ihm an den Hintern.

Laut stampfend gehe ich die Treppe hoch.

Eddy scheint echt gar nichts mehr heilig zu sein. Am schlimmsten finde ich, dass Tupac sie für talentiert hält und mir das auch noch erzählt hat, dabei weiß sie nicht mal, wer er ist. Zum Glück bin ich bei Jojo auf der sicheren Seite, was das angeht.

Sie hat geschrieben. Ich zerbreche mir die ganze Zeit den Kopf, wie und wann wir uns wiedersehen und dass ich so doof war und sie nicht nach ihrer Nummer gefragt habe, dabei hat sie meine. Und ich weiß auch, woher. Sie steht vorne in meinem Blackbook.

Jojo hat Kontakt zu mir aufgenommen – etwas Besseres kann ich mir nicht vorstellen.

»Wie geht's?«, schreibt sie.

Was soll ich darauf antworten? Schreibe ich »Gut«, muss ich noch »Und dir?« dazuschreiben. Und dann schreibt sie

»gut«. Und dann könnte das Gespräch zu Ende sein. Weil ich die Flamme unseres Chats nicht am Lodern gehalten habe.

Vielleicht sollte ich es mit Reimen probieren. Meine Lines haben ihr immerhin gefallen. »Wie steht's?«, kommt aber auch nicht gut.

Ich habe plötzlich ein Megakribbeln im Bauch. Weil der Satz in meinem Kopf auftaucht. Und ich ihn ins Handy tippe und abschicke: »Wann sehen wir uns wieder?«

Jojo schreibt. »Heute Abend?«

»Ja«, schreibe ich. »Wo?«

»Bei mir!«

»Okay.«

Dann schickt sie mir die Adresse und wo ich klingeln muss. Daumen hoch. Ich googel sie. Keine Treffer.

12. Kusserwartungshaltung

Punkt acht Uhr. Ich schaue nach rechts, nach links. Niemand da. Nehme die Kapuze ab. Drücke die Klingel. *Drrrrrrrrrrrr.* Ich hab keine Blumen oder so dabei. Hatte überlegt, ein paar Lutscher für Stinker mitzubringen. Natürlich hätte ich sie Jojo gegeben, damit sie die an Stinker weitergibt. Laut Jojos Nachrichten ist der nach dem Abendessen wieder weg. Könnte mir vorstellen, dass ich damit bei ihr gepunktet hätte. Aber der Plastikeimer war leer. Es gibt zwei Möglichkeiten: Entweder hat Eddy sich das zurückgeholt, was eigentlich ihm gehört, und den Müll auf meinem Schreibtisch gelassen. Oder Tupac hat den Eimer geleert. Damit er wieder Zucker hat.

Ich stehe im zwölften Stock vor einer grauen Tür. Bin mit dem Fahrstuhl hoch. Habe die Luft angehalten. So, wie es da drin stinkt, dürfte es ein kleines Paradies für wachstumsfreudige Bonsais sein.

Die Tür geht auf. Jojo steht da. Sie lächelt. Noch stärker als heute Morgen.

Mein Herz klopft. Sie umarmt mich fest zur Begrüßung. Jojo gibt ganz klar den Ton an.

»Das ist Cem!« Gerade stellt sie mich ihrer Mutter vor.

»Cem! Wie nett. Hast du Hunger?« Jojos Mutter hat einen französischen Akzent. Ihre Haut hat eine ähnliche Farbe wie Tupacs. Sie hat kurze Haare. Das freundliche Lächeln muss in der Familie liegen.

Ich sage, dass ich schon gegessen habe.

»Das ist gut. Wenn du später etwas möchtest, sag mir Bescheid!« Dann sagt sie: »Eins, zwei, drei, vier oder fünf?« Es klingt wie eine Frage.

»Null«, mischt sich Jojo ein.

Ihre Mutter versteht das offensichtlich genau so wenig wie ich.

Jojo sagt: »Spießburg!«

»Da wohnst du?«, fragt ihre Mutter. Sie schaut mich skeptisch an.

Ich kapier gar nichts. Mein Blick schweift durch den Raum. Über das Sofa, auf dem Jojos Mutter sitzt, gegenüber von Herd und Fernseher.

Ich ziehe die Schultern hoch.

Jojo sagt: »Kann er ja nichts dafür.«

Ihre Mutter lächelt. »Ich hab da früher auch gewohnt. Sah aber alles anders aus. Kein See. Keine Eisdiele. Keine Terrassen. Nicht so hübsche Häuschen.«

»Alles klar, wir gehen rüber«, sagt Jojo.

Damit meint sie ihr Zimmer, das hauptsächlich aus einem Bett besteht. Einen Schrank oder Schreibtisch gibt's nicht. Also sitzen wir im Bett. Gibt Schlechteres zum Einstieg.

»Hast du den Laptop dabei?«

»Wie du gesagt hast.« Ich hole ihn aus meinem Rucksack und lege ihn zwischen uns auf die Matratze. Hab also doch was mitgebracht. Jojo zieht ihren grauen Hoodie aus. Sie trägt jetzt ein knallgrünes Top. Natürlich bauchfrei.

Mir wird heiß.

Sie lächelt, hört dann auf. Nimmt meine Hände. Die sind schweißnass. Ihr Kopf bewegt sich auf meinen zu. Soll ich meine Brille abnehmen?

Es klopft.

Die Mutter schiebt ihren freundlichen Kopf ins Zimmer.

»Wollt ihr was trinken?«

»Mann, Mama!«, ruft Jojo. »Wollen wir nicht!«

»Ich hätte gerne Wasser«, sage ich. Weil mein Mund so trocken ist und wenn gleich das passiert, was sich gerade schon angedeutet hat, dann brauche ich unbedingt Flüssiges. Sonst gibt es zwei Möglichkeiten: Entweder Jojo und ich kleben auf ewig zusammen, oder sie wird mich sofort wegstoßen.

Als ich das Wasser geext habe, nehme ich wieder die Kusserwartungshaltung ein, aber der romantische Zauber scheint verflogen. Jojo tippt auf meinem Laptop herum.

»Was hast du vor?«

»Überraschung«, sagt sie.

Klingt schon mal gut. Dann kommt sie ohne mich nicht weiter. Weil sie nicht weiß, wie man das WLAN verbindet.

»Darf ich?« Ich ziehe den Laptop zu mir.

»Das Passwort ist b i e r«, buchstabiert sie.

»Bier?«

»Bier.«

Bevor ich »warum« fragen kann, fängt sie an zu erzählen. Von ihrer Mutter und dass die jeden Tag »zu den Kindern« fährt. »Weil Mama jeden Tag mit dem Bus zu den Kindern fährt, haben wir kein Internet«, sagt sie.

Ich check überhaupt nichts, aber Jojo redet weiter, also frage ich nicht nach und hoffe, die Erklärungen kommen noch. Momentan bin ich einfach nur froh, dass sie mir vertraut, ziemlich sicher mag sie mich sogar. Sonst würde sie mir das alles nie im Leben erzählen. Es ist nämlich so: Jojo hat das WLAN von Stinkers Vater angezapft. Und weil irgendein Amt meint, Internet wäre ein Menschenrecht, zahlen die dem das

WLAN. »Mama verdient im Kindergarten zu viel, meint dieses Amt. Sie könnte uns das WLAN von dem Geld kaufen, was sie bekommt. Aber Mama sagt: Das Geld reicht nicht.«

Dem verpassten Kuss trauere ich nicht hinterher. Es ist schön, Jojo zuzuhören.

»Als Passwort habe ich ›Bier‹ ausprobiert und war sofort verbunden«, erklärt sie.

Dann erfahre ich, dass ihre Mutter Vegetarierin ist und sie selbst auch. »Weil es kein gutes Zeichen ist, wenn jemand, der auf der Arbeit alle zwei Tage Hähnchen-Nuggets umsonst essen könnte, das nicht tut.« Sie zwinkert mir zu.

»Stinker ist auch Vegetarier. Weil er bei uns isst und sein Vater nicht kocht. Interessiert dich das überhaupt?«

Ich nicke heftig. Könnte ihr stundenlang zuhören. »Ja klar! Mich interessiert alles von dir.«

Jojo beißt sich auf die Unterlippe. Ihre Augen wackeln hin und her. Sie sieht aus, als hätte sie eine Idee.

»Weißt du, Cem«, sagt sie. »Ich kenn dich!«

»Woher?«

»Ich hab dein ganzes Buch angeguckt. Deine Texte. Deine Bilder!«

Mir wird so heiß, dass ich meinen Pulli ausziehe.

»Du sollst mich auch kennen.«

Ich nicke und denke, dass ich da auf einem ganz guten Weg bin.

»Kann ich dir vertrauen?«

»Hundertprozentig!«, sage ich und kriege sofort ein schlechtes Gewissen. Immerhin habe ich nicht aufgeklärt, dass Eddy Tupacs Gesicht gecovert hat und ich dagegen war und wir dabei kein bisschen im Sinn hatten, Jojo zu helfen. Ob ich ihr das jetzt sagen soll? Nachher wirft sie mich raus.

Außerdem: Hätte ich gewusst, was in Wirklichkeit los war, ich glaube, ich hätte es wirklich so gemacht, wie Jojo denkt und ihr geholfen. Für Jojo würde ich alles tu–

»Hier!«

In meiner Hand liegt ein schwarzes Buch, das sie gerade unterm Kopfkissen hervorgezogen hat. »Was ist das?«

»Das ist mein Buch!«

Ich bin sprachlos.

Sie schaut mir in die Augen. »Du kannst drin lesen, wenn du willst!«

Meine Hände zittern, mein Herz klopft. Mehr Vertrauen geht nicht.

Ich muss es ihr doch sagen.

Sie sitzt im Schneidersitz vor mir. Hat ihre Hände zwischen Schenkel und Matratze geklemmt. Grinst.

»Wirklich?«, frage ich.

»Ich schwöre!« Jojo meint es ernst.

»Aber –«

»Keine Sorge, das Buch ist halbprivat. Es gibt noch ein anderes. Das ist vollprivat!«

»Du meinst intim?«

»Ich mein vollprivat, du Otto!« Sie rutscht auf mich zu. Ich auf sie. Schließe die Augen. Atme noch mal tief ein. Berühre ihre Locken. Jojo riecht gerade nur ein klitzekleines bisschen nach Mandarinen. Viel mehr nach Erdbeeren. Ich befeuchte meine trockenen Lippen mit der Zunge. Möglichst unauffällig natürlich. Ob sie auch nach Erdbeeren schmeckt? Vorsichtig öffne ich den Mund.

Jojo wuschelt mir durchs Haar. Freundschaftlich. Falscher Alarm.

Ich fange an zu blättern.

Sie klappt das Buch wieder zu.

»Ich dachte, ich darf –«

Jojo lacht. »Jetzt doch nicht!« Sie nimmt es mir aus der Hand. Legt sich auf den Rücken, den Kopf ins Kissen. »Wir haben was Besseres vor!« Sie zwinkert mir mit einem Auge zu. Wirkt fast etwas billig. Soll mir recht sein.

Ich lege mich zu ihr, will gerade einen Arm um sie legen, da zieht sie meinen Laptop auf ihre Knie und sagt: »Es geht los.«

»ZDF Mediathek, dein Ernst?«

Jojo nickt. »Wart ab!«

Es ist kurz nach neun. Auf dem Bildschirm lese ich, dass wir die Sendung nicht sehen können, weil sie erst ab 22 Uhr freigeschaltet wird. Immerhin scheint es dann kein völliger Rentnerfilm zu sein. Vielleicht was Versautes … Wobei das Wort versaut auch Rentnerstyle ist.

Jojo liegt da und starrt auf den Bildschirm. Keine Ahnung, ob sie jetzt auf einen Move von mir wartet. Dann wäre es nicht schlecht, sie würde mir ein Zeichen geben. Am besten sie sagt einfach: »Küss mich!« Wobei: Noch besser wäre, sie würde es einfach tun.

In meiner Verlegenheit drehe ich mich kurz um. Und erst jetzt sehe ich die Wand. Besser gesagt das, was dranhängt. Wie konnte ich das übersehen? Ist ja nicht so, dass ich mich nicht dafür interessiere. Im Gegenteil. Das kommt davon, wenn man die ganze Zeit nur Augen für …

»Hast du die alle …« Ich zeige auf die Bilder. Weiße DIN-A4-Blätter, jeweils mit einer Heftzwecke im Beton befestigt. Zehn Stück vielleicht. Oder sogar 20. Und alle im gleichen Stil. So, wie sie mich heute Morgen gemalt hat. Mit schwarzem Fineliner. Und die Linien sehen aus, als ob sie den Stift nicht ein einziges Mal abgesetzt hätte. Ihre Mutter hängt da. Guckt ernst. Daneben wieder die Mutter. Diesmal lächelnd. Da ist Tupac. Und da Stinker …

Sie ist die Kunst und das Ghetto, denke ich. Und ich darf sie besuchen. In ihrem Museum, das gleichzeitig ihr Zuhause ist. Staunend sehe ich mir die Bilder an. Von nah von weiter weg. Je länger ich gucke, desto lebendiger werden sie.

Dann reden wir übers Malen. Jojo zeigt mir ihre Stifte, zieht einen Karton mit Cans unterm Bett hervor.

Irgendwann steht sie auf, zieht den Vorhang zu. Es ist dunkel.

Die Ausstellung ist vorbei. Nur der Laptop leuchtet.

Die Uhr unten rechts zeigt 22:00 an. Jojo drückt Play.

Rote Scheinwerfer strahlen von der Decke. »House of Blues« steht in weißer Schrift auf schwarzem Hintergrund. Nebelschwaden. Dann springt ein Mann auf die Bühne. Weiße Hose, weißes Unterhemd. Dann einige mehr. Die Menge jubelt.

»Das ist Tupac Shakur«, sagt Jojo.

Wenn die wüsste. »Ich weiß.«

»Der wichtigste Rapper aller Zeiten«, sagt sie.

»Ich weiß.«

Was wir gerade ansehen, ist das legendäre Konzert überhaupt. Snoop Dogg, Nate Dogg und ein paar andere Größen sind auch am Start. 1996. Ein paar Monate vor seinem Tod. Aber es wirkt, als könnte all das jetzt gerade live in Los Angeles stattfinden.

Ich schaue aus dem Augenwinkel Jojo an. Wie viel Glück kann man eigentlich haben? Ob es doch ein Traum ist? Oder sieht sie nur einen Kumpel in mir? Auch wenn wir im Bett sind. Geküsst haben wir uns nicht. Bis jetzt.

Jojo reißt eine Dose Energy auf. Bevor sie trinkt, lässt sie mich trinken. Ganz schön viel Kohlensäure.

Sie drückt Pause. »Hast du gerade gerülpst?«

Verdammt, denke ich. Ist einfach so rausgekommen. »Entschuldige, ich …« Mir wird ultraheiß. »Nur ein bisschen.« Ich muss wahnsinnig sein, das alles aufs Spiel zu setzen.

Jojo wuschelt mir wieder durchs Haar. »Du kleines Schweinchen!« Sie lacht und küsst mich mitten auf den Kopf.

Puh. Ob ich träume, weiß ich trotzdem nicht. Das weiß man nie.

Aber scheint so, als wären wir schon mal keine Kumpels. Vielleicht eher ein Rentnerpärchen: ZDF, unkontrollierte Rülpse aufgrund von Kohlensäureüberempfindlichkeit. Kopfküsse.

Es klopft. Der Kopf der Mutter im Türspalt.

»Oh Mann, Mama, raus!«

»Es ist nach zehn!«

Als ob wir das nicht wüssten.

»Noch fünf Minuten!«, fleht Jojo.

»Aber dann ist Schluss!«

Jojo ist traurig, weil ihr Plan, mit mir das Konzert zu gucken, nicht aufgegangen ist.

Ich bin einfach nur glücklich, weil alles so gut läuft. Doof wäre es, wir würden noch zwei Stunden auf den Bildschirm starren und Jojo hätte keinen Bock auf mich. Aber so …

»Die fünf Minuten müssen wir nutzen«, sagt Jojo, ihr Gesicht kommt auf meins zu. Zum dritten Mal heute Abend.

Ich setze alles auf eine Karte. Geht nicht anders. Schließlich hat das Ganze unmittelbar mit ihr zu tun. Aber was, wenn sie irgendwie übersinnliche Fähigkeiten oder so hat und … Egal. »Tupac wohnt bei mir!«, höre ich mich sagen. Scheiße.

Sie rückt sofort ein Stück weg.

So einen kleinen Rülps verzeiht man leicht, aber das ist eine andere Nummer. Entweder sie hält mich für gestört oder für einen Angeber oder …

Jojo lacht.

»Du glaubst mir nicht, oder?«

Sie hat aufgehört.

Ich setze mich auf. »Ich schwöre.«

Jojo zieht mit ausgestrecktem Arm den Vorhang auf. Draußen ist es noch nicht ganz dunkel. In den anderen Hochhäusern brennen fast überall die Lichter. Sie kneift ein Auge zur Hälfte zu.

Ich bin gerade dabei, alles kaputt zu machen. Falls Jojo Wunderkräfte hat, weiß sie offensichtlich nichts davon.

Die Uhr auf dem Laptop zeigt 22:12. Ich hab noch drei Minuten, sie davon zu überzeugen, kein Wahnsinniger zu sein. 180 Sekunden kriegt Jojo die volle Dröhnung: Tupac überstrichen – Grablicht angezündet – Tupac auf der Bank – Tupac im Hobbyraum – Tupac unterm Hoodie, Kopf an Kopf mit Gecko.

Nordic Walking und so lasse ich weg. Nicht wegen der knappen Zeit, sondern weil das sicher viel zu viel auf einmal wäre.

Es ist 22:15. Jojo blinzelt ein paarmal, als würde sie gerade aus einer Trance erwachen. »So wie mit den Seemännern?«

»Was für Seemänner?« Ich weiß nicht, was sie meint, aber ich könnte mir schlimmere Reaktionen vorstellen.

»Immer wenn man an 'ner Kerze 'ne Zigarette anzündet, stirbt irgendwo auf der Welt ein Seemann«, erklärt Jojo.

»Echt?«

»Natürlich nicht, das ist eine Legende. Wie: Immer, wenn ein Bild von Tupac gecovert wird, dann …«

»… ersteht er zum Leben auf.«

Jojo nickt. »So meinte ich das.«

»Du glaubst mir?«, frage ich.

»Du meinst es echt ernst, oder?«

»Ich schätze, du hältst mich jetzt für einen –«

»Ehrlich gesagt hab ich nur drauf gewartet, dass du es –« Weiter redet sie nicht, also muss ich es tun. »Darauf gewartet, dass ich sage, Tupac wohnt bei mir?« Ich kratze mir den Hinterkopf, denke darüber nach, mir nie wieder die Haare zu waschen, damit Jojos Kuss nicht abgespült wird.

Jojo nickt. »Zumindest habe ich mich gefragt, wie du das meinst:

Plötzlich sitzt er da

Tupac Ama

Ru ht sich hier aus

Kommt in mein H aus«

Daran hatte ich gar nicht mehr gedacht. Jojo nimmt meine Texte auf jeden Fall ernst.

»Dass du ein Rake bist, passt übrigens überhaupt nicht!« Sie lächelt.

War das ein Kompliment?

Jojo zeigt mit dem Finger auf mich. Lächelt nicht mehr. »Ich komm morgen zu dir!« Sie erinnert mich an eine Zahnärztin, die sich zum Hausbesuch angekündigt hat. Nur Kontrolle. Aber man weiß ja, dass die nicht selten mit dem Bohrer endet.

Ich würde mir lieber ohne Betäubung am Zahn herumbohren lassen, als Jojo zu enttäuschen.

»Okay«, sage ich. »Du kommst morgen zu mir.« Kribbeln im Bauch.

Es klopft. Jojos Mutter. Sie sagt nichts, reißt nur die Augen auf.

Wir nicken.

»Da wär noch was«, sage ich.

»Was?«

»Darf ich trotzdem in deinem Buch –«

»Klar.« Sie drückt es mir in die Hand.

Mir fällt ein Stein vom Herzen.

»Aber wenn du mich verarschst …«

»Ich verarsch dich nicht!«

Sie umarmt mich lose. »Bis morgen!«

»Schönen Abend noch! Und danke für das Wasser!«, sage ich zu ihrer Mutter.

»Gute Nacht!«, ruft sie von ihrem Küchensofa zu mir rüber, während im Fernsehen Lauras und Maximilians Herzen beben.

Ich verlasse die Wohnung. Setze die Kapuze auf. Gut, dass das Licht im Flur nicht funktioniert. Überlege, die Treppe zu nehmen, wobei es hier im Flur gerade auch stinkt.

Klick. Es wird taghell.

Noch mal *Klick*. Ein Blitz blendet meine Augen. Ich reiße die Hände vors Gesicht. Noch ein Blitz.

Sehe nichts als weiße Flecken im Dunkeln. Dann eine Gestalt. Vor mir steht Stinker.

13. Geld

Blanka hat Spotify auf dem Handy.

Ich erkenne sie wieder. Jojo hat sie gemalt. Auf einer Doppelseite mit einem dicken Herz oben links. Scheint ihre beste Freundin zu sein.

Gestern Abend habe ich nicht mehr reingeschaut. Hab stattdessen das Tupac-Konzert im House of Blues zu Ende geguckt. Zumindest bis ich eingeschlafen bin. Ich glaube, es war besser so. Irgendwann tauchten da ziemlich viele nackte Frauenhintern auf und ich weiß nicht, wie Jojo darauf reagiert hätte. Oder habe ich das bloß geträumt?

Was ich auf jeden Fall geträumt habe, ist, dass Eddy und ich auch auf der Bühne waren und Eddy geschrien hat: »Are you ready for Cem and Eddy?«

Die Menge tobte.

Ich lese weiter.

Spotify mit Werbung ist besser als kein Spotify.

Jojo hatet über ihr »Plastikhandy« ab und wünscht sich, mehr Taschengeld zu kriegen. So wie Blanka.

Blankas Vater ist Taxifahrer. Sie kauft manchmal Energy für uns beide. Voll korrekt. Ich lass Stinker ab und zu was drin. Weil ich nicht aus der gleichen Öffnung trinken will wie er.

Mich hat sie erst trinken lassen. Das heißt: Jojo will mit mir aus derselben Öffnung trinken. Und heute Abend machen wir den nächsten Schritt: Wir lassen die Dose weg und pressen unsere Lippen aufeinander.

Ich bin froh, dass Jojo so vorgeht. Sonst würde ich, wenn ich Jojo küsse, ein bisschen auch Stinker küssen. Und der ist momentan ziemlich sicher einer der letzten Menschen auf der Welt, den ich …

Was wohl passiert wäre, wenn ich ihn gepackt hätte? Ich bin ihm hinterher, die Treppe hoch, noch eine Treppe, den Flur entlang. Stinker rannte auf die geöffnete Tür am Ende des Ganges zu und ich kam Meter für Meter näher. Hab seine Kapuze schon in der Hand gehabt. Dann riss er sich los. Und schlug mir die Tür vor der Nase zu. Ich hab nicht geklingelt. Jojo hab ich auch nichts erzählt. Kurz hatte ich mein Handy in der Hand. Hab 110 gedrückt. Dann wieder gelöscht. Auch wenn ich mir sicher war: Das ist Klaus' Kamera. Aber ich hab mir vorgestellt, dass Stinker zu Sozialstunden verdonnert wird. Und die sind, soweit ich weiß, eher asozial als sozial.

Stinker hat Jojo auch ins Buch gemalt. Ohne Herz. Dafür mit Blume.

Ich stell mir dann vor, Stinker würde wachsen, dank Energy. Irgendwann hab ich mal mit dem Fingernagel eine Einkerbung in den Türrahmen gemacht. An der Stelle, an der Stinkers Kopf endete. Und ich schwöre: Das ist jetzt zwei Jahre her und er ist sogar einen Zentimeter geschrumpft. Ob das wirklich am Rauchen liegt? Das sagen die Lehrer immer. Wer früh anfängt, wächst nicht mehr. Ich glaub nicht dran.

Stinker hat auf jeden Fall auch andere Sachen probiert. Energy ist eine Art Heilwasser für den. In letzter Zeit geb ich ihm aber nichts mehr. Weil er neuerdings selber was anschleppt. Wahrscheinlich woanders geschnorrt.

Auf einmal geht's um ein Küchenradio.

Wenn Mama nicht da ist, hör ich 97,4. Danach muss ich die Frequenz verstellen, weil Mama meint, Hip-Hop ist sexistisch. Frauenfeindlich und so. Manchmal stimmt das. Scheiß ich aber drauf. Die Welt ist auch so und ich kann sie auch nicht abschalten. Außerdem ist Hip-Hop nicht nur unsere Musik – Hip-Hop ist unser Leben. Wie wir auf der Bank abhängen, die Treppe gehen statt den Lift nehmen. Wie die Lehrer zu uns herabschauen. Wie wir das ertragen. Wie wir die Wände bemalen. Uns abklatschen zur Begrüßung. Check Check Check. Wie wir uns küssen. Unsere Klamotten. Meine Haare, meine Haut. Meine Augen und meine Ohrringe. Sind Hip-Hop. Wie ich denke, atme und fühle. Wie ich in dieses Buch schreibe.
Alles was wir machen, alles was wir sind, ist Hip-Hop. Meine Meinung.

Was für eine Traumfrau!

Ich will hier weg. In drei oder vier Jahren. Wohin? Keine Ahnung. Aber raus aus dem Dreck. Irgendwohin, wo die Leute korrekt sind und nicht nur Kanacken wohnen.

Hat Jojo was gegen Ausländer?

Wir nennen uns alle Kanacken hier. Aber wenn jemand von außen kommt und uns Kanacken nennt, kriegt der Schläge.

Ein Glück.

Hier ist nicht der schlimmste Ort auf der Welt. Das hat drei Gründe. Blanka. Mama. Und dass ich einen Ort gesehen habe, der beschissener ist. Da wohnen nur alte Biodeutsche. Die Stimmung ist weltuntergangsmäßig. Aber nicht hip-hop-weltuntergangsmäßig. Und da lebt ein seltsamer Junge. Der ist, glaub ich, nicht biodeutsch. Ich hab das Gefühl, er ist verloren da.

Meint sie mich? Mein Herz springt.

Bei uns haben auch mal zwei Leute gewohnt, die gar nicht reinpassten. Wahrscheinlich Studenten, die waren bestimmt zehn Jahre älter als wir. Ich glaube, die fanden das witzig, bei uns zu wohnen. Die Frau fuhr immer mit einem gemütlichen Fahrrad rum und der Typ auf dem kleinen BMX. Nach zwei Monaten waren sie wieder weg. Die Fahrräder hatte Stinker denen schon nach drei Tagen abgezogen.

Ich will unbedingt mehr über den seltsamen Jungen erfahren.

Blanka war schon mit fast allen Jungs hier zusammen. Und die behaupten, Blanka würde jedem sofort Arsch geben. Dabei stimmt das nicht. Ich war noch mit keinem zusam-

*men. Auch wenn sie es alle bei mir versucht haben. Gecko
hat mich mal gefragt, ob ich*

Die nächsten beiden Seiten sind rausgerissen. Hat sie wahrscheinlich bei vollprivat eingeklebt. Von Gecko gibt es jedenfalls kein Bild in diesem Buch. In ihrem Zimmer schon. Aber
da hängen alle. Sogar die Mutter von Michelle hat mich beim
Rausgehen angeglotzt.

»Habe ich Geburtstag?«

Tupac schüttelt den Kopf. »Als kleines Dankeschön …«

Klaus nimmt den Bonsai vom Tisch, hebt ihn vors Gesicht
und beäugt ihn aus nächster Nähe. Seine tiefliegenden Augen blicken durch das dichte Geäst. Klaus sieht, mit dem
Minibaum in der Hand, aus wie ein Riese in einer Märchenverfilmung. Ich dachte, der Umschlag ist das Geschenk. Oder
tut Klaus nur so blöd?

Hand in Hand mit der Klumpeenkelin kommt Eddy durchs
Loch gestiegen. »Wofür denn?«, mischt er sich ein.

»Für die Gastfreundschaft zum Beispiel. Vielen herzlichen
Dank, Klaus!«

Tupac nimmt ihm den Bonsai aus der Hand und hält ihm
den Umschlag hin. Klaus guckt rein. »Geld?«, haucht er zu
ihm rüber, als wäre er ein Agent und wir dürften nichts davon
mitkriegen.

Dann sagt er: »Aber du wohnst doch gar nicht bei …« Er
schaut uns nacheinander an. »Schenk das nene, nicht mir. Wo
ist nene eigentlich?«, schiebt er hinterher. Er will möglichst
schnell auf ein anderes Thema kommen.

Keiner antwortet.

Eddy zählt die braunen Scheine. »300 Euro. Nicht schlecht.«

Dann fragt er: »Wo ist eigentlich die Kamera?«

Alle Augen schauen auf Tupac.

Und ich beginne zu begreifen, was hier gerade abgeht.

Er geht einen Schritt auf Klaus zu. Legt ihm seine Hand auf die Schulter. »Ehrlich gesagt«, er neigt den Kopf, »es tut mir total leid, so was ist mir wirklich noch nie passiert, aber …«

»Ist die Kamera weg?«, fragt Klaus leise.

Tupac nickt. »Ich hab sie verloren. Sorry.« Er zeigt auf den Umschlag. »Als kleine Entschädigung.«

»Ach so«, sagt Klaus und nickt. Er klopft Amaru auch auf die Schulter. »Kann passieren.« Dann lächelt er. »Ich hab sie eh nie benutzt.«

»Aber du wolltest doch deine Website –«

Klaus winkt ab. »Kann man heutzutage alles mit dem Handy machen.«

Kann man, denke ich. Aber nicht mit Klaus' Handy.

»Ich hätte dir auch 'ne neue Kamera besorgen können, aber ich dachte, weil du sie ja eh nicht be–«

»Was hat die denn bei Saturn gekostet?«, fragt Eddy.

Irgendwann kommt raus, dass der Saturnkamerapreis schlappe 444 Euro betrug, aber Klaus besteht ewig darauf, kein Geld von Amaru zu wollen.

Nene ist mittlerweile dazugekommen und fragt nach, wo er sie denn verloren hätte. »Wir könnten sie zusammen suchen.«

Tupac sagt, er hat schon alles abgegrast. Keine Spur. Er schaut erst Eddy, dann mich an. Ob er sauer auf uns ist? Die Schuld bei uns sucht? Deshalb war er noch mal bei den Hochhäusern. Er hat sie gesucht.

Wenn der wüsste, dass er völlig auf dem falschen Dampfer ist – er hat die Kamera kein Stück verloren. Ich bin sicher, Stinker hat sie ihm abgezogen.

Stinker ist so was wie Jojos kleiner Bruder. Den kann ich nicht ausliefern.

14. Tränen

Zum Abendessen hat nene ihre Spezialbaklavas gemacht. Mit Mango und Datteln.

Jojo lächelt, leckt sich den Zeigefinger ab und sagt: »Sehr, sehr lecker!«

Nene lächelt auch, schaut Jojo an und sagt: »Sehr, sehr schön!«

Sie hat wie immer recht.

Tupac kommt rein.

Endlich. Natürlich ist Jojo auch wegen mir hier, aber vor allem wegen ihm. Und wenn er nicht auftauchen würde, dann wird sie wahrscheinlich nicht noch mal wegen mir herkommen.

Tupac setzt sich zu uns. »Was geht, Schwester?«

Jojos Hände zittern vor Aufregung.

Sie und Tupac geben sich High Five.

Jojo schaut ihn an. So lange, dass ich die Sekunden zähle. Kurz denke ich, sie beginnt zu weinen, aber sie fängt sich wieder. Langsam müsste mal der Moment kommen, in dem sie zu mir rüberschaut und mit ihrem Blick zu verstehen gibt: krass. Es ist, wie du sagst. Er wohnt wirklich bei dir.

16 Sekunden – nichts. 18, 23. Sie schaut bloß ihn an und mittlerweile lächelt sie.

Das Gespräch zwischen den beiden wird flüssiger. Sie wirken seltsam vertraut. Jojo stellt Fragen, er antwortet und umgekehrt. Ab und zu lachen sie, geben sich die Faust, Jojos Hand zittert nicht mehr. Sie reden weiter.

Nene mischt sich zwischendurch ein und bekommt von beiden die nötige Aufmerksamkeit. Nur ich schweige. Nichts fällt mir ein. Ich hocke hier rum wie Falschgeld.

Jojo nennt ihn Amaru. Und auch wenn er nicht gesagt hat: Ich bin Tupac Shakur – so, wie sie ihn anhimmelt, ist alles klar.

»Wie gefällt dir die Gegend hier?«, fragt sie.

Tupac nickt. »Spezielle Gegend.« Lächelt kurz. Hört dann auf.

»Da gibt es andere Orte. Wo man was bewegen kann.« Er ballt die Fäuste. »Anpacken.«

Und sie fragt: »Wo denn?«

»Wo wohnst du eigentlich?«, weicht er aus.

Jetzt ist mein Moment gekommen. Ich mische mich ein: »Du weißt doch, wo sie wohnt.« Hoffentlich war das nicht zu aggro.

Tupac nickt. »Stimmt.«

Ob ich ihn jetzt bloßgestellt habe? Das war nicht meine Absicht, und ich kann gut verstehen, dass er nicht stumpf geantwortet hat: »Zum Beispiel da, wo du wohnst.« Das wäre schräg rübergekommen. Er weiß ja auch nicht, ob sie weiß, dass er der Typ unter der Kapuze war, der … Dabei sollte nun auch Jojo klar sein, dass es Tupac persönlich war, der Eddy und mich an besagtem Abend aus der Scheiße gezogen hat.

»Hast du Pläne für die Zukunft?«, fragt Tupac.

Zum ersten Mal schaut Jojo mich an. Ob das heißt, dass ich ihre Zukunft bin? Das wäre natürlich …

»Na ja«, sagt Jojo, dann stockt sie. Ganz leicht wackelt ihr Kopf hin und her. Ich bin schon gespannt, ob sie genauso antworten wird, wie es in ihrem Buch steht – abhauen und so.

»Ich will Kunst studieren.«

»Malst du?«, fragt Tupac.

»Sie ist die Beste«, sage ich.

Jojo lächelt. Hört auf damit, fängt an, mit dem Kopf zu nicken. Sie schaut Tupac an. Wen sonst?

Ich bin die Queen, sprüh dein Gesicht an alle Wände
Hab trotzdem keine Krone auf dem Kopf, sondern Schellen
um meine Hände

Jojo kreuzt die Hände vor ihrem wunderbaren Gesicht.

Meine Augen sind weit aufgerissen. Jojo ist echt die Queen, sie malt nicht nur so, sie rappt auch standesgemäß.

Tupac nickt beeindruckt.

»Freestyle«, sagt sie.

Die hat echt Eier. So wie Eddy neulich.

Lina kommt rein. Ausgerechnet, als es gerade interessant wird. Eddy ist nicht dabei.

Nene schiebt ihr einen Teller mit Baklava rüber.

Ohne sich vorzustellen, fängt Lina an, Jojo zu löchern. Es geht um Deutschrap. Die beiden verstehen sich auf Anhieb.

»Eigentlich kann man Eunique und Ace Tee gar nicht vergleichen. Schon allein vom Flow …«

»Wir machen das nur, weil sie Frauen sind«, meint Lina.

»Isso«, sagt Jojo. »Und weil sie Schwarz sind!«

»Hundert«, sagt Lina. Sie geben sich Check.

Von jetzt an ist auch Tupac abgemeldet. Er kippelt auf seinem Stuhl hin und her wie ich schon die ganze Zeit.

Ich dachte, dass ich wenigstens auf dem Rückweg Jojo für mich allein habe. Aber da klebt uns Lina auch an der Backe. Genau gesagt klebe ich Jojo und Lina an den Backen. Eigentlich habe ich längst aufgehört zuzuhören, aber jetzt werde ich hellhörig. »Der Typ ist uralt!«, meint Lina. »Und der war wirklich mal –«

»Der Typ war der Größte!«, stellt Jojo klar. »Der König! Und richtig heiß war der, stell dir das vor!«

Ich fand, sie hat ihn vorhin immer noch ziemlich angehimmelt.

Lina lacht: »Wenn du das sagst ...«

Wir sind ungefähr auf Höhe unserer Laterne. Ich räuspere mich. Die beiden schauen mich gleichzeitig an und das Unverhoffte tritt doch noch ein. Sie verabschieden sich. Mit einer Umarmung. Ich denke, dass, wenn Jojo mich umarmt, ich dann ja irgendwie auch Lina umarme. Und ein bisschen auch Eddy.

Mal sehen, wie es weitergeht. Ich scheine ja mittlerweile eh nur noch ihre Nummer drei zu sein. Nach Lina und Tupac. Und Letzteren findet sie nicht mal mehr heiß. Wahrscheinlich bin ich für sie lauwarm.

Wir stehen uns gegenüber. Jojo schaut mich an.

Ich bin verlegen. »Wie war's, ihn zu treffen?«, frage ich.

Jojo überlegt. »War komisch«, sagt sie dann. »Ich meine, eigentlich hätte ich voll aufgeregt sein müssen, war ich zu Anfang auch, aber irgendwie ...« Sie zuckt mit den Schultern. »Er war so ...«

Ich bin wahnsinnig gespannt, was sie sagt.

»... normal.«

Ich weiß nicht genau, ob sie meint, er war normal wie Tupac oder normal wie jeder andere, sage: »Krass oder?«

Sie nickt. »Voll.« Und fügt hinzu: »Ein bisschen alt auch.«

Sie hätte ihn mal vor ein paar Tagen sehen sollen. Heute wirkt er locker zehn Jahre jünger.

Sie schaut mir in die Augen: »Tupac ist mein großes Vorbild, weißt du?«

Ich nicke.

»Ein Schwarzer. Aus schwierigen Verhältnissen. Und er wird Weltstar. Mit seiner Kunst. Er hat sich hochgekämpft. Ein richtiger Thug. Und er setzt sich ein für andere. Für Schwache. Für uns. Für mich. Er hat Einfluss. Auch die Weißen haben ihm zugehört. Machen das immer noch. Weißt du, wie vielen Leuten der Hoffnung gibt? Schon allein, weil er es geschafft hat.«

Ich nicke. Er ist ja auch mein großes Vorbild. Ich traue mich gerade nicht, das zu sagen, weil ich nicht Schwarz bin, sondern bloß Schwarzkopf.

Jojo redet weiter: »Der ist Milliardär geworden. Trotz allem!«

»Geld ist auch nicht alles!«, sage ich.

Ich glaube, das, was sie gerade macht, nennt man Nasenrümpfen. »Sagen die, die genug haben.«

»Ich hab auch nicht viel …« Besser, ich rede nicht weiter. Bei uns gibt's WLAN und ich hab ein Smartphone. Ein großes Zimmer auch.

Es hat zu dämmern begonnen. Die Lampen leuchten noch nicht.

Sind das Tränen? »Alles in Ordnung? Bist du traurig? Hab ich was falsch ge…«

Schluchzend erzählt sie mir, wie das für sie war, die eigenen Bilder überstreichen zu müssen. Das steht wahrscheinlich auch im Vollprivaten. Ich nehme sie in den Arm, um sie zu trösten und sage ihr, dass sie es war, die durch ihre Bilder Tupac zum Leben erweckt hat. Aber die Freude – oder die Verwunderung – den echten Tupac zu treffen und vielleicht sogar selbst erschaffen zu haben, kann die Trauer, ihre Bilder selbst kaputt gemacht zu haben, wohl nicht auffangen.

»Klar ist das nice«, sagt sie. »Aber …« Dann weint sie wieder.

Ich drücke sie an mich. Ihre Locken kitzeln mein Kinn. Sie schiebt sich von mir weg. »Nicht so fest! Ich ersticke!« Ist das ein Lächeln?

Nein. »Anderen Menschen verleihen sie einen Orden. Preise. Wenn sie Kunst machen. Blumen und Geld und Urkunden. Und ich muss vor Gericht.« Sie schluchzt. Fängt sich wieder. Schluckt. »Weißt du, was ich von Tupac gelernt habe?« Jojo wartet meine Antwort nicht ab. »Meinen eigenen Weg zu gehen. Mir zu vertrauen. Dass ich wertvoll bin.« Sie hält kurz inne. »Komisch eigentlich.«

»Was ist daran –«

»Weil Tupac mein Vorbild ist und ich für mich beschlossen habe, nicht mehr meinem Vorbild zu folgen, das ist mir irgendwie klar geworden als ich …« Sie atmet tief durch. »Kurz gesagt: Ich folge meinem Vorbild dadurch, dass ich ihm nicht mehr folge, oder andersrum, ich folge meinem Vorbild nicht mehr, weil ich ihm folge, ach was laber ich …«

Ich streichel ihren Oberarm. »Versteh ich gut. Tupac sagt, du bist wertvoll, vertraue auf dich, lauf keinem hinterher!«

Sie schaut mir in die Augen: »Jetzt hilfst du mir schon wieder.«

Ich sollte ihr sagen, dass ich ihr gar nicht …

»Danke!« Jojo stellt sich auf Zehenspitzen. Dann küsst sie mich.

Ich küsse zurück. Habe aufgehört, ihre Arme zu streicheln, dafür streichelt sie jetzt meine.

Dann greift sie mir ins Haar. Ich fasse ihren Hals an. Streiche mit der Hand nach oben. Berühre ihre Locken. Jojo riecht nach Mandarine, schmeckt aber nach Erdbeeren. Nach den leckersten Erdbeeren, die ich mir vorstellen kann.

Über uns geht das Licht an.

Wir hören auf, sie lächelt mich an. Lässt mich los. Wir stehen genau unter der Laterne. Jojo dreht sich um und kickt sie aus. Nur ein einziger Versuch. Nicht mal Tupac hat …

Es geht weiter. Ihre Lippen werden immer weicher. Meine auch. Da steht Jojo und hier stehe ich und in diesem Augenblick sind wir eins. Wir knutschen heftiger. Ob ich meine Zunge …

Jojo ist schneller als ich. Und wenn ich das richtig verstehe, bin ich der erste Typ, überhaupt mit dem sie …

Das Licht geht wieder an. Jojo verdreht die Augen. Lächelt. »Kannst du das?« Sie zieht eine Augenbraue hoch. Dann bückt sie sich und stößt ganz leicht mit ihrem Po gegen den Laternenmast, berührt ihn kaum und *zack!* geht das Licht aus.

»Wie hast du das denn …«

»Mit Gefühl«, sagt Jojo. Nimmt meinen Kopf in die Hände und küsst weiter.

Jojo ist der Wahnsinn. Auch das, was sie gerade macht, macht sie mit Gefühl. Viel Gefühl. Sehr, sehr viel Gefühl. So viel Gefühl, dass ich beinahe … Ich streiche über ihren Rücken, erst ist da noch Stoff, dann die warme Haut.

Ob die Art, wie sie küsst, auch Hip-Hop ist?, schießt mir eine Line in den Kopf.

Licht an. Wieder aus. Ist ihr Po wieder gegen den Mast …

Oder kann Jojo das auch telepathisch? Licht wieder an. Wieder aus. Wie ein Blitz. Ich mache die Augen auf. Die Laterne ist aus.

»Alles in Ordnung?«, fragt Jojo.

»Ja, ich dachte nur, die Laterne … Hast du das Licht nicht …« Ich muss an Stinker denken.

Sie schüttelt den Kopf, wuschelt mir durchs Haar. »Ich muss nach Hause.«

»Ich bring dich noch.«

Jojo gibt mir einen Schmatzer auf den Mund. »Zu gefährlich«, sagt sie. »Wenn die Jungs uns zusammen sehen …«

»Die Bitch gehört mir!«, zischt er.

Ich erkenne ihn sofort. Das gleiche Unterhemd wie beim letzten Mal. Seinen wahnsinnigen Blick. Den Stiernacken.

»Sie ist keine Bi–«

Er hält mir den Mund zu. »Halt die Fresse!« Gecko steht direkt vor mir. Sein Atem stinkt nach Rauch und Schnaps. Er zieht seine dreckige Hand weg und schlägt mir auf die Brust.

Ich stolpere. Falle auf die Pflastersteine, stehe wieder auf. Erst jetzt geht die Laterne an. Gecko und der knochige Typ im blauen Riesenjogger stehen genau darunter. Ohne Stinker. Dabei könnte ich schwören, es war der gleiche Blitz wie im Hochhaus, der vorhin …

Wieso war ich überhaupt so blöd, mich auf die Bank zu setzen, ihr nachzusehen? Hab dann in den Himmel geschaut, um mir zu wünschen, dass Jojo und ich für immer … Statt einer Sternschnuppe besuchte mich ein aggressives Riesenreptil.

Der Typ im blauen Jogger packt mich am Hals.

Wieder Blitzlicht. Gecko zeigt mir das Display. Ein Bild von mir: Weit aufgerissene Augen, aus denen die Angst quillt. Dann die Frage: Warum haben die eigentlich alle so eine Kamera? Tupac, Stinker, Gecko …

»Guck dir deine Scheißfresse genau an! So sieht sie jetzt aus. Wenn wir mit dir fertig sind, dann –«

Ich stoße einen Laut aus, reiße mich los. Der Typ krallt seine Hände um meine Unterarme.

»Was wollt ihr von mir?«, krächze ich.

Gecko grinst. Drückt dem Typen die Kamera in die Hand. Dann sehe ich wieder Blitze. Gecko hat mir gerade eine gegeben. Der Knochen unter meinem rechten Auge brennt. So fühlt sich das also an, wenn man Schläge kriegt.

»Hör bitte auf!«, flehe ich.

»Der Wichser heult!«, sagt Gecko. »Mach Foto!«

Blitzlicht.

Jetzt zeigt der Typ mir das Display. Sagt: »Guck!« Ich sehe für einen Moment die Galerieansicht. Leider nicht besonders gut. Weil meine Brille weg ist. Aber ich bin mir ziemlich sicher, dass …

Er zieht die Kamera weg.

Ich fasse mir ins Gesicht. Auf der Suche nach meiner Brille oder wenigstens Teilen davon.

Gecko zeigt mit dem Finger auf mich. »Du weißt nicht, wer ich bin!«

Bevor ich antworten kann, trommelt er sich auf die Brust und brüllt es in den Nachthimmel: »Ich bin Gecko!« Dabei schwillt sein Nacken so sehr an, als ob er den mit einem Blasebalg aufpumpen würde. Ich schaue runter. Kein Blasebalg. Nur seine auf und ab wippenden Sneakers.

Gerade ruft er: »Keiner legt sich mit Gecko an! Keiner fickt Geckos Mädchen! Und keiner …« Er tritt mir in den Bauch.

Ich liege auf dem Boden. Fühle meine Brille am linken Unterarm, greife nach ihr, stecke sie in die Hosentasche.

»Mach Foto, Magic!«

Blitz.

»Steh auf!«

Ich steh auf.

»Keiner gibt Gecko Scheiße zu rauchen. Verstehst du das?« Er tickt mir mit dem Zeigefinger an die Stirn.

Ich nicke. Und denke: Gecko hat die Kacke von Spike geraucht. Spike – so könnte auch die Droge selbst heißen. Wobei Gecko auch Spike heißen könnte. Und Spike Gecko. Ob Gecko weiß, dass es wirklich Scheiße war oder ob er nur Scheiße sagt, weil es kein richtiges Dope war?

Wie das wohl wirkt? Bekommt man Halluzinationen? Dachte Gecko, ihm wächst ein Hundeschwanz? Und Fell? Oder ist ihm Frau Klumpe erschienen und hat ihn in ihre Folterkammer der Wörter gesperrt? Wahrscheinlich ist ihm einfach nur schlecht geworden. Wie es wohl schmeckt, Hundekacke zu rauchen?

Ich sollte mich mit Wichtigerem beschäftigen: Wie komme ich raus aus der Nummer hier? Wenn ich um Hilfe schreie, dann schlagen die mich sofort krankenhausreif, bevor … »Ich hab nichts gemacht!«, sage ich.

Der Blasebalg pumpt in meiner Vorstellung noch ein paar Luftstöße in den Stiernacken.

»Willst du mich verarsch–«

»Ich war bloß dabei, der andere hat euch die Scheiße –«

Gecko legt seinen Kopf zur Seite. »Wer ist der andere?«

»Keine Ahnung, hab den noch nie vorher geseh–«

Gecko drückt mir die Kehle zu. »Verarsch mich nich!«

Ich reiße die Hände in die Luft.

Er lässt locker.

Ich keuche. »Ist gut. Ich kenn ihn. Aber ich weiß nicht, wie er heißt, wo er wohnt –«

»Ruf ihn an!«

»Ich hab seine Nummer nicht!«

»Handy!«

»Was?«

»Gib dein Scheißhandy!«

Ich stecke meine Hand in die Hosentasche, mit zitterndem Daumen entsperre ich es blind, drücke dann den Off-Knopf an der Seite.

Gecko hält es in der Hand. »Das ist aus.«

»Akku leer«, sage ich.

Er runzelt die Stirn, gibt es seinem Kollegen. Magic steckt es in die Jogginghosentasche.

Immerhin haben sie heute keinen Baseballschläger dabei, denke ich.

»Du bringst diesen Wichser!«

»Wann?«

»Morgen! Gleiche Zeit!«

»Okay, kann ich mein Handy wieder haben?«

Gecko lacht.

»Aber …«

»Das Teil ist locker 100 wert. Und jetzt verpiss dich!«

»Was, wenn ich euch richtigen Stoff bringe?« Wieso sage ich so was? Beim Rappen saß mir mal ein kleiner Tupac im Ohr. Gerade scheint es sich ein kleiner Eddy in meiner Ohrmuschel gemütlich gemacht zu haben, um mir Dummheiten in den Schädel zu flüstern.

Gecko packt mir ins Gesicht. Drückt mir den Kiefer zusammen.

»Du bringst mir diesen Fisch UND guten Stoff!«

Ich versuche mit den Augen zu nicken, weil ich meinen Kopf nicht bewegen kann.

Er lässt mich los.

»Stoff im Wert von mindestens hundert!«

»Hundert was?

»Euro!«

Mir geht der Arsch auf Grundeis. »Ich muss los.«

»Du lässt den einfach gehen?«

Gecko nickt.

»Und wenn der nicht –«

»Der kommt wieder.«

»Und wenn die den –«

Gecko weiß schon, was sein Gehilfe sagen will. »Wenn die ihren geheimnisvollen Retter mitbringen, dann kriegt das Mädchen Schläge.«

Nene hält mir eine Tüte Tiefkühlerbsen an den Kopf.

Ich muss schlucken, dann schießt mir ihre Weisheit in den Sinn und ich sage: »Was stört, sieht man immer. Was gut ist, sieht man nicht immer. Auch, wenn es direkt vor der Nase ist.«

Nene zeigt in den Spiegel, auf mein blaues Auge. »Ich denke, diesmal ist das Schlechte direkt vor der Nase.«

»Nein«, sage ich. »Direkt vor dem Auge.«

»Und was ist das Gute?«, fragt nene.

»Sie hat mich geküsst!«

Nene strahlt. Ihre Tasse hatte recht.

Ich muss heulen.

»Und wer war das?«

Während ich die Brille wieder geradebiege, überlege ich kurz irgendwas von »Treppe runtergefallen« oder so zu sagen, aber das würde sie mir nicht abkaufen, also sage ich. »Der war eifersüchtig.«

»Cem!«, sagt sie. »Das geht nicht! Ich rede mit den Eltern von dem Ju-«

»Nene!«

»Er hat dich geschlagen.«

»Ich bin alt genug. Und die Sache ist jetzt geklärt.« Sieht so aus, als glaubt nene mir. »Kann ich sonst was für dich tun, mein Junge?«, fragt sie.

Ich nicke. »Bitte sag Amaru nichts davon.«

15. Auf der schiefen Bahn

Ich brauch dringend mein Handy zurück. Ob Jojo versucht, mich zu erreichen? Mir Nachrichten schreibt, in denen steht, wie sehr sie mich vermisst und ob wir uns heute Abend wiedersehen wollen?

Außerdem werden meine Eltern bei nene anrufen, wenn sie nicht mindestens ein Foodfoto am Tag von mir bekommen. Ganz abgesehen davon – was hat Jojo neulich erzählt? Es gibt da ein Amt, das meint, WLAN wäre ein Menschenrecht. Handybesitz ist meiner Meinung nach auch ein Menschenrecht. Ob Gecko weiß, dass er Menschenrechte verletzt hat? Er wird es hundertpro verticken.

Ich versuche, an etwas anderes zu denken.

An die Kamera zum Beispiel. Das ist garantiert Tupacs. Genau genommen die von Eddys Vater. Auch wenn ich ohne Brille nicht den totalen Durchblick hatte: In der Galerieansicht habe ich ziemlich sicher mich und Eddy erkannt. Wie wir zwischen den Hochhäusern herumschlendern. Außerdem das Tupac-Graffiti, fotografiert vom Porträtierten höchstpersönlich. Scheint so, als hätten Gecko und sein Kollege sich die Bilder nicht mal angeguckt. Im Hausflur des Hochhauses war ich auch zu sehen.

Die ganze Sache sieht also so aus: Klaus hat die Kamera bei Saturn für 444 Euro gekauft. Tupac hat sie von ihm ausgeliehen. Stinker hat sie Tupac abgezogen. Gecko hat sie Stinker weggenommen. Und Gecko hat jetzt nicht unbedingt den Eindruck gemacht, als würde er morgen mit geöffnetem Mund Arthousebilder knipsen wollen.

Bis heute Abend muss ich für Gecko Drogen im Wert von hundert Euro beschaffen. Und das ohne Smartphone. Außerdem werde ich Eddy ausliefern. Wenn ich das nicht mache oder mir Hilfe hole, werden sie Jojo schlagen. Sieht so aus, als wäre ich in eine Miniaturausgabe des East-Coast-West-Coast-Beefs geraten. Ich packe mein Blackbook aus. Was glaubt Gecko eigentlich, wer er ist? Ich werde kämpfen.

Die Knarre in der Hand lass ich die Luft aus deinem Nacken
Deine Schultern fallen zusammen wie Soufflé
Deine Zähne fallen aus den Backen
Dann drapier ich deinen Kopf auf Vinaigrette-Salatbouquet

Du flehst mich an um meine Gnade
Vergiss es gleich du kleine Made
Meine Gang und ich sind mächtig
Mein linker Haken heftig

Du hast dich mit dem Falschen angelegt. Du Eierdieb
Über deinem Block kreist schon der Geier. Gecko, sag mal
*   Piep*
Du denkst du bist es
Dein billiges Business
Lasse ich auffliegen
Werde deine Knochen biegen
Heute Nacht ist High Noon
Sprich dein letztes Gebet, in deiner Hood kriegst du es mit
*   der Nummer 1 zu tun*

Ich klappe das Blackbook zu. Vielleicht sollte ich doch nicht kämpfen.

Alle Küchenschränke und die Vorratskammer habe ich durchforstet. Backpulver könnte eher als Koks durchgehen als Mehl, weil Gecko bestimmt nicht weiß, wie Backpulver schmeckt. Kann mir aber auch nicht wirklich vorstellen, dass Gecko sich einen Batzen Backpulver zwischen Zahnfleisch und Oberlippe schmiert, tief durchatmet und sagt: »Guter Stoff.«

Das Rattengift aus Klaus' Geräteschuppen? Nicht dass Gecko tot umfällt. Oder sein Gehilfe Magic, weil er den zum Vorkoster verdonnert.

Eddy meinte zu mir, dass getrocknete Schuhcreme eigentlich der Klassiker unter Dope-Attrappen ist, weshalb er sich für die innovative Spikevariante entschieden hätte.

Pfefferminztee, fällt mir ein. Den kann man bestimmt auch rauchen. Nene hat den in einer Box auf der Arbeitsplatte stehen, in die ich noch gar nicht …

Krass. Auf einem Papierbeutel steht »Hanftee – Zur Beruhigung«. Dabei ist nene immer ruhig. Vielleicht deshalb? Der Tee riecht jedenfalls genauso, wie es manchmal riecht, wenn ein paar Kiffer an einer Bank oder Haltestelle …

Mir fliegt der Bonsai in den Kopf. Seine Blätter. Wie Eddy gefragt hat: »Kann man das rauchen?« Vielleicht haben die Blätter ja auch Ähnlichkeit. Mit der Bonsaischere stutze ich das Bäumchen, um nenes Beruhigungstee zu strecken (damit es nach mehr aussieht – ich muss schließlich auf einen Wert von 100 kommen). Mein Blick fällt auf den Umschlag.

Warum eigentlich den Umweg gehen? Und wenn Gecko rausfindet, dass ich ihm Omatee und Opablätter als Qualitätsgras unterjubeln will, wird er Jojo … Ich sitze doch direkt an der Quelle. Statt Drogen drücke ich ihm zwei Fuffis in die Hand und als Ersatz für Eddy noch mal zwei Fuffis. Dann ist die Sache geritzt. Den Umschlag fasst hier eh keiner an.

Ich öffne ihn. Der Umschlag ist leer. Offensichtlich hat sich jemand vor mir bedient. Aber wer? Und warum? Hat Klaus es doch angenommen?

Vielleicht sollte ich abhauen. Für immer verschwinden. Alles vergessen, hinter mir lassen. Irgendwo anders neu anfangen. Aber was wird dann aus Jojo?

Ich zieh die Teesache jetzt durch. Und statt Eddy bringe ich einfach einen Fisch mit. Ich drücke Gecko eine ausgenommene Forelle aus der Kühltheke in die Hand. Und sage: »Hier. Dein Fisch!« Und wenn er fragt, ob ich ihn verarschen will, verkaufe ich ihm das Ganze als Missverständnis. »Du hast doch gesagt, ich soll dir den Fisch bringen …«

Zitternd liege ich den Rest des Nachmittags auf meinem Bett, trinke ein Wasser nach dem anderen und muss trotzdem nicht aufs Klo, weil mir der Angstschweiß seit Stunden aus jeder Pore rinnt.

Dann muss ich doch. Durchfall. Daher kommt also die Redewendung: Ich hab Schiss!

Es klingelt. Noch mal. Das kommt von draußen. Die Rikscha scheint wieder in Betrieb zu sein. Ich schaue aus dem Fenster. Sehe Eddy, wie er Lina um den See kutschiert. Ihre Haare wehen wild um ihre Kopfhörer herum, so sehr legt Eddy sich ins Zeug. Was ist bloß aus uns geworden, Bruder? Ich hab keine andere Wahl.

Beste Freunde
Durch dick und dünn
War unser Motto
Doch jetzt bin nicht mehr ich der Otto
Sondern du
Verrätst unsere Freundschaft
Hätte geschworen, dass das nicht der dickste Joint schafft
Heute Abend gibt's die Quittung, du hast mich mit rein-
gezogen
Ich weiß noch, wie ich sagte: Ed, du überspannst den Bo-
gen
Mir ist klar, dass ich Scheiß bau
Aber wer weiß? Vielleicht bist du der Junge, der den Schein
klaut
Irgendwann können wir uns bestimmt verzeihen
Und du wirst sagen: Bruder, Gott sei dank ist diese Scheiß-
zeit vorbei

Ich sitze auf dem Sattel. Bin stehen geblieben.

Gecko guckt mich an. Wie ein Auto. Dabei sind weder er noch ich ein Auto. Ich bin auch keine Rikscha. Ich bin ein Rikschafahrer.

»Wo ist dein Dealer?

»Wer?«

»Der Fisch!«

Ich kralle mich an den Lenker, aber meine Hände sind so nass, dass sie alles zwei Sekunden aufs Neue abrutschen. So, als hätte ich wirklich in jeder Hand eine Forelle.

Die Laterne geht an. Gecko und sein Gehilfe stehen im

Spotlight. Während Magic wie immer ganz in Blau auftritt, trägt Gecko heute kein schmuddeliges Unterhemd. Gecko hat einen hautengen dunkelroten Rollkragenpullover an, der überhaupt nicht zu ihm passen will (und noch seltsamer ist, dass der Stiernacken da reinpasst), darüber eine Goldkette. Gestern ist er als Schläger aufgetreten. Heute als Boss, der Geschäfte macht und sich von nichts und niemandem über den Tisch ziehen lässt. Gut, dass ich ihn nicht über den Tisch ziehen will. Ich will ihm bloß einen Deal vorschlagen. »Er ist nicht da –«

»Ich hab dir gesagt –«

Selbstbewusst auftreten, denke ich und unterbreche ihn. »Ich hab ein Geschenk für dich.« Mir gefällt, was ich ausspreche. Wie ein richtiger Clanboss. Als würde ich oberflächlich überfreundlich ein Geschenk machen und unterschwellig damit sagen wollen: Du dreckige Ratte! Nachdem du »das Geschenk« bekommen hast, trennen sich unsere Wege. Für immer. Du lässt mein Mädchen in Frieden und ich lasse dich in Frieden. Sonst jag ich dich und deine ganze Sippe in die Luft!

Und Gecko müsste dann ernst und freundlich zugleich antworten: Immer wieder eine Freude, mit dir Geschäfte zu machen.

Dann der Handschlag. Dann die Übergabe. Und seine wahren Gedanken bleiben mir gegenüber unausgesprochen: Mischst du dich noch einmal in unsere Angelegenheiten ein, schneid ich dir die Eier ab!

Wir nicken uns wissend zu und gehen unserer Wege.

Die Realität sieht anders aus. »Ich reiß dem die Eier raus!« Gecko brüllt rum und springt wie ein Flummi durch die Gegend. Komischerweise springt er nicht auf mich drauf oder haut mir auf die Fresse. Als wäre die Rikscha von einem unsichtbaren Starkstromfeld umgeben, das ihn abhält. Von einem Boss, der Gentlemanlike Geschäfte abwickelt, ist er wesentlich weiter entfernt als ich. Immerhin wahre ich die Attitüde – auch wenn ich auf einer Rikscha sitze. Vielleicht ist genau das aber auch das I-Tüpfelchen – dieser Schuss Unberechenbarkeit, die es für eine solche Machtposition braucht.

Geckos Nacken unter dem Rollkragen zittert.

Mir schaudert's.

Er springt vor seinem Lakaien rum. »Was glaubt die Missgeburt, wer er ist?«

Der Typ kommt gar nicht dazu, seine Schultern zu zucken. Schon geht es weiter. »Ich hab ihm befohlen und er hält sich nicht dran. Er soll mir den Fisch bringen. Und Stoff. Und was macht die Fotze? Geschenk! Ich hau ihm sein Geschenk in die Fresse!«

»Gecko, ich –«

Er hat aufgehört zu hüpfen und zeigt mit dem Finger auf mich. »Nimm meinen Namen nicht in den Mund, sonst –«

Gecko traut dem Gefährt, auf dem ich sitze, immer noch nicht. Er guckt aus der Wäsche wie ein Urmensch, der zum ersten Mal Feuer sieht. Oder eine Katze, die noch nie zuvor einem Hund begegnet ist. Mindestens ehrfürchtig.

»Jetzt ist die Bitch dran! Ich lass mich doch nicht von dem verarschen! Wir hatten 'ne Abmachung.« Gecko brüllt in den Himmel wie gestern: »Keiner verarscht Gecko Number One!«

Ich dachte immer, er würde nur Gecko heißen.

Jetzt hat er sich wieder beruhigt. Ist offenbar zu neugierig. Vielleicht auch nur zu gierig.

Ich hab's nicht übers Herz gebracht, Eddy auszuliefern. Abgesehen davon, dass ich keine Ahnung hatte, unter welchem Vorwand er mir gefolgt wäre.

Während ich Gecko erkläre, dass ich meinen Dealer, den Fisch, nicht erreicht habe (unter anderem, weil ich kein Telefon mehr besitze), und ich ohne den Fisch auch nicht an guten Stoff komme, schüttelt er mit großen wahnsinnigen Augen den Kopf. Und als ich ihm dann sage, dass ich ihm nun diese Rikscha, auf der ich gerade sitze, als Ersatz schenke, rastet er komplett aus.

Noch immer schreit er nicht mich an, sondern seinen Kollegen. Der erträgt auch die ein oder andere Schelle, die wahrscheinlich für mich gedacht ist. Keine Ahnung, wie das hier weitergehen soll. Eine positive Prognose abzugeben, fällt mir jedenfalls schwer. Es ist ziemlich sicher, dass Gecko und Magic mich von Sekunde zu Sekunde mehr hassen. Wenn sie Jojo etwas antun, ist das allein meine Schuld.

Stille. Magic will mich mit seinen Blicken töten und wartet nur darauf, dass Gecko ihm das Go gibt. Ich krall mich noch fester an den Lenker. Jetzt ohne abzurutschen. Augen zu und durch!

Gecko liegt da wie ein Römischer Kaiser, sein Fahrer in blauer Uniform tritt in die Pedale. Sie fahren im Kreis über die holprige Wiese. Immer und immer wieder. »Schneller!«, ruft Gecko. »Fahr schneller, Mann!« Und Magic fährt schneller.

»Wooohooo!«, schreit Gecko Number One. »Ich fick euch alle!«

Von der Bank aus beobachte ich das dämmrige Schauspiel. Bis sie auf mich zurollen. Anhalten. Die Lampe leuchtet mir frontal ins Gesicht.

Ob die überhaupt checken, dass ich das blaue Auge, denen zu verdanken habe?

Gecko rekelt sich, verschränkt genüsslich die Arme hinterm Kopf. »Drei Scheine, sagst du?«

Ich nicke. »Mindestens. Neupreis war 4000 und die wurde erst zwei-, dreimal benutzt.«

»Gar nicht schlecht«, sagt Gecko. »Richtig gemütlich diese Kutschka.«

Ich spare mir, ihn zu verbessern.

Und Chauffeur Magic keucht: »Echt krass, die Kutschka!«

»Mit dir kann man Geschäfte machen, Bruder.« Gecko ist abgestiegen und hält mir die Hand hin.

Mir fällt ein Riesenstein vom Herzen, als wir einschlagen.

Alle Vorzüge des Gefährts habe ich ihm aufgezählt von unplattbaren Reifen über Sattelfederung bis zu hundert Kilometer Akkulaufzeit. Nichts hat ihn überzeugt. Bis ich den Preis nannte.

Gecko wird die geschenkte Rikscha verkaufen. Bevor ich losgefahren bin, habe ich mich zwar noch gefragt, wer so ein Teil überhaupt haben will. Aber der Weg hier hin war Fahrvergnügen pur. Zumindest wäre es Fahrvergnügen pur gewesen, wenn …

»Jetzt zisch ab!«

Klingt nicht so, als sollte ich noch mal fragen, ob ich mein Handy …

»Und lass dich hier nie wieder blicken!«

»Aber ich –«

»Und dein Kollege –«

»Er ist nicht mein –«

»Is mir egal, wer das ist. Der Fisch lässt sich hier auch nie wieder blicken!«

»Meinetwegen!«, sage ich. »Aber ich muss doch wieder zu –«

»Vergiss das Mädchen«, macht Gecko klar.

Fahrer Magic nickt. »Unser Mädchen.«

»Aber –«

»Verpiss dich jetzt!«

Ich stehe auf. Magic flüstert Gecko was ins Ohr.

Gecko nickt. Kommt auf mich zu. »Eine Frage noch …«

Am liebsten würde ich sagen: Aber nur, wenn ich wieder zu Jojo darf, aber es sieht so aus, als müsste ich mir da was anderes überlegen. Erst mal ging es darum, ihre Unversehrtheit zu sichern. Und meine. Und die von Eddy. Das hat alles ziemlich gut geklappt.

Gecko bleibt vor mir stehen. Ins Gesicht greift mir heute keiner von denen. »Weißt du, wer Tupac gekillt hat?«

Ich stell mich dumm. »Wen?«

»Tupac Shakur, du kennst nicht … was bist 'n du für 'n Otto?«

Magic mischt sich ein: »War das nicht Biggie Smalls?«

»Wenn schon Orlando Anderson, aber ich mein doch …«

Gecko will wissen, ob ich was mit dem Graffiti zu tun habe. Genauer gesagt, damit, dass es verschwunden ist, übergestrichen.

Ob die wissen, dass Jojo die große Künstlerin ist?

»War wahrscheinlich das Ordnungsamt«, sage ich. Und fast rutscht mir raus, dass bei uns das Gleiche passiert ist. Aber dann würde er wahrscheinlich wissen wollen, wo »bei uns« ist. Besser, ich bring ihn nicht auf solche Ideen.

»Ich brauch mein Handy wieder!«

Sie fahren los.

Auf dem Heimweg denke ich: Das ist wahrscheinlich diese schiefe Bahn, von der Eddy ständig geredet hat. Neulich kam die Polizei in unsere Hood, vermutete, dass wir etwas mit der schwarz angesprühten Mauer zu tun hätten. Und heute habe ich einen Gegenstand im Wert von 3000 oder sogar 4000 Euro geklaut. Darauf steht wahrscheinlich Knast. Was für ein Start in die Karriere! Immer tiefer werde ich reinrutschen in einen Sumpf aus Verbrechen und Gewalt. Dabei handelt es sich nur um eine beschissene Rikscha. Im Quartier benutzt die eh keiner. Und für Tupac und Eddy war sie bei der Anschaffung sicher nicht gedacht.

In meinem Rücken jauchzen und jubeln meine Feinde. Sie cruisen durch die Nacht. Ich denke nicht, dass es der Sieg über mich ist, den sie so feiern. Sie feiern ihre neue Kutschka.

16. Geschäfte

Ich klebe den Umschlag zu und schreibe ihren Namen darauf. Wie soll ich sie anders erreichen? Wische mir mit den Händen über die Lippen und drücke einen trockenen Kuss auf den Brief. Mein Magen knurrt. Ich weiß gar nicht, wann ich zuletzt etwas gegessen habe. Ich gehe möglichst leise die Treppe runter. Hab keine Lust, Tupac mit meinem Veilchen beim Frühstück gegenüberzusitzen, der würde bloß ...

»Hör mir doch mal zu, Eddy!« Das kommt von nebenan. Ich schleiche ans Loch und lausche.

»Keine Zeit, ich muss jetzt die Kamera –«

»Aber es ist wichtig!«

»Können wir das nicht später –«

»Die Rikscha ist weg!«

Eddy lacht. Fragt dann: »Was ist weg?«

»Das Ding, auf dem du mich gestern –«

»Wieso?«, fragt er jetzt.

Ich könnte ihm sagen, wieso sie weg ist, aber nicht, wieso das so schnell jemandem auffällt, und dann auch noch Lina.

»Wird schon wieder auftauchen«, sagt Eddy.

»Meine Großeltern meinen –«

»Hör mir mit denen auf –«

»Aber –«

»Um zehn ist mein Termin, danach können wir über alles reden.«

»Ist Tupac eigentlich da?«, höre ich Linas Stimme.

»Tupac!«, brüllt Eddy.

Aus der Küche kommt kein Ton.

»Nö«, sagt Eddy. »Wieso?«

»Na ja, weil meine Großeltern –«

»Reden wir nachher drüber.«

Eddy verlässt die Doppelhaushälfte.

»Warte!« Lina läuft ihm hinterher.

Mir bleibt nichts anderes übrig, als ihnen auch zu folgen – Eddy hat einen Termin wegen einer Kamera.

»Eddy!«

Er bleibt stehen. »Was willst du?«

»Mich bei dir entschuldigen!«

Eddy und Lina schauen mich regungslos an. Ab und zu zwinkert Eddy. Ab und zu zwinkert Lina.

»Wofür?«, fragt Eddy irgendwann.

»Für alles«, sage ich. Ich muss unbedingt wissen, was er vorhat. Und auf ewig will ich mich auch nicht mit ihm streiten.

»Was war denn überhaupt genau?«, will Lina wissen.

Wenn Eddys Termin um zehn ist, habe ich keine Zeit um den heißen Brei herumzureden.

»Ich hab dich Bitch genannt!«

Lina macht große Augen. Sie staunt mit offenem Mund.

»Ja, sorry, war blöd«, sage ich, zeige dann auf Eddy, um die Sache zu relativieren. »Aber er hat zu Jojo auch Bitch gesagt.«

Jetzt guckt sie Eddy an. »Du hast Jojo Bitch genannt? Was bist du denn für ein armseliger –«

Eddy schaut mich vorwurfsvoll an. »Na vielen Dank auch!«

»Sorry, ich wusste nicht ...« Ich muss das mal eben verstehen. »Du hast Lina nichts davon gesagt? Also warum wir –«

»Hat er nicht«, sagt Lina. »Er hat nur gesagt, dass du Scheiße gebaut hast.«

»Aber warum –«

Eddy unterbricht mich. »Wir sind TooRakes!« Er guckt auf den Boden, nicht mich an. »Lebemänner und Ehrenmänner.«

Eigentlich wollte ich fragen, warum Lina dann so asi zu mir war, obwohl sie das gar nicht wusste, aber wahrscheinlich fand sie mich einfach kacke.

»Also vertragen wir uns wieder?«, frage ich.

»Keine Zeit«, sagt Eddy.

Während Lina sagt: »Jetzt vertragt euch endlich! Es gibt echt Wichtigeres.«

Eddy dreht sich um und läuft weiter.

Lina und ich folgen ihm. Scheint so, als wäre Eddy das Schweigen unangenehm, ohne Nachfrage und ohne direkten Adressaten sagt er: »Ich hol jetzt die Kamera ab.«

»Welche Kamera?«, frage ich, dabei gibt es ziemlich sicher keinen Menschen auf der Welt, der besser wüsste, was es mit »der Kamera« auf sich hat.

»Von meinem Vater. Bei Ebay Kleinanzeigen steht genau die gleiche drin. 100 Euro Verhandlungsbasis und da dachte ich –«

»Wo?«, unterbreche ich ihn.

Nachdem Eddy mir die Adresse genannt hat, sage ich ihm mit möglichst fester Stimme meine Meinung: »Du kannst die Kamera nicht kaufen!«

»Klar kann ich«, sagt Eddy und zückt ein paar braune Scheine aus seiner Jeans. »Du findest es bestimmt asi, dass ich die aus dem Umschlag …« Er stockt. »Aber die Kohle war für die Kamera gedacht und wenn Papa, es nicht nimmt und Tupac auch so stur ist …«

Eddy ist also wirklich der Junge, der den Schein klaut. Besser gesagt: die Scheine geklaut hat.

Seine Argumentation kann ich zwar nachvollziehen, aber ich finde, er sollte sich da nicht einmischen.

Wichtiger ist: Eddy und mich darf niemand in der Gegend sehen.

»Komischer Zufall, dass ausgerechnet da«, Eddy zeigt auf die vor uns liegenden Hochhäuser, »so eine ähnliche Kamera verkauft wird. Was meint ihr?«

Dämmert dem denn gar nichts? Immerhin hat Tupac sie nach eigenen Angaben da verloren, da ist es doch sonnenklar, dass es sich um ein und dasselbe Exemplar handelt. Und deshalb wird aus dem freundlichen Kaufgeschäft ziemlich sicher eine blutige Schlägerei.

Ich fasse ihn am Arm. »Wie heißt denn der Verkäufer?«

»Woher willst du denn wissen, dass es ein Mann ist?«

»Sag ihm doch einfach, wie er heißt, verdammt!«, macht Lina ihn an.

»Gerd Kolb!«

»Gerd Kolb?«

»Wieso nicht? Hast du ein Problem damit?«

Natürlich habe ich kein Problem damit, ich hatte noch nie ein Problem mit Namen von anderen Menschen. Jeder heißt halt, wie er heißt. Und jeder kann sich nennen, wie er will. Froh bin ich, dass ich Eddy wieder Eddy nennen darf. Sein Zusammensein mit Lina bringt offenbar auch Annehmlichkeiten für mich mit sich.

»Gerd Kolb, klingt nur so alt«, sage ich. »Hätte mir jemand jüngeren …«

Ich erzähle den beiden, was ich vermutet hatte: »Gecko ist der Verkäufer.«

»Vielleicht ist Gecko ja Gerd Kolb«, sagt Lina.

»Ge Ko«, sagt Eddy.

Er sieht aus, als würde er als Nächstes sagen: Mir gefriert das Blut in den Adern. Macht er aber nicht. Stattdessen zückt der wieder die braunen Scheine und drückt sie Lina in die Hand. Er schaut sie mit einem nie da gewesenen Dackelblick an. »Würdest du gehen?«

Lina geht.

»Wart mal kurz«, bitte ich sie.

Lina dreht sich um.

»Kannst du den bitte einwerfen? Name und Adresse steht drauf.«

Lina lächelt. »Klar«, sagt sie.

Ich weiß, dass es keine gute Idee war (sie kam immerhin von Eddy), aber unsere Freundschaft hängt gerade am seidenen Faden und wegen mir kriegt er sicher noch Ärger von Lina, wegen der Bitchsache. Deshalb stehen wir jetzt am äußersten Rand des großen Platzes neben einem Altkleidercontainer.

Eddy wollte unbedingt sehen, wie sein Kunstwerk »Weißer Fleck unter Tupacs Skalp auf Sicherheitstür« bei Tageslicht aussieht. Gecko ist gerade in seiner Wohnung beschäftigt und die anderen sind Keks, meint er.

»Bruder, was soll der Scheiß?«, fragt er, als wüsste er, dass ich es war, der den Jungen mit den Flügeln gesprüht hat.

»Sieht nice aus«, sage ich. »If I had wings I could fly.«

»Du lebst echt in der Vergangenheit, Mann! Warren G ist 51 Jahre alt. Nate Dogg ist 53. Die sind älter als Klaus!«

Der Vergleich hat gesessen.

»Du weißt aber gut Bescheid für jemanden, der ausschließlich im Hier und Jetzt –«

»Laber nicht so 'nen Scheiß, Mann, du bist doch derjenige, der mich immer volllabert mit –«

So ganz vertragen haben wir uns offensichtlich noch nicht.

Eddy rammt mir seinen Ellbogen in die Rippen. Dann presst er mir eine Hand vor die Lippen.

Er zieht mich hinter den Container.

»Digger, bist du be–«

Eddy hält sich den Zeigefinger vor den Mund.

Ich habe ein krasses Déjà-vu. Es ist genau wie damals hinter unserer Mauer. Eddys Gesichtsausdruck. Als hätte er einen Geist gesehen. Vor dem Container steht aber kein Grablicht sondern türmt sich ein Klamottenhaufen.

»Er ist wieder da«, flüstert Eddy.

Ich wage einen Blick um die Ecke. Hatte eigentlich Gecko erwartet. Sehe aber Stinker. Ungefähr zwanzig Meter entfernt sitzt er auf einer Bank. Vor einer Hecke, die die Sicht auf den Platz blockiert. Wäre für uns auch ein geeignetes Versteck gewesen.

Jedenfalls hat Eddy mir wegen Stinker keinen mit dem Ellbogen gegeben – neben Stinker sitzt Tupac.

»Gib mal dein Fernglas!«, zischt Eddy.

»Was willst –«

»Pscht!«

Natürlich habe ich kein Fernglas dabei und bin außerdem der Meinung, dass man ziemlich gut sehen kann, was die beiden da drüben machen: sitzen und reden. Besser als ein Fernglas wäre also eine Wanze. Wahrscheinlich geht es um die Palette Energydosen, die zwischen ihnen auf der Bank steht.

Tupac nimmt seinen Rucksack ab (ich glaube, es ist Klaus') und zieht etwas heraus. Sieht aus wie eine Kochplatte, eine Art Miniceranfeld. Versorgt Tupac Stinker jetzt mit Lebensmitteln? Und mit der passenden Küchenausrüstung dazu? Das alles als Dank dafür, dass er ihm die Kamera abgezogen hat?

»Was machen die da?«, flüstere ich.

Tupac drückt Stinker eine Packung Zigaretten in die Hand.

»Tupac macht dem Geschenke«, flüstert Eddy zurück.

Wir schauen uns verwirrt an. »Aber warum …« Mehr kriege ich nicht raus. Und Eddy fällt auch nicht mehr ein, als mit den Schultern zu zucken.

Stinker will die Packung öffnen. Tupac will sie ihm wieder wegnehmen. Sie streiten sich um die Schachtel. Die Zigaretten fallen runter. Tupac schüttelt den Kopf. Steht auf und redet mit erhobenem Zeigefinger auf Stinker ein.

Der hebt eine Zigarette vom Boden auf und steckt sie an. Sein Feuerzeug spuckt wieder eine Riesenflamme aus.

Jetzt legt sich Tupac das Miniceranfeld auf den Schoß und drückt mit den Fingern darauf herum. Will der Suppe kochen?

»Ach Scheiß drauf!«, höre ich Eddy neben mir. Dann marschiert er los.

»Eddy! Was soll das? Warte!«

Offensichtlich hat Eddy keinen Bock mehr, das Schauspiel vom Altkleidercontainer aus zu beobachten. Er geht geradewegs auf die beiden zu.

Ich laufe hinterher. Pack ihn am Arm. »Ich glaube nicht, dass es eine gute Idee ist –«

Für einen Moment bleibt Eddy stehen. »Willst du nicht

wissen, was hier los ist, Mann? Immerhin hat der Kleine ihm die Kamera ...« Weiter redet Eddy nicht.

Ich schaue rüber zu Hecke und Bank. Stinker und Tupac bemerken uns nicht.

Eddy geht vor.

Ich hinterher.

Wir stehen direkt vor ihnen.

Tupac setzt sich neben Stinker. Packt die seltsame Herdplatte wieder in den Rucksack zurück. Schaut ganz leicht an uns vorbei. So wie Eddy, als er neulich auf der Mauer stand und Lina hinter mir auf der Bank saß.

»Guten Tag, einmal den Ausweis, bitte!«

Ich zucke zusammen. Drehe mich um. Hinter uns stehen die beiden Polizisten von neulich.

Stinker krallt sich die Palette mit Energy und rennt weg. Die Polizisten interessiert das nicht.

Tupac steht auf, zieht seinen Geldbeutel aus der linken Hosentasche und hält der Polizistin eine Karte hin.

»Wenn Sie uns bitte aufs Revier begleiten, Herr ... Shakur.«

Tupac räuspert sich. Schaut die beiden mit gerunzelter Stirn an. »Wenn Sie so freundlich wären, mir zu sagen ...«

»Es geht um ein gestohlenes Fahrzeug«, sagt die Polizistin.

Gefühlt quetschen ein paar fette Wäscheklammern meinen Magen zusammen.

»Dann muss es sich um ein Missverständnis handeln.« Tupac atmet erleichtert aus. »Ich besitze gar kein Fahrzeug.«

»Unsere Informationen besagen da etwas anderes. Kommen Sie bitte!«

»Wollen Sie Ihren Rucksack nicht mitnehmen?«, fragt die Polizistin.

»Der gehört den Jungs.« Tupac zwinkert mir zu.

Dann verschwinden die drei.

Eddy ist ratlos.

Ich bin schuld.

Lina bringt uns wie geplant die Kamera.

Eddy sagt: »Die Bullen haben Tupac eingesackt.«

Lina erklärt ihm, dass sie ihm ja schon die ganze Zeit was sagen wollte. Aber er hat sie nicht gelassen. Dann erzählt Lina, wie sie am Morgen mitbekommen hat, dass ihre Großeltern die Polizei gerufen haben.

Sie wollte Tupac warnen, aber der war weg und sonst hat ihr keiner zugehört.

Lina und Eddy reden den kompletten Rückweg kein Wort miteinander. Eddy, weil er sauer auf sie ist. Und Lina, weil sie sich für ihre Großeltern schämt.

Fake. Faker. The fakest.

Eddy tobt durch mein Zimmer wie Gecko, wenn man ihm entweder schlechten Shit oder eine Rikscha aufschwatzen will. Er brüllt: »Wie konnte ich nur etwas mit dieser Bitch …«
Ich mach das Fenster zu. Eddy setzt sich auf mein Bett. Kurz schaut er mich skeptisch an. »Wir sind wieder Too-Rakes, oder?«
Ich zögere, weiß nicht, was die Folgen wären.
Eddy erklärt: »Keine Geheimnisse, wir können uns aufeinander verlassen, Vertrauen. Dies das –«
»Klar«, sage ich. Und denke: Scheiße.
Eddy springt wieder los und tobt weiter – er wollte bloß klarstellen, wie unser Verhältnis ist.
»Bruder!«, ruft er. Eddy schlägt sich die Hände vors Gesicht. »Sie haben Tupac mitgenommen. Und das ist meine Schuld!«
Damit liegt er daneben. Ich habe den Diebstahl begangen. Und dass die Klumpes der Polizei den Tipp geben, »es war der Schwatte«, dafür können weder er noch Lina etwas.
»Monatelang hat sich kein Schwanz für die Kutsche interessiert und wenn sie fünf Minuten nicht an Ort und Stelle steht, machen die direkt 'ne Anzeige!«
Ich muss mich der Polizei stellen.
»Ob die ernsthaft glauben, dass Tupac das war?«, fragt Eddy.
Gute Frage, denke ich. »Meinst du, die wollen ihn bloß

loswerden? Und die verschwundene Rikscha ist die Gele-
gen–«

»Könnte doch sein. Erst die Wand, dann die Rikscha –«

»Ja.« Ich nicke. »Könnte sein.«

»Vielleicht haben die Klumpes das Scheißding selbst verschwinden lassen.«

Wir schauen uns in die Augen. Ob man in meinen die
Wahrheit sehen kann? Sieht nicht so aus. Er hält mir seine
Faust hin. Ich schlage meine dagegen. Wir scheinen wirklich
wieder Kollegen zu sein.

Ich räuspere mich. »Eddy, ich muss dir was sagen.«

»Jetzt nicht!«

»Aber –«

Er hebt den Rucksack auf seinen Schoß. »Erst gucken wir,
was da alles drin ist und dann kümmern wir uns um die
Wahrheit. Wir müssen rausfinden, wo die Kutsche steckt. Und
was hat Tupac mit Stinker zu schaffen?«

Eddy legt nacheinander eine Handvoll Chupa-Chups-
Lutscher, die Kamera und das Miniceranfeld auf mein Bett.

Sieht so aus, wie der seltsame Ertrag eines absolut seltsamen Raubzugs. Fehlt nur noch mein Handy. Und die Rikscha, aber die passt nicht in mein Bett. Auf dem Platz vorhin
habe ich sie auch nicht gesehen. Ob Gecko sie schon wieder
verkauft hat?

Während Eddy sich einen Lolly in den Mund steckt und die
Platte vor seinem Gesicht hin und herdreht wie ein eckiges
Lenkrad, nehme ich mir die Kamera vor.

Gecko hat kein einziges Bild gelöscht.

Ich klicke mich durch die Galerie. Es beginnt mit Eisk0-
geln. Klaus hat versucht, seine Viererauswahl ästhetisch in
einem Schälchen zu drapieren. Wahrscheinlich für seine

Website. Mir läuft das Wasser jedenfalls nicht im Mund zusammen. Es folgt eine Serie Oberarme. Genau genommen immer derselbe Bizeps, der da angespannt wird: »Posing Eddy« wäre ein passender Titel. Weiter geht's mit Tupacs brutalistischen Eindrücken von unserem Ausflug. Gleich dürften die Bilder von mir im Hochhausflur kommen, fotografiert von Stinker.

Doch nicht. Vorher hat jemand Tupac geknipst, schief und halb abgeschnitten. Finger vor der Linse. Ein krummes Selfie. Darauf ist Stinker. Noch ein krummes Selfie: Das sind Stinker und Tupac. Sieht nicht so aus, als hätte Stinker die Kamera geklaut. Wenn ich mir die Bilder anschaue, denke ich: Tupac hat Stinker die Kamera geschenkt. Und im Unterschied zu meinem Rikschageschenk an Gecko, wirken diese Bilder so, als hätte Tupac es freiwillig getan.

»Bum Tscheck Bum Bum Tscheck.«

Ich hebe meinen Blick. Eddy steht da wie ein steifer Musiklehrer, der sich im Beatboxen versucht.

»Was macht du …«

»Hör mal!« Eddy hebt die Herdplatte in die Luft und tippt mit dem Zeigefinger darauf. Verbrennen kann man sich daran offenbar nicht.

»Bum Tscheck Bum Bum Tscheck«, macht jetzt die Platte.

Jetzt check ich's. »Ist das ein –«

Eddy nickt. Ganz genau. »Das ist ein Looppad oder auch Launchpad. Mit dem Teil kann man easy Beats bauen. Ich glaube …« Er hört auf zu reden, wollte vielleicht gerade sagen, dass Lina sich unbedingt so eins wünscht oder sogar so eins hat.

»Zeig mal her!« Das komplette Pad ist voller Tasten.

Eddy und ich beatboxen uns in den Flow. Mit den Tasten werden die Sounds aufgenommen und wiedergegeben. Man kann sie filtern, verzerren, verlängern, wiederholen. Alles Mögliche. Nix mehr Bum Tscheck Bum Bum Tscheck. Die Beats werden immer fetter. Irgendwann fangen wir an unsere Lines auszuprobieren. Die kann man damit auch aufnehmen. Und abspielen. Dann zusammenmixen. Fühlt sich an, als würden wir gerade unser erstes Album abmischen. Nur mit einer Pseudoinduktionsherdplatte. Eddy und ich sind ziemlich sicher wieder TooRakes. Professioneller denn je. Das Teil macht alles viel einfacher.

»Cem und Ed machen fetten Rap!«, stellt Eddy fest. Euphorisch ruft er durch den Raum: »I tell you, brother from another mother ...« Und als würde er einen Boxkampf ansagen: ».It's Freeeeeeeeestyyyyyyle Tiiiiiime!« Das Looppad in der Hand fängt er an:

Das ist das Comeback des Jahres
Alle ham auf uns gewartet

Er schaut mich an, ich übernehme.
Wollen, dass unsere Rakete startet
TooRakes fliegen jetzt ins All
Fliegen schneller als der Schall

Eddy:
Wir greifen nach den Sternen
Sammeln Schnuppen
Haben Wünsche ohne Ende frei
Keiner hält uns auf keiner kann uns bremsen

Ich:

Sind härter als jedes 12-Minuten-Ei
Unsere Beats kommen smoother
Als der Kartoffelbrei
Von deiner Mutter

Eddy:

Fliegen weiter mit unserem Kutter
Von Planet zu Planet
Alle andern sind Nadeln, nur wir sind der Magnet

Ich:

Unsere Pole sind so straight wie unsere Rhymes
Plus und Minus
Wir sind älter als die Dinos
Weißer als Albinos

Eddy:

Wir sind jünger als jedes Neugeborene
Und dunkler als die Nacht bei Gewitter
TooRakes sind Verschworene
Wir sind back extremer wie nie
Am Berg fitter als Backpacker
Fickt euch alle ins Knie

Ich:

Auf dem Looppad schneller als jeder Hacker
Deeper als der tiefste Ozean

Eddy:

Wir sind ehrlicher als der Kronzeuge bei Gericht

Allen, die was anderes sagen, schlag ich mitten ins Gesicht

Mir fällt nichts mehr ein, weil ich wirklich alles bin, außer ehrlich. Ich bin nicht real. Ich bin fake. Fake. Faker. The fakest.

Während mir das endgültig klar wird, fährt Eddy unser mit Abstand bestes Freestyle ever solide allein nach Hause:

Back Back TooRakes sind back
Back back back back TooRakes sind back
Back Back TooRakes sind back
Back back back back TooRakes sind back

Dank Looppad wird das Original der Nachwelt erhalten bleiben.

Die Fotos, auf denen ich bin, habe ich gelöscht, dann Eddy die Kamera in die Hand gedrückt.

»Was wird da gespielt?«, fragt er.

Ich muss spontan an Rummikub denken. »Spielen die etwa –«

Eddy unterbricht mich. »Sieht so aus, als würde Tupac Stinker die Fotografie näherbringen wollen.«

»Die Fotografie näherbringen wollen?« Was soll man auf so was nur sagen? »Du glaubst doch nicht ernsthaft, Tupac will Stinker künstlerisch ausbilden?«

»Warum nicht, guck dir mal seine eigene Biografie an! Ich sag nur Ballett.«

»Er will ihm halt helfen«, sagt eine helle Stimme.

Eddy und ich glotzen beide gleichzeitig Richtung Tür. Jojo steht in meinem Zimmer. Wedelt mit meinem Brief in der Hand. Sie lächelt mich an. »Danke für die schönen Worte!« Jojo senkt den Kopf. »Ich dachte schon, du hättest keine Lust mehr auf … na ja du weißt schon.«

»Quatsch«, sage ich. Wäre Eddy jetzt nicht da, würde ich wahrscheinlich aufstehen und sie umarmen, vielleicht sogar küssen. In mir kribbelt und krabbelt es. Eddy bewegt sich nicht vom Fleck.

»Ich bin übrigens Eddy«, sagt er stattdessen.

»Ich weiß«, sagt sie. »Jojo.«

»Ich weiß.«

Beide lächeln sich kurz an.

Halleluja! So ein Hauch von Frieden fühlt sich wirklich gut an.

Jojo erklärt uns, was sie meint mit: Er will ihm halt helfen.

»Thug Life«, sagt sie. »Wisst ihr, was das …«

Wir nicken beide ziemlich überheblich, nahezu Augen rollend, damit sie ganz sicher merkt, was für Experten sie hier vor sich hat.

»Dann ist doch alles klar«, sagt sie. »Tupac will nicht, dass Stinker ein Arschloch wird. Ich glaube, nicht wegen der Gesellschaft, sondern wegen Stinker selbst. Auf seinen Vater ist kein Verlass. Meine Mutter und ich sind die Einzigen …« Jojo spricht nicht aus, dass sie sich um ihn kümmern. »Also hat Tupac sich überlegt …« Sie stockt. »Er wollte nicht, dass er schnorrt, Leute anbettelt, Leute bedroht.« Jojo wird lauter: »Tupac will nicht, dass Stinker klaut. Er will nicht, dass Stinker kriminell wird. Stinker soll runter von der schiefen Bahn.«

Wir sagen nichts.

Als hätten wir Tupacs Idee nicht verstanden, sagt Jojo: »Stinker soll kein Gecko werden!«

»Meinst du, Gecko war früher mal ein Stinker?«, fragt Eddy zu meiner Überraschung.

Und ich höre mich sagen: »Aber wird Stinker nicht eher ein Gecko, wenn Tupac ihm erklärt, wie man krumme Geschäfte macht?«

Jojo zeigt mit dem Finger auf mich, dann auf Eddy, dann wieder auf mich. Ihre Worte sind laut und deutlich. »Man kann natürlich auch gemütlich bei Oma am Tisch sitzen und vom goldenen Löffelchen essen. Was da draußen passiert, interessiert mich nicht.« Jojo schüttelt den Kopf. Dann nickt sie. Ein paar Lockensträhnen wippen auf und ab. »Ja, das kann man machen.«

»Ich meinte doch nur –«

Jojo unterbricht mich wieder: »Ist es nicht besser, er verkauft einen Lolly für 50 Cents, als dass er dich um 50 Cents anpumpt und dich anrempelt und schubst, wenn er sie nicht kriegt.«

»Ist besser«, sage ich. »Aber –«

»Tupac versucht's wenigstens. Dass Stinker nicht von heute auf morgen –«

Jetzt unterbricht Eddy Jojo. »Was ist mit der Kamera passiert?«

Offensichtlich hat sie mit Stinker geredet, wahrscheinlich auch mit Blanka und den anderen.

Es war so: Tupac hat Stinker die Kamera geschenkt, wollte ihn erst begeistern damit, aber das hat nicht geklappt, also hat er ihm gesagt, er soll sie verkaufen. Kein krummes Ding. Nur eine Starthilfe. Dann läuft das Geschäft von selbst.

Genauso wie mit Energy. Stinker verkauft die Dosen. Von

dem Gewinn kauft er sich neue Dosen. Die verkauft er teurer weiter und so weiter.

Eddy hebt das Looppad in die Luft. »Und was ist hiermit?«

»Das ist ein Launchpad«, erklärt Jojo.

»Achnee«, sagt Eddy.

»Er wollte ihm noch etwas geben, das ihm Spaß macht. Womit er sich beschäftigen kann.«

Eddy und ich gucken uns ratlos an.

Jojo redet weiter: »Pac hat es erst mit Reimen versucht, aber wenn er gefragt hat: Was reimt sich auf Dose? Hat Stinker bloß »Gib mir Dose« gesagt.«

Eddy sieht aus, als wollte er noch was fragen, kommt aber nicht dazwischen.

»Und da dachte er, so 'n Looppad wäre fett. Da fährt doch jeder drauf ab. Eigene Sounds machen, Beatboxen. Aufnehmen, wieder abspielen. Das Pad war auf jeden Fall nicht zum Verkauf gedacht.«

Jetzt kommt Eddy dazwischen.

»Woher weißt du das eigentlich alles, ich meine, Stinker wird dir ja wohl kaum –«

»Von Tupac!«, sagt Jojo.

Ich sehe Eddy riesige Augen machen und meine sind gerade wahrscheinlich auch nicht klein.

»Wo hast du denn den –«

»Er sitzt unten in der Küche. Ich hab ihn gefragt, was gerade so geht und er hat mir alles erzählt. Auch dass er bei der Polizei war, weil die denken, er hätte die Riksha geklaut.« Jojo schüttelt den Kopf. »Wie asozial muss man eigentlich sein, um so eine Riksha …« Dann winkt sie ab. Jojo schaut Eddy an. Jojo schaut mich an. Dass ich der Riksharäuber bin, habe ich im Brief nicht geschrieben. Nur, dass Gecko mir das Handy gezockt hat und ich nicht mehr herkommen kann. Und natürlich, dass ich die ganze Zeit an sie denken muss.

Ich stehe auf, gehe Richtung Tür.

»Wo willst du hin?«, fragt Jojo.

»Na zu Tupac!«

»Keine gute Idee«, sagt sie.

»Wieso nicht?«

»Tupac ist müde von der Befragung. Er hat sich hingelegt.«

Jojo und ich knutschen seit mindestens zwanzig Minuten rum. In meinem Bett. Ich habe schon mindestens dreimal kurz dran gedacht, sie an Stellen anzufassen, an die ich noch nie –

»Gecko war's!«

»Eddy! Mann!«, schreie ich.

»Anklopfen!«, schiebt Jojo kopfschüttelnd hinterher.

Eddy marschiert auf uns zu. Setzt sich auf die Bettkante.

Ich zeige auf die Bettdecke, unter der wir liegen. »Woher willst du wissen, dass ich 'ne Hose anhabe?«

Eddy lacht und zieht die Decke zur Seite. »Bruder, ich kenn dich doch.«

Dann schaut er Jojo an und sagt kleinlaut: »Sorry!«

Er zeigt uns das Display. An die Videos hatte ich überhaupt nicht mehr gedacht.

Gecko filmt sich selbst, auf der Rikscha liegend, wie er herumkutschiert wird. Rappt dabei irgendwelche Billo-Lines in die Kamera. So was wie: »Ich fahre mit der Kutschka, dann fick ich deine Mutta!«

Jetzt fährt er selbst, wie ein Stuntman, einen Hügel runter, dann ein paar Treppenstufen. Grölend und lachend. Die Rikscha kippt um, es scheppert. Er ist vorher abgesprungen. »Boah, Junge!«, schreit er.

Sieht nicht so aus, als wollte er das Ding wieder verkaufen.

»Das ist der Beweis für Tupacs Unschuld!«, sagt Eddy.

»Na ja«, sage ich. »Nicht ganz.«

»Bruder! Gecko fährt offensichtlich mit der Kutsche rum, also hat er die auch …« Eddys Augen rattern hin und her. »Du meinst, Tupac hat die auch geklaut, sie dann Stinker gebracht und Gecko hat sie ihm dann weggenommen. Genau wie mit der Kamera! Das wäre natürlich –«

»Ich hab die Rikscha geklaut.«

Die beiden schauen mich nicht an wie einen Dieb, sondern wie einen Zauberer – als hätte ich mich gerade vor ihren Augen in eine Rikscha verwandelt.

Jojo lacht.

Und Eddy klatscht mir auf die Schulter. »Was für 'n Quatsch!«

Vereinzelt laufen Tropfen die Fensterscheibe herunter. Bis es so viele sind, dass ich sie nicht mehr zählen kann.

Ich atme tief durch und sage: »Ich schwöre, ich hab die Rikscha geklaut. Und dann Gecko gebracht.«

Eddy verzeiht mir sofort. Immerhin ging es dabei um sein eigenes Wohl.

Er nimmt mich sogar in den Arm und klopft mir auf den Rücken. »Echt korrekt von dir! Ich hätte dich wahrscheinlich –«

Was will der mir denn jetzt sagen? »Du hättest mich ausgeliefert?«

Quatsch«, meint Eddy. »Ich hätte dich auch nicht ausgeliefert.«

»Wahrscheinlich«, füge ich kritisch hinzu.

Jojo drückt meine Hand. »Du konntest ja nicht wissen, dass sie Tupac verdächtigen.«

Ich schau Eddy an. »Wenn du nicht sauer auf mich bist, dann musst du auch Lina –«

»Sag mir nicht, was ich machen soll, du Affe!«, meint er.

Jojo gibt ihm freundschaftlich eine Faust auf den Oberarm. »Mach schon, Bruder.«

Zehn Minuten später hockt Lina neben Eddy auf meinem Bett. Sie halten Händchen.

Sind wir jetzt so was wie 'ne richtige Gang?, frage ich mich heimlich.

Auf jeden Fall sind alle dagegen, dass ich Tupac sofort die Wahrheit sage. Er soll erst mal ausschlafen. Außerdem hat die Polizei ihn wieder laufen lassen. Er wird gesagt haben, dass er nichts damit zu tun hat, und es gibt auch keinen einzigen Anhaltspunkt, dafür, dass er es war. Ist halt Scheiße gelaufen alles.

Das Problem ist: Wenn ich mich der Polizei stelle, sage, dass ich die Rikscha Gecko vermacht habe, dann nehmen sie ihm das Teil weg und wir sind alle wieder in Gefahr.

Wenn ich sage: Gecko hat sie geklaut, macht Gecko mich auch fertig.

Also hocken wir jetzt da und machen Musik. Wer weiß, wie lange wir das Pad noch benutzen können?

Wenn ich Linas Beats höre, klingen unsere doch wieder

nach Bum Tscheck Bum Bum Tscheck. Ob Eddy das auch denkt?

»Worüber sollen wir rappen?«, fragt er. Offensichtlich denkt er das nicht. Oder er versteckt es gut.

»Sex?«, fragt Lina.

Eddy wird rot.

Ich schätze: ich auch.

Jojo und Lina geben sich Check und lachen sich schrott.

Damit wir jetzt nicht über Sex rappen müssen, schlage ich schnell was anderes vor. Schaue mich um. Es regnet immer noch. »Wie wär's mit Wetter?«

Eddy zeigt mir 'nen Scheibenwischer.

Jojo zuckt mit den Schultern und Lina sagt: »Okay, rappen wir übers Wetter.« Sie zeigt auf mich. »Aber du fängst an.«

Ich:

Alles klar, was soll ich sagen, unser Thema ist das Wetter
Dazu gehören Wolken Sonne auch die Temperaturen
Kommt von oben Wasser runter ist der Regenschirm der
*   Retter*
Auf dem Rasen freut sich einer das ist der R E G enwurm

Jojo und Lina jauchzen.

Eddy schreit: »Niiiice one!« Dabei war das gerade ziemlicher Bullshit. Egal. Hauptsache, die Stimmung ist gut.

Lina knallt 'nen neuen Beat raus.

Jojo übernimmt.

Ich sprüh mit meiner Dose
Die Stadt ist mein Gemälde
Überall sind Bullen mit Pippi in der Hose

Lina jauchzt. Eddy klatscht Jojo ab und legt los. Das ist ein richtiger Jam hier.

Sie haben keinen Schimmer
dass ich der Dude bin
Habe Tupac gecovert
Mitten in der Nacht
Irgend so ein Spinner hat jetzt Flügel drauf gemacht

Lina jauchzt wieder. Eddy will mit mir einschlagen.

Jojo ruft: »Stopp!«

Ich lege mir die Hände vor die Augen, reibe sie hoch und runter.

Jojo nimmt sie, zieht sie zur Seite.

Lina stoppt ihre Beats. »Was ist los? Hab ich was verpasst?«

Jojo zeigt auf Eddy. »Was meint er damit? Hat der Tupac übersprüht? Du hast doch gesagt, du hast das … weil du mir helfen wolltest!«

Gesagt habe ich das nicht, aber das hilft jetzt auch nicht weiter. Dass Eddy nicht einmal im Leben die Fresse halten kann.

»Ich hätte es dir noch erklärt, aber …«

Jojo ist aufgesprungen: »Wann denn? Am fünfzigsten Hochzeitstag?« Ihr Kinn zittert. Ihre Unterlippe.

Eddy lacht.

Wir schauen ihn alle wütend an.

»Wo ist das Problem? Hauptsache, wir verstehen uns gut.« Er zieht die Schultern hoch. »Oder nicht?«

Jojo zeigt mit dem Finger auf mich. »Ich hab dir vertraut. Dir mein Buch gegeben. Und du …«

»Jojo, ich …« Ich muss aufpassen, nicht zu wiederholen,

was Eddy gerade gesagt hat. Sage dann: »Ich würde alles für dich tun.« Nehme ihre Hand.

Jojo zieht ihre weg.

»Entschuldige!«

Sie schüttelt den Kopf. Dann haut Jojo ab.

Lina steht auf. »Richtige Vollidioten seid ihr!« Dann geht sie auch.

Ein paar Minuten hocken wir schweigend auf dem Teppich rum.

Irgendwann sagt Eddy: »Die wird sich schon wieder einkriegen!«

Und ich frage: »Wer?«

»Am besten beide!«

»Ja«, sage ich. »Du bist so ein Asi!«

»Ich wusste ja nicht, dass du ihr nicht …« Er schüttelt den Kopf. »Wieso ist 'n das so wichtig, ob ich irgendeine Scheißwand ansprühe oder du?«

Ich schüttel auch den Kopf. Dann seufze ich. »Wir waren gerade 'ne Gang!«

Eddy seufzt auch. »Und was für eine.«

Richtige Gangster

Eddy hält ihm entschlossen die Knarre an den Kopf.

»Was wollt ihr von mir?« Geckos Stimme klingt erstaunlich fest.

Wir waren uns nicht sicher, ob seine erste Frage »Was wollt ihr von mir?« oder »Wer seid ihr?«, sein würde.

Bis uns klar wurde, dass es egal ist, was er sagt. Nur unser Wort zählt. Wir sind die Chefs. Richtige Gangster. Und in Gangstermanier haben wir ihn da abgefangen, wo wir an unserem ersten Besuch dem kleinen Mädchen begegnet sind.

Jetzt stehen wir im Gebüsch. Maskiert. Im Licht der Laterne. Kaum unterbrochen vom Schatten der Zweige.

Ich drücke die erste Taste, oben links. Mein Finger zittert. Eigentlich die ganze Hand. Der Arm. Beide Arme. Mein ganzer Körper.

»Eine falsche Bewegung und ich knall dich ab!« Mir fällt ein Stein vom Herzen – der Lautsprecher des Looppads in meiner Hand ist auch draußen laut genug.

Dass Eddy es eingesprochen hat, kann Gecko niemals erkennen. Es klingt nach einer freakigen Mischung aus Dr. Dre und Mickey Mouse. Genau diese Gegensätze machen unsere Drohung noch gefährlicher. Wir müssen unberechenbar für Gecko sein. Zwei Wahnsinnige – jederzeit bereit, abzudrücken. Nur dann wird er unserem Befehl folgen.

Unsere Masken unterstützen das Unberechenbare. Hoffentlich. So ganz glaube ich nicht dran. Vor allem, weil ich weiß, dass es schon wieder Eddys Idee war und Eddys Ideen haben bisher noch nie …

»Was wollt ihr von mir?«

Ich drücke Taste zwei: »Schnauze!«

Eddy hält ihm die Knarre direkt an die Schläfe. Geckos Blick sieht genervt aus. Nicht ängstlich. Wird Zeit, die drei zu drücken.

»Wir pusten dir das Hirn raus!«

Gecko schaut nach rechts oben. Er scheint nachzudenken. »Aber warum denn?«, fragt er.

Eigentlich sollte er so was sagen wie: »Ich tu alles, was ihr wollt!« Sollte auf Knien um sein Leben flehen. Deshalb noch mal die zwei: »Schnauze!«

Eddy dreht sich zu mir, seine Augen kann ich nicht sehen, wegen der weißen Scream-Maske mit dem riesigen schwarzen Mund, aber ich vermute, er will, dass ich die geplante Reihenfolge einhalte.

Ich drücke die vier: »Wenn du tust, was wir sagen, passiert dir nichts!« Die fünf direkt hinterher. »Und keine Tricks!«

Gecko schüttelt erst ganz leicht den Kopf.

Eddy erhöht den Pistolendruck auf der Schläfe.

Scheint zu helfen. Gecko nickt leicht.

Bevor ich die sechs drücke, weiß ich gar nicht mehr, wofür wir uns entschieden haben. »Du hast etwas, das uns gehört!« Das wäre zu eindeutig. Ich drücke die Taste. »Du hast etwas sehr Wertvolles.«

Auf jeden Fall besser, denke ich.

»Was wollt –«

Die sieben. »Gib uns dein neues Fahrzeug!«

Rikscha oder Kutschka wäre zu auffällig.

Muss nur noch die Alibinummer nachher klappen. Wir haben ihm 50 Euro zugesteckt. Dafür sagt Stinker, er hat uns gesehen. Genau jetzt. Vor Netto. Das ist mindestens 500 Meter weit weg. Jojo hat mal gesagt: »Für Geld macht Stinker alles.«

Ich mache das Ganze hier vor allem für sie. Ich will ihr beweisen, dass ich kein Arschloch bin. Für meine Fehler geradestehe. Und wenn die Rikscha wieder an Ort und Stelle ist, wird Tupac nicht länger verdächtigt. Vielleicht mildert das ihre Wut von der Sprühsache.

»Die Kutschka oder was?«, fragt Gecko.

Acht. »Du weißt genau, wovon ich rede!«

»Ich geb euch gar –« Mitten im Satz sackt er zusammen.

Mein Herz rast.

Eddy hat sein Knie volle Kanne in Geckos Oberschenkel gerammt. Ihm 'nen üblen Pferdekuss verpasst.

Gecko liegt auf dem Boden und schreit: »Ihr Scheißwichser. Ich mach euch fertig!«

Wir schweigen hinter unseren Screammasken. Ich kann mein Ganzkörperzittern nicht mehr kontrollieren. Ob die neun immer noch passt?

Eddy zielt mit der Pistole in sein Gesicht.

Ich zucke heftig zusammen. *Alles klar, was soll ich sagen, unser Thema ist das Wetter. Dazu gehören Wolken Sonne auch die Temperaturen …«* Verdammt, ich bin auf die falsche …

Gecko springt auf. Er schreit. Ein Urschrei. Ein ewig langer Urschrei. Eddy fliegt durch die Luft. Landet auf dem Boden.

Ich lasse das Looppad fallen.

Gecko bückt sich. Greift nach etwas. Die Knarre.

Er steht da. Streckt seinen rechten Arm aus. Sein Nacken ist riesig. Gecko zielt. Gecko zielt mitten auf Eddys Kopf.

Eddy schweigt.

Gecko bückt sich, zieht Eddy die Maske vom Kopf.

Eddy hält die Hände über die Schultern. »Ich ergebe mich«, höre ich ihn flüstern.

Gecko zielt wieder. Richtet die Waffe ganz deutlich auf Eddy.

»Du Fisch!«, sagt er.

Dann drückt er ab.

Es ist dunkel. Meine Augenlider kleben zusammen. Und brennen.

Ich glaube, Glasbausteine nennt man die Teile, durch die das Licht fällt. Ein unregelmäßiges Licht. Flackernd. Wie von einer kaputten Laterne. Es scheint Nacht zu sein.

Beim Aufflackern sehe ich einen Raum. Leer. Verstaubt. Ich war noch nie in einer Backstube, denke aber: Das könnte eine alte Backstube sein. Eine alte leere Backstube. Nur der Mehlstaub und die ganzen Brotkrumen sind übrig geblieben. Ich streiche vorsichtig mit dem Finger über den kalten Betonboden. Fühlt sich an wie Dreck.

Da piepst was. Ich zucke zusammen. Hoffentlich Mäuse, keine Ratten.

Die Luft riecht verbrannt. Aber nicht so, als wäre Brot verbrannt. Ich weiß, Strom kann man nicht riechen – oder doch? So ungefähr würde ich mir Stromgeruch vorstellen.

Ich bin extrem durstig. Lasse meine Zunge über die Unterlippe wandern.

Trocken.

Fast schorfig.

Süß.

Blut.

Wo bin ich?

Bin ich allein?

Oh Gott!

Eddy!

Ich springe auf. Ich springe nicht auf. Ich bin gefesselt. Sitzend. An einen Pfeiler oder …

»Eddy!«, flüstere ich. »Eddy!« Werde lauter: »Eddy! Eddy! Eddy!«

»Ooaah!« Neben mir stöhnt jemand in die Dunkelheit hinein.

Das Licht flackert durch die Glasbausteine.

Mein Blick fliegt zum Pfeiler links von mir. Da sitzt ein Junge.

»Eddy?«, rufe ich.

»Bruder!«, haucht er.

»Du lebst!« Ich spüre mein Herz durch die Brust schlagen. Ist das Glück?

»Pscht!«, macht Eddy.

»Was ist?«, zische ich.

Er stöhnt. »Ich hab Migräne.«

Ich muss lachen.

»Halt die Fresse«, zischt Eddy. »Mein Kopf!«

»Hast du wirklich –«

»Nein Mann, aber über Migräne sagt man doch, fühlt sich an, als ob einem so Scherben im Kopf …« Mitten im Satz hört er auf zu reden.

»Eddy? Bist du noch da? Eddy!«

»Chill mal, ich hab kein Bock in meinem Zustand eine Definition von Migräne …« Er schreit auf.

»Eddy! Bruder! Was ist los?«

Eddy keucht. »Ich hab Ischias.«

»Hast du wirklich …« Ich kann mir die Antwort denken.

»Nein Mann, aber mein Rücken …«

Eddy scheint ein ziemliches Wrack zu sein. »Ich dachte, du wärst tot«, flüstere ich.

»Bin ich auch.«

Fast muss ich wieder lachen. Eddy ist der einzige Mensch auf der Welt, der es schafft, einen in so einer Situation zum Lachen zu bringen.

Und trotz all meiner Panik – natürlich ist er nicht tot. Sonst wäre er der erste Mensch, der jemals von einer Karnevalspistole erschossen wurde.

Es hat nicht mal geknallt, als Gecko abgedrückt hat. Es hat *Klick* gemacht. Dann noch mal: *Klick klick klick.*

Und dann *Klick klick klick klick klick klick klick.*

Wäre das 'ne echte Knarre gewesen – hätte er jetzt keine Migräne. Und keinen Ischias, wahrscheinlich nicht mal mehr 'nen Rücken. Eddy wäre Matsche.

Mein Körper fühlt sich auch irgendwie seltsam an. So schwach, fast krank. Vor allem mein Kopf.

Gecko hat Eddy eins mit Eddys eigenem Scherzartikel übergebraten.

Ich bin, glaube ich, in Ohnmacht gefallen. Die andere Erklärung wäre: Ich bin spontan eingeschlafen, aber dafür war die ganze Sache ehrlich gesagt zu aufregend.

Wir müssen eingeschlafen sein. Und wieder aufgewacht. Noch mehr Durst. Noch klebrigere Lider. Mein Kopf …

Es ist Tag und es sind tatsächlich Glasbausteine in der Wand unterhalb der Decke. Auf dem Boden kein Mehl. Sondern einfach Dreck, Staub, was auch immer, das den gesamten Beton bedeckt.

Wir sind in einer alten Lagerhalle. Oder auf einem Parkdeck? Leider ohne richtige Fenster. Immerhin gibt es eine Tür. Ich glaube aus Metall. Wäre ich nicht gefesselt, würde ich einfach zehn Schritte geradeaus gehen, ihre Klinke runterdrücken und in die Freiheit spazieren. Als Erstes eine Wasserquelle suchen. Meine Zunge fühlt sich an wie ein Putzlappen, den nene nach Gebrauch aus Versehen drei Tage auf der Heizung getrocknet hat.

»Ich hab Durst, Eddy!«

Eddy reagiert nicht. Seine linke Wange ist blutverschmiert. Ob ich auch so aussehe?

»Hörst du das Ticken eigentlich auch?« Klingt wie ein tropfender Wasserhahn. Oder ein Sekundenzeiger. Nur ziemlich außer Takt.

»Eddy, es wäre echt gut, wenn –«

»Ich bin das.«

»Was?« Dann sehe ich es. Eddy klopft mit einem Ministein gegen den Metallpfeiler, an den er gefesselt ist.

»Warum?«

»Morse!«

»Morse?«

»Morse.«

»Was morst du denn?«

»Hilfe!«

»Und woher weißt du, wie –«

»Weiß ich nicht.«

Ich schüttel den Kopf. Hab jetzt auch mindestens Migräne. Und Ischias. Vor allem aber hab ich Schiss. Schiss davor, dass wir hier drinnen verdursten. Dass wir gefoltert werden, geschlagen, geschnitten, gequetscht und gequält. Schiss davor, niemals nene wiederzusehen. Und Jojo. Ich vermisse auch meine Eltern. Vielleicht sind die sogar unsere Rettung. Schließlich haben sie schon länger kein Lebenszeichen von mir gekriegt.

Wenigstens ist Eddy da. Nur alleine sein wäre noch schlimmer.

»Hilfe!« schreie ich. »Hilfe! Wir sind hier!« Meine Stimme bricht.

»Bist du bescheuert?« Eddy ist sauer, weil er seit 'ner halben Stunde auf »einem subtilen Weg«, wie er sagt, dabei ist, für Hilfe zu sorgen, ohne dass Gecko Wind davon bekommt.

Was will Gecko überhaupt von uns? Wieso hat er uns nicht einfach zusammengeschlagen und wieder laufen lassen? Warum hält er uns gefangen? Wahrscheinlich will er uns einfach fertigmachen, eine Lektion erteilen. Die wirkt. Ich werde nie wieder irgendetwas tun, das Gecko nicht will. Wobei: Wenn er will, dass ich Jojo nicht wiedersehe …

Ich würde ihm hundert Rikschas klauen. Banken überfallen, alles. Hoffentlich geht es Jojo gut. Hoffentlich nene.

Ich halt das nicht mehr aus. Lässt er uns langsam verrotten? Die Ratten knabbern uns irgendwann an und lassen nichts mehr von uns übrig. Wir sind dann weg. Niemand wird uns finden. Weil wir nicht mehr existieren. Und niemand baut uns ein Denkmal, niemand sprüht uns auf eine Wand. Das einzig Besondere, was von mir bleibt, ist das Porträt in Jojos Buch. Ich hoffe, sie wird ohne mich glücklich.

»Wenn etwas ganz besonders schlimm ist, dann stell dir

etwas vor, dass noch schlimmer ist!«, sagt nene immer. Aber was soll noch schlimmer sein? Was würde ich gerade darum geben, von den Klumpes verbal gefoltert zu werden? So richtig derbe, mit Würmern im Hundekot, übel riechenden Eitrigkeiten unter Frau Klumpes großem Zehennagel und allem Pipapo.

Ich will nicht sterben. Hätte Eddy mich doch niemals hierhergeschleppt! Wäre Tupac doch niemals bei uns aufgetaucht! Hätte Jojo ihn niemals auf unsere Wand gesprüht! Vielleicht hätte ich sie irgendwann irgendwo anders getroffen. In Paris. Unterm Eiffelturm. Rein zufällig.

»Vielleicht baut man uns ja auch ein Denkmal«, sagt Eddy zu meiner Überraschung.

»Hä?«

»Oder sie sprühen uns auf Hauswände!«

Ich frage nicht, wen er mit »sie« meint, dafür aber: »Warum sollten sie?«

»Weil wir in einem Gangkrieg unser Leben verloren haben. Wie Pac.«

Ich wusste immer, dass Eddy und ich verschieden sind, aber meint der das wirklich ernst?

Er legt nach: »Wie war das damals eigentlich genau, als Tupac gestorben ist?«

»Hä?«

»Muss ich jetzt alles zweimal –«

»Nein, aber du weißt es doch!« Ich versuche keinen Vorwurf in meine Stimme zu legen, Überraschung kommt sicher durch.

»Hat mich nie interessiert.«

»Aber warum –« Ich breche ab, wahrscheinlich interessiert es ihn jetzt auch nicht. Er will nur etwas plaudern, die letzten

Stunden seines Lebens im Gespräch mit mir, seinem Freund, sein, das Beste draus machen, noch ein paar Wissenslücken schließen. Alles besser, als ängstlich auf den Tod zu warten und dabei Zufallsmorse einen unbekannten Metallpfeiler hinaufzuschicken.

»Okay. Es war mir zu krass!«, gesteht Eddy.

»Hä?«

Eddy schaut mich genervt an. »Die Geschichte von seinem Tod. Ich hab Schiss davor. Ich mein, das ist doch viel zu krank, wenn da aus so einem kleinen Ding ...« Ich nehme an, er meint die Pistole. »... mit so 'ner Urgewalt Metallpatronen in einen Körper ...« Eddy schluckt. »Und dann ist der Erschossene plötzlich tot. Weg. Futschikato.« Ich sehe Tränen in seinen Augen. Bin mir nicht sicher, ob er jetzt wegen unserer Situation weint oder wegen Tupac.

So oder so: Gestern Abend hat er sich mit seiner Karnevalspistole in diesen Busch gestellt und sie Gecko an die Schläfe gedrückt. Nach Schiss sah das nicht aus. Natürlich, es war ein Spielzeug, aber hätte ihm nicht klar sein müssen, dass, wenn das schiefgeht, ernsthafte Konsequenzen auf uns zukommen? Unter »ernsthafte Konsequenzen« stellt man sich irgendwie etwas anderes vor. Etwas Sterileres. Nachsitzen in der Schule zum Beispiel. Oder vor Gericht sitzen. Dabei ist so was gar nicht ernst. Ernst ist das hier. Blut, Staub und Schmerz. Und Durst ...

»Also wie war das?«, unterbricht Eddy mein Denken.

»Du weißt es echt nicht?«

»Alles, was ich weiß, ist: Tupac wurde erschossen.«

Es knallt. Irgendwo hinter uns. Es scheppert. Es dröhnt. Wir drehen, wenden, strecken und recken unsere Hälse. War das ein Aufzug? Schritte. Ich gerate in Panik, versuche krampfhaft an irgendwas zu denken. Realitätsflucht. Sehe den weißen Cadillac an der Ampel. Es ist, als säße ich in dem Auto. Leider im falschen.

»It was a clear black night, a clear white moon …«

Ich schrecke hoch. Eddy und ich schauen uns mit Riesenaugen an. Das sind zweifelsfrei Warren G. und Nate Dogg.

»Geh ran, Digger, geh ran!«, fleht Eddy.

Ich reiße meine Schultern Richtung Decke. Drücke meine Arme mit aller Kraft auseinander. Meine Handgelenke brennen wie Sau.

Die Musik stoppt.

Mir wird klar: Ich hab kein Handy mehr. Es ist in Geckos Besitz. Und das Allerunwahrscheinlichste, was ich mir vorstellen kann, ist: Er hat es gestern Abend heimlich in meine Tasche gesteckt. Weil er findet, dass ich so ein netter Kerl bin.

Gecko hat mein Handy und Gecko ist auf dem Weg zu uns. Gleich wird er uns kaltmachen.

Die Schritte kommen näher. Ich glaube, es ist noch jemand dabei. »Eddy!«

»Cem!«

Vor Eddy kniet Lina.

Vor mir kniet Jojo.

Ich habe keine Chance es zu kontrollieren. Fange sofort an zu heulen.

Jojo nimmt mein Gesicht in ihre Hände. Schaut mir in die Augen, während Eddy die ganze Zeit »Losbinden!« ruft. »Losbinden! Losbinden! Losbinden!«

In meiner Vorstellung war Jojos Gesicht wunderschön. Aber in echt ist es … mir fehlen die Worte. Höre mich dann »Schöner Klingelton!« sagen.

Jojo lächelt.

»Losbinden!«, ruft Eddy. »Losbinden! Losbinden! Losbinden!«

»Stopp!« Hinter Lina steht Gecko. In der Hand eine Knarre.

Hinter Jojo steht Magic im blauen Jogger. Er spielt mit einem Butterflymesser in der Hand herum.

»Pack das weg!«, befiehlt Gecko.

Der Typ gehorcht und zieht einen Basy hinter seinem Rücken hervor. Gecko nickt zufrieden.

Stopp. Ist gar kein Basy. Ist eine Flasche Wasser. Aus Glas. Muss eine Minihalluzination von mir gewesen sein. Wahrscheinlich eine Art Anti-Fata-Morgana – ich habe so einen Durst, dass ich die Existenz von Wasser ganz aus meinem Hirn ausgeblendet habe, um mich vor diesen Höllenqualen zu schützen. Als Nächstes lässt mich die Glaswasserflasche seltsamerweise daran denken, dass Gecko eigentlich Gerd Kolb heißt. Und Gerd Kolb steht nun wirklich vor uns. Magic auch. Lina, Jojo, Eddy und ich sind auch wirklich da. So nah können Glück und Unglück zusammenliegen.

»Fesseln!«

Magic stellt die Flasche auf den Boden. Ich bete, flehe, stelle mir vor, dass das Wasser den vertrockneten Putzlappen in meinem Mund gleich erlösen wird.

Jojo und Lina haben aufgehört sich zu wehren, lassen sich fesseln. Das liegt daran, dass Gecko abwechselnd mit der Waffe auf Eddy und dann wieder auf mich zielt. Können sie ja nicht wissen, dass es bloß eine Karnevalspistole ist.

Magic ist fertig. Jojo und Lina hocken an den anderen

beiden Pfeilern. Wir vier bilden jetzt eine Art Quadrat der Gefangenen.

»Was wollt ihr Pussys von solchen Opfern?« Mit Pussys meint er die Mädchen. Die Opfer sind Eddy und ich.

»Halt's Maul, Mann!« Darauf, dass Eddy ein Angstproblem hat, würde man nicht allzu schnell kommen.

Gecko nickt Magic zu. Der geht in Eddys Richtung.

»Hör auf mit dem Scheiß, Magic!«, ruft Jojo.

Er haut Eddy eine rein.

»Hör auf!«, ruft Lina.

Eddy stöhnt.

Und ich sage: »Er meint's nicht so.« Nicke Richtung Was-serflasche. »Bitte, was zu trinken, bitte …

Geckos Stiernacken pumpt sich auf. Er schaut mich an. Rotzt auf den Boden. »Weißt du, wer ich bin?«

»Du bist Gecko«, keuche ich.

»Ich bin Gecko«, flüstert Gecko. Noch mal und noch mal. Immer wieder. »Ich bin Gecko.«

Dann schaut er seine Knarre an. Zielt. Drückt ab.

Ein Megaknall.

Ich kneif die Augen zu. So doll es geht. Als ich sie wieder öffne, sind Gecko und Magic weg. Auf dem Boden ein nasser Fleck, Scherben. Die Flasche ist in tausend Teile zersprungen.

»Wo sind wir überhaupt?«, flüstert Eddy.

»In Nummer 2«, sagt Jojo.

»Pscht!«, macht Eddy.

»Du brauchst nicht flüstern. Sie sind mit dem Aufzug hoch.«

»Und woher wusstet ihr, dass wir hier –«

Jojo zwinkert mir zu. »Stinker.«

»Und jetzt?«, fragt Eddy. »Kann der uns nicht irgendwie rausholen hier, bevor …«

Jojo schüttelt den Kopf. »Der macht, was Gecko sagt.«

Eddy will wissen, was Gecko mit uns vorhat, natürlich will ich das auch, aber Jojo kann uns nicht weiterhelfen. »Dem ist alles zuzutrauen«, meint sie.

Zumindest wissen wir jetzt, dass er im Gegensatz zu uns 'ne richtige Knarre besitzt. Sein erster Schuss hat nur eine Flasche getroffen, aber was, wenn er beim nächsten Mal … Mir wird schwindelig. Alles dreht sich.

»Wie kann man so dumm sein und sich mit dem anlegen?«, schießt Lina in Eddys Richtung.

»Geht's dir gut? Fehlt dir was?«, fragt Jojo mich.

Ich schüttel den Kopf. Mehr kriege ich gerade nicht hin.

»Wir brauchen 'nen Plan!«

Wenn ich das Wort Plan aus Eddys Mund höre, wird mir noch schlechter. Und schwarz vor Augen.

Gut, dass die Mädels da sind. Auch wenn ich sie gerade nicht sehe.

»Rap«, höre ich Jojo sagen. »Hip-Hop ist die Antwort auf alles.«

Mein Blick klärt sich etwas. Ich verstehe nicht ganz, was hier abgeht, und Lina fragt: »Wo waren wir stehen geblieben?« Dann fängt sie an zu rappen.

Habe Tupac gecovert
Mitten in der Nacht
Irgend so ein Spinner hat jetzt Flügel drauf gemacht

Kommt mir bekannt vor. Unser Freestyle von … gestern?
Fühlt sich länger her an. Viel länger her.

Lina klopft an ihren Pfeiler.

Jojo nickt mit dem Kopf. »Nice!«

Ich kann meine Augen kaum offen halten.

Höre Eddy sagen: »Vielleicht sollten wir doch lieber drüber nachdenken, wie wir –«

»Chill mal!«

Sieht so aus, dass Rap jetzt die Lösung ist. Die Rettung. Unsere Medizin. Der Rap, der uns erst in diese missliche Lage gebracht hat. Missliche Lage. Ich bin mir gerade nicht sicher, ob ich mittlerweile zu Herrn Klumpe mutiert bin. Sprachlich und körperlich. Alles scheißegal.

Dann hocken wir halt hier, rappen und verrecken gleichzeitig und sollten unsere Herzen länger schlagen als angenommen, warten wir beatboxend darauf, dass Scharfrichter Gecko uns auslöscht.

Ich tauche jetzt ein in eine Art Delirium. Jojos Stimme versorgt mich mit den passenden Bildern dafür.

Hip-Hop verleiht Flügel
gibt Red Bull 'ne Klatsche
mit gefesselten Händen

Eddys Stimme:
Wir sitzen trotzdem in der Patsche
warten auf Apache
Mit seinem Roller
bleiben gleich
seidenweich
Denk ich jetzt an Klopapier

Sag ich euch, es ist zu spät dafür
Nach 15 Stunden in diesem Gefängnis
Wird der Stoffwechsel zum größten Verhängnis

Meine Augenlider öffnen sich. Ich spüre meine Mundwinkel nach oben wandern. Muss grinsen. Eddy sei Dank.

Und ich hätte es noch vor zwei Sekunden nicht für möglich gehalten, aber ich fange in diesem Augenblick an zu freestylen. Ziemlich langsam und verdammt leise. Bin mir nicht mal sicher, ob die anderen mich hören können.

Auf Linas Beat
rapp ich tight wie auf Speed
Komm ich hier lebend raus, wird das der Topseller
Bei Interstellar leben sie ewig
Wir hier leben nur noch wenig
Bis zum nächsten Peng
Es war kurz, es war schön, wir sind die einzig wahre Gang

Eddy pfeift ohne Finger so laut wie mit Finger.

Wahrscheinlich machen wir das gerade aus genau einem Grund. Um uns stark zu machen. Uns Hoffnung zu geben. Vielleicht machen wir das aber auch nur, weil wir laut Eddy ganz einfach für den Shit für die Ohren zuständig sind. Weil es unsere Bestimmung ist.

Meine Augen fallen wieder zu. Die Lider können sich nicht mehr halten.

Ich glaube, Jojo übernimmt den Beat, Lina das imaginäre Mike.

Du hast mir deine Welt gezeigt Brudi
Bin eigentlich nur zu Besuch nicht mal n Hoodie
Hab ich in meinem Koffer
Das fickt meinen Kopf
Hab alles versucht
dich zu verstehn, mich zu verstehn, die anderen zu ver-
stehn –

Eddy ruft irgendwas dazwischen. »Durst, Trinken, Wasser!«
Was hier gerade passiert, ist gefühlt fünfzig Meter entfernt. Ich bin in einer Seifenblase. Einer dicken. Die droht zu
platzen.

Höre Jojo: »Es ging grad um eure Beziehung!« Ihre Stimme
hallt. Echo. »Ziehung Ziehung Ziehung!«

Blinzle kurz. Eddy wird rot. Oder Eddy blutet. Wahrscheinlich passiert das alles nicht wirklich. Nur in meinem
Delirium.

»Geht's dir gut, Cem Cem Cem Cem Cem?«

»Ja, ja, ja, ja, ja!« Klingt alles wie bei einer übermotivierten
Autoscooterfrau, wenn sie in ihr Mikro schreit: Jetzt wieder
eine neue Fahrt Fahrt Fahrt Fahrt …

Ein Streit. Ich glaub, ich hab Fieber. Der Raum wird dunkler. Und enger. Die Wände kommen auf mich zu. Der Pfeiler
in meinem Rücken fühlt sich riesig an. Erdrückt mich. Wie
ein Mammutbaum.

Eddy weiß nicht, wie Tupac gestorben ist, schießt es mir
in den Kopf.

»Es ist der 13. September 1996 …« Jojo hat ein Märchen-
buch aufgeschlagen, in dem sie genüsslich blättert. Ihre
Stimme ist die eines Engels. Wir anderen sind weiter an die
Pfeiler gefesselt, nur Jojo sitzt in einem saubequemen Ohren-

sessel. Natürlich fantasiere ich mir das gerade zusammen, aber gleichzeitig ist es so. Real und fake. I'm a dreamer.

Mir ist heiß, Schweiß rinnt meine Stirn runter. Ich zittere. Schüttelfrost. Dann wieder Hitze. Jojos Engelsstimme hilft mir, mich zu beruhigen. Sie liest die Geschichte weiter: »Tupac Amaru Shakur lebt 1996 in einem Nobelviertel.«

Die Stimmen der anderen: »Warum? Hatte er genug vom Ghetto? Thug Life hat er gepredigt. Und dann hat der selbst 'ne Villa mit Pool? Er war ein Thug. Ein Thug? Ein Thug!«

Jojo bittet um Ruhe. Liest weiter aus diesem Märchenbuch: »Tupac will an diesem Abend mit seiner Cousine zum Boxkampf fahren. Nach Las Vegas. Mike Tyson wird –«

Wieder eine Unterbrechung: »Boxkampf? Was für ein Boxkampf?«

Aus dem Nichts taucht die ägyptische Königin auf. Nofretete schwebt zu uns herüber. Ist das die Nofretete von Tupacs Brust? Sie erhebt ihren Zeigefinger: »Lasst sie doch mal ausreden! Es geht um den Besten, den größten Rapper aller Zeiten, Zeiten, Zeiten, Zeiten, Zeiten.«

Mike Tyson ist jetzt auch da. Der Boxer. »Tupac war mein Freund«, sagt er, kaut dabei auf etwas herum. Sieht aus wie ein Ohr. Dann verschwindet er so schnell wieder, wie er angeschwebt kam.

Ob ich gerade im Sterben liege?

Jojos Engelsstimme: »Nach dem Boxkampf schlägt Pac Orlando Anderson zusammen. Der hatte ihn ein paar Tage vorher ausgeraubt.«

»Wer war Tupac Shakur?«, fragt jemand. Ist das Suge Knight? Keine Ahnung, wie der aussieht.

Ich versuche mich zu schütteln. Um aufzuwachen. So richtig klappt es nicht. Und ich frage mich: Ist all das hier gerade wirklich unrealistischer als das, was in der letzten Woche passiert ist? Ich meine: Tupac schläft bei nene im Hobbyraum. Klingt nach Fake.

»Wir schalten wieder live zurück in den Ohrensessel«, ruft mir Nofretete zu.

Jojo liest weiter. »Seine Freundin und seine Cousine reden auf ihn ein: ›Pac, zieh die Weste an! Die Weste! Die kugelsichere! Die kugelsichere Weste!‹

›Ich bin unbesiegbar‹, entgegnet Tupac Shakur den beiden.

An diesem Abend fährt ihn Suge Knight persönlich. Im schwarzen BMW. Sie fahren von der Flamingo Road in die Koval Lane.«

Ein rosa Flamingo spaziert an mir vorbei. Immerhin kein rosa Elefant.

»Sie halten an der nächsten Ampel.«

Jojo räuspert sich, liest dann weiter. »Neben ihnen ein weißer Cadillac. Eine Handfeuerwaffe. Und –«

Es knallt, es poltert, dröhnt und scheppert.

»Nicht!!!« Das ist Jojo, die da schreit.

Lina schreit auch: »Stopp!«

Ich höre Schritte. »Willst du dir das nicht vielleicht noch mal überlegen, Gecko?« Das war Eddy, und das war Angst in seiner Stimme. Richtige Angst.

Ich öffne mit Ach und Krach die Augen. Die Seifenblase platzt. Kein Hall mehr in den Stimmen. Kein Ohrensessel. Kein Märchenbuch. Keine Nofretete. Die Welt hat mich wieder.

»Gecko!« Das ist das erste Mal, dass Magic sich ihm in den Weg stellt. Gecko schubst ihn zur Seite.

»Ich mach die alle kalt«, wütet Gecko. Dann zählt er bis vier.

Zuerst zielt er auf Eddy. Atmet tief durch. Flüstert: »Wisst ihr nicht, wer ich bin? Ich bin Gecko.« Ein Urschrei. Gecko hält seinen Zeigefinger an den Abzug.

»Du Fisch!« Es knallt. Ein Donner. Und noch einer. Der Boden unter uns bebt. Der Pfeiler an meinem Rücken zittert. Ich denke an ein Erdbeben, reiße meinen Kopf nach oben. Starre geradeaus auf die Tür aus Metall. Sie wackelt gewaltig. Pulsiert wie ein Herzschlag mit jedem neuen Donnerknall.

Paaam! Paaam! Paaam!

Dann fliegt sie auf. Jemand fliegt hinterher. Gleißendes Licht fällt in unser Gefängnis. Der Jemand springt auf. Marschiert auf uns zu. Einen Riesenhammer auf die Schulter gelegt, wie ein Soldat sein Gewehr. Klaus. Sein Blick ist todernst. Und ich denke: Gut, dass Eddys Vater keinen Spaß versteht. For real.

Jemand folgt ihm. Seine Lederboots machen feste Schritte auf dem dreckigen Betonboden. Seine Baggypants wird gehalten vom braunen Ledergürtel. Links und rechts des weißen Feinrippshirts zeichnet sich jeder einzelne Muskel der Oberarme ab.

Das Piercing funkelt einen Moment im Licht der Glasbausteine.

Faltenlos schmiegt sich die rote Bandana um seine Stirn.

Wenn ich es nicht besser wüsste, würde ich behaupten: Genau das hier ist die Wiederauferstehung des Tupac Amaru Shakur.

Gecko hat Eddy den Rücken zugewandt. Tupac bleibt vor ihm stehen. Klaus steht daneben wie sein Bodyguard.

Ich muss an früher denken. An Asterix. Der Schmied Automatix trug denselben Hammer herum.

Klaus' Blick ist wütend wie nie. Entschlossen.

Gecko grinst dreckig. Hebt die Hand mit der Knarre. Drückt den Lauf an Pacs Stirn.

Das alles ist kein Delirium mehr. Da bin ich mir zu 99,9 Prozent sicher.

»Weißt du, wer ich bin?«, fragt Gecko, den Kopf nach links und rechts wiegend.

Tupac nickt. Haucht ihm dann entgegen: »Und weißt du auch, wer ich bin?«

Magic mischt sich ein. Von der Seite. Er stammelt: »Du, Gecko, ich glaube, es wäre besser, wir –«

Tupac hat seinen Arm zur Seite ausgestreckt. Stopp!, soll das bedeuten. Magic redet keine Sekunde länger. Er rennt weg. Durch die offene Metalltür nach draußen.

»Los, drück ab!« Wieder haucht Tupac Gecko die Worte ins Gesicht.

Ich sehe, wie Klaus den Stiel des Hammers mit seinen dicken Fingern fester greift.

Tupac breitet seine Arme aus wie ein Vogel. Bereit zum Abflug. »Worauf wartest du?«

Geckos Hand zittert.

»Aber vorher verrate ich dir was.« Tupac schaut auf seine goldene Rolex. Verschränkt die Arme dann vor der Brust. »Mein Name ist Tupac Amaru Shakur«, sagt er mit ruhiger rauer Stimme. Ich krieg Gänsehaut.

»Du hast richtig gehört«, schiebt er hinterher. »Ich bin Tupac.«

Dann erhebt er seine Stimme. Und presst seine Stirn gegen Geckos Waffe. »Der Tupac!«

Gecko lässt die Waffe fallen.

Tupac schubst ihn. Gecko fällt hin, springt wieder auf.

Tupac packt ihn mit beiden Händen an der Brust.

Gerade war sein Stiernacken noch fett und fest. Jetzt scheint ihm die Luft auszugehen.

Während Tupac auf ihn einredet, schrumpft Gecko Sekunde um Sekunde. Wort für Wort.

Du hast dich mit den Falschen angelegt. Du Eierdieb!, denke ich.

Gecko hält die Hände zur Vergebung in die Luft. »Entschuldigung, ich wusste nicht, dass –«

»Pscht!«, zischt Tupac.

»Natürlich, Entschuldigung.« Gecko ist kreidebleich.

Alle starren auf die beiden.

Tupac bückt sich. Hebt die Knarre auf. Mustert sie.

Geckos Kinn zittert. Auch seine Unterlippe.

Dann schüttelt Tupac den Kopf, steckt sich die Waffe hinten in die Jeans. Unter den Gürtel.

»Du hörst mir jetzt gut zu!« Tupac fasst sich kurz mit beiden Zeigefingern an die eigenen Schläfen, spricht ruhig und deutlich. »Die Menschen hier stehen alle, und ich meine wirklich alle, unter meinem persönlichen Schutz. Und solltest du jemals einem von ihnen oder jemandem, der ihnen nahesteht, auch nur androhen, ein klitzekleines Minihärchen zu krümmen, dann …« Tupac wendet sich Klaus zu. Der hebt für einen Moment lässig, aber bestimmt seinen Hammer an. »… dann komme ich wieder. Mit meinem Freund hier. Hast du das verstanden?«

Gecko nickt hastig.

Tupac brüllt. »Ob du das verstanden hast.«

»Ja, ja, ja!«

»Gut«, sagt Tupac. »Und denk dran: Ich hab meine Augen überall.«

Gecko sagt wieder dreimal Ja.

Tupac atmet schwer ein und aus. »Jetzt verpiss dich!« Schaut dann nicht mehr Gecko an, sondern auf den dreckigen Betonboden. Die Audienz ist beendet.

Gecko schleicht langsam los.

Klaus fährt sich mit einer Hand über die Glatze.

Gecko zuckt zusammen.

Dann rennt er davon.

Sie binden uns los.

Eine Palette Energy steht vor mir auf dem Boden.

Gierig greife ich eine Dose.

»Dose fünf Euro. Wallah!« Stinker ist mittlerweile auch da.

Ich trinke drei Dosen. Weine, umarme, lache, schlage ein.

Wir verlassen unser Gefängnis. Ich gucke auf die Tür.

Klaus hat vorhin seinen Hammer auf den Jungen mit den Flügeln geknallt. Genau dahinter haben wir gekauert.

Es klingelt. Die Rikscha. Nene sitzt drauf und wartet auf uns.

Wir gehen zu ihr. Sie nimmt mich in den Arm. Gibt mir eine Flasche Wasser.

Eddy fragt: »Fährst du den Fluchtwagen?«

Sie schüttelt schmunzelnd den Kopf. »Heute lasse ich mich fahren.«

Dann fragt sie: »Erinnert ihr euch noch an unseren letzten Kaffeesatz?«

Alles schauen sie gespannt an.

»In meiner Tasse war kein Auto.«

»Sondern?«, fragt Klaus, immer noch den Hammer lässig an die Schulter gelehnt.

»Eine Rikscha.«

19. Hier ist er sicher

Die Plane flattert im Wind. Gespannt stehen wir davor. Lauschen dem Zischen der Dose. Wie Jojo sie schüttelt. Hören das Klackern der Mischkugel darin. Wie sie eine Dose fallen lässt. Eine andere öffnet.

Keine Ahnung, was sie da malt. Sie wollte, dass wir dabei sind, aber nicht zugucken. Deshalb die Plane.

Auf dem Dach von Nummer 2 weht eine steife Brise, anders als hinter der Metalltür im Erdgeschoss. Das ist auch gut so.

»Lina?« Jojo steckt ihren Kopf aus ihrer Sprühhöhle. »Kannst du mal kommen?«

Lina steigt zu Jojo hinter die Plastikfolie.

»Hammer!«, ruft sie. »Jojo, du bist …«

Ich kann es kaum abwarten. Eddy und ich gehen ein paar Schritte über den Flickenteppich aus grauer Dachpappe. Stehen dann einen Meter vom Abgrund entfernt. Ohne Absperrung. Ich spüre den Schweiß in meinen Händen. Unten ist alles winzig. Der Altkleidercontainer und der Haufen. Das Klettergerüst. Rundherum ein Park. Winzige Laternen. Bänke. Die Stadt. Dahinten wohnen wir.

Eddy spuckt runter. Wir schauen dem weißen Fleck nach. Wie einer Schneeflocke, die unterwegs schmilzt.

Ich atme tief ein und aus. Eddy auch.

»Sollen wir nicht lieber 'nen Schritt zurück …«

Eddy nickt. »Auf jeden Fall.«

Er greift sich an die Kappe. Fast hätte der Wind sie vom Kopf gepustet.

Langsam gehen wir zurück Richtung Plane, die vor der Mauer mit der rostigen Treppe Wellen schlägt. Die Klinker sind rot und rissig.

Jojo kommt links heraus, Lina rechts.

Sie greifen die Folie mit beiden Händen. Ziehen. Sie fällt auf den Boden.

Jojo klappt ihre Metalleiter zusammen, legt sie auf die Plane, damit sie nicht wegfliegt.

Eddy legt seinen Arm um meine Schulter. Ich meinen um seine.

Wir stehen da und staunen.

Es ist ganz frisch.

Und noch größer, gewaltiger.

Jojo und Lina stellen sich zu uns. Jojo umarmt mich. Ich gebe ihr einen Kuss auf die Wange. Fühlt sich wahnsinnig aufregend an, der Freund der Künstlerin, der Queen of Style, zu sein.

Eddy umarmt sie auch. »Übertrieben nicer Flow!«, gratuliert er ihr.

Jojo kriegt feuchte Augen. Dann fängt sie sich. Sie lächelt. »Hier ist er sicher«, sagt sie. »Und von oben hat er 'ne bessere Aussicht. Ab jetzt kann er die ganze Stadt sehen. Die ganze Welt!«

Tupacs Gesicht sieht so real aus, als würde er uns gerade wirklich angucken.

Jojo drückt Eddy eine Dose in die Hand.

»Was soll ich dam–«

»Ich will, dass ihr auch taggt.«

Ich sehe Jojos Tag unten rechts. Daneben ein L. Linas Tagg.

Eddy sprüht »Rakes«, ich »Too« davor.

High Five in die Runde.

Lina hat ihre Box rausgeholt. Wir hocken auf dem Dach und genießen die Aussicht. Auf die Stadt. Und auf Tupac.

Eddy stellt zwei Dosen Energy und zwei Bier auf den Boden. Keine Ahnung, wo er die herhat. Wir trinken durcheinander.

Tupac rappt.

Time to heal our women, be real to our women

Eddy und ich haben *Keep Ya Head Up*, glaub ich, nur ein oder zweimal zusammen gehört. Sieht so aus, als würde Jojo den Track auswendig kennen.

Dann läuft *Life goes on.*

Dann *How do you want it?*

Lina und Eddy fangen an rumzumachen. Die fressen sich gleich auf, denke ich. Dann stoppen sie.

Eddy richtet seine Kappe und steht auf.

»Tut mir leid, dass ich die Party jetzt crashen muss. Aber …«

Weiter redet er nicht.

»Aber?«, frage ich.

»Ist mir voll peinlich, weil wir so gut rumhängen gerade.«

»Was ist los, Eddy?«, will Lina wissen.

»Mein Vater hat Geburtstag.«

»Bruder …«, sage ich.

Jojo steht auch auf. »Ich muss eh los. Gibt gleich Abendessen!«

Auf der Seeterrasse.

Klaus verlässt die Eisdiele. Schließt ab. Den Blick auf den Boden, läuft er an uns vorbei.

»Dealer, der mit Eis dealt, hier spielt die Musik!« Das hat Tupac gerade gerufen.

Klaus zuckt zusammen. Wir singen *Happy Birthday*.

Nene, Tupac, Eddy, Lina, Jojo und ich. Einer singt nicht mit – Jojo durfte das Abendessen zwar ausfallen lassen, aber Stinker konnte sie nicht abwimmeln.

Als wir fertig sind, applaudiert Klaus.

Stinker ruft: »Einmal zehn Kugeln! Wallah!«

Klaus will sofort zurück und die Bestellung bearbeiten, aber Tupac hält ihn auf. »Erst was wünschen!«

Mir läuft das Wasser im Mund zusammen, als ich den Teller mit Baklavas in nenes Händen sehe. Jetzt steckt sie eine Kerze obendrauf.

»Kann mir jemand Feuer geben?«

Weil niemand sich meldet, zieht Jojo Stinker das Flammenwerferfeuerzeug aus der Tasche.

Klaus versucht, die Kerze auszupusten. So vorsichtig, dass es erst im fünften oder sechsten Versuch klappt.

»Jetzt gibt's aber Eis für alle«, sagt er.

Lina und ich helfen ihm drinnen. Während die anderen draußen Baklavas essen und mindestens so süße Getränke trinken.

Die Überraschung des Tages: Klaus hat ein neues Eis kreiert. Grün sieht das aus. Wie Waldmeister, Apfel oder After Eight. Was drin ist, verrät er nicht.

Die Sonne spiegelt sich noch kurz im glatten See, bevor sie hinter der Mauer verschwindet. Eine Lichterkette wirft bunte Farben auf Terrasse und Wasser.

Wir verteilen Klaus' Überraschungseis an seine Überraschungsgäste.

»Du musst auch eins essen!«, stellt Lina klar und hält Klaus einen Becher hin.

»Ich hab schon.«

»Jemand noch ohne Eis?«, ruft Lina.

Stinker lässt seinen leeren Becher in den See fallen. »Ich schwöre, ich hatte nichts.«

»Irgendeiner fehlt«, meint Jojo.

»Wo ist Tupac?«, fragt Eddy.

Alle drehen sich um. Gucken in verschiedene Richtungen. Klaus geht rein. Kommt wieder raus. »Tupac ist weg«, stellt er fest.

Vor meinem Auge läuft ein Minifilm ab. Der hat genau zwei Szenen: Jojo und Lina enthüllen sein Porträt. Klaus pustet die Kerze aus.

Ich suche Eddys Blick. Er meinen. Wir wissen beide, was passiert ist.

»Vielleicht macht er einen Spaziergang«, meint Klaus.

Stinker kaut auf seinem Löffel rum. »Der hat gesagt, er haut ab!«

Das Eis hat megakünstlich geschmeckt. Wie diese Brausekrümel in den blauen Tütchen, die im Mund knistern. Immerhin besser als Amarenakirsch und Malaga.

Angeblich sollen Kräuter drin sein. Aber die schmeckt man nicht.

Seit Tupacs Verschwinden vorhin ist es ziemlich ruhig. Man

versteht selbst Klaus mühelos. »Wir brauchen noch einen Namen. Gibt es Vorschläge?«

Nene findet so was wie »Kräutertraum« oder »Zaubergrün« gut.

Sonst schlägt niemand etwas vor.

»Was haltet ihr von Amaru?«, fragt Klaus.

Eddy flüstert mir ins Ohr: »Dann kann er das ›enakirsch‹ durchstreichen und stattdessen ein ›u‹ hinkritzeln.«

Ich denk drüber nach, aber kapier nicht, wie er das meint.

Ich wälze mich im Bett hin und her. Sind das Schritte? Höre etwas rascheln. Kommt das von unten? Ich greife nach der Glasflasche auf dem Boden, schleiche die Treppe runter. Durch den Flur. Entlang der Wand in die Küche. Im Hobbyraum brennt Licht. Da kniet jemand. Ich hebe die Flasche in die Luft. Bereit, den Einbrecher niederzuschlagen.

»Alles klar, Bruder?«

»Was machst du da?«

»Guck dich mal selber an!«, sagt Eddy.

Ich stelle die Flasche auf den Boden.

Eddy hat eine Lupe in der Hand. Wie ein Oldschooldetektiv am Tatort.

»Und wer war der Mörder?«, frage ich.

Eddy schaut mich mit großen Augen an. »Der Mörder von Tupac oder was? Ich hab dir doch gesagt, mir macht das Angst. So mitten in der Nacht will ich da jetzt wirklich nicht –«

»Vergiss es einfach!«

Eddy nimmt nach und nach den kompletten Hobbyraum unter die Lupe.

»Suchst du irgendwas Bestimmtes?«

Eddy steht auf. Er schaut mich ernst an. »Ein Barthaar, eine Wimper. Am besten die Bandana, die Kette oder die Rolex. Das Piercing. Aber meinetwegen auch einen Fingernagel. Irgendwas.«

Kaum ist Tupac nicht mehr da, ist Eddy wieder on fire.

»Wir haben gar nichts von ihm. Nicht einen einzigen Beweis. Der Bonsai ist auch weg. Alles, was mit ihm zu tun hat, ist weg.« Er schüttelt den Kopf. »Wie verhext.«

»Was willst du denn mit einem Barthaar?«

»Als Erinnerung«, sagt Eddy. Er reibt sich mit den Fingern über die Stirn.

»Hätte ich den Knastausweis nur behalten. Was glaubst du, was der wert ist?«

»Geht's dir um Kohle, oder –«

»Bruder, glaub mir, ich bin traurig, dass er weg ist! Auch das Foto vom Knastausweis ...«

»Was ist damit?«

Er zeigt mir sein Telefon. Da steht: Das von ihnen aufgerufene Medium existiert nicht.

Eddy seufzt. »Er hat nicht mal für uns gerappt.«

Ich denke kurz nach, sage dann: »Er rappt schon unser ganzes Leben für uns.«

Eddy nickt. »Haste recht, Bruder.«

Ich lasse meinen Blick durch den Raum wandern. »Hier drin hat er sich pudelwohl gefühlt«, sage ich.

»Ja«, sagt Eddy. »Das waren Zeiten, was?«

»Schöne Zeiten«, sage ich.

Wir gähnen beide.

»Ich geh ins Bett«, sage ich. »Gute Nacht.«

Eddy zwinkert mir zu. »Angenehme Ruh!«

Grinsend gehe ich nach oben. Lege mich ins Bett, strecke meinen rechten Arm aus und taste mit der Hand die Raufasertapete entlang. Fasse mit einer Hand auf das Poster. Klopfe meine Fingerknöchel dagegen und flüstere: »Danke für alles!«

Dreimal klopft es zurück.

Dann schlafe ich ein.

Die Songs, die im Roman erwähnt werden:

2Pac. »All Eyez on Me«. Von 2Pac, Bernie Worrell, Big Syke, B-Legit, Bobcat, Bootsy Collins, Bunny DeBarge, C-Bo, Charles Simmons, CPO, Daz Dillinger, DeVante Swing, DJ Quik, Doug Rasheed, Dr. Dre, D-Shot, E-40, E.D.I. Mean, Fuzzy Haskins, George Clinton, Harold Scrap Freddie, Hussein Fatal, Jewell, Johnny J, Joseph B. Jefferson, J.P. Pennington, Kastro, Kurupt, Larry Blackmon, Larry Troutman, Method Man, Method Man & Redman, Mike Mosley, Napoleon (Outlawz), Nate Dogg, Norman Durham, Prince, QDIII, Rappin' 4-Tay, Richie Rich, Roger Troutman, RZA, Shirley Murdock, Snoop Dogg, Storm, Tomi Jenkins, Woody Cunningham, Yaki Kadafi. *All Eyez on Me*. Death Row Records & Interscope Records, 1996.

2Pac. »California Love«. Von 2Pac, Chris Stainton, Ronnie Hudson, Mikel Hooks, Joe Cocker, J-Flexx, Woody Cunningham, Norman Durham, Larry Troutman, Roger Troutman. *Greatest Hits*. Death Row Records & Interscope Records, 1995.

2Pac. »Dear Mama«. Von 2Pac, Tony Pizarro, Joe Sample, Terrence Thomas, Charles Simmons, Bruce Hawes. *Me Against The World*. Interscope Records, 1995.

2Pac. »Hit Em Up«. Von 2Pac, Johnny J, Yaki Kadafi, E.D.I. Mean, Hussein Fatal. *Greatest Hits*. Interscope Records, 1996.

2Pac. »Keep Ya Head Up.« Von Stan Vincent, Roger Troutman, DJ Daryl, 2Pac. *Strictly 4 My N.I.G.G.A.Z.* Interscope Records, 1993.

2Pac. »Me Against the World.« Von 2Pac, Yaki Kadafi, E.D.I. Mean, Bacharach & David, Karlin, Soulshock, Burt Bacharach, Hal David, Leon Ware, Richard Rudolph, Minnie Riperton. *Me Against the World.* Interscope Records, 1995.

Nas. »If I ruled the World (Imagine that).« Von Davy DMX, Tone, Larry Smith, AJ Scratch, Jalil Hutchins, Norman Harris, Allan Felder, Poke, Curtis Blow, Nas. *It Was Written.* Columbia Records, 1996.

Nate Dogg. Warren G. »Regulate.« Von Jerry Leiber, Nathaniel Hale, Mike Stoller, Warren G. *Regulate… G Funk Era.* Def Jam Recordings, 1994.

The Notorious B.I.G. »Juicy«. Von Poke, James Mtume, Diddy, The Notorious B.I.G. *Ready to Die.* Bad Boy Entertainment & Arista Records, 1994.

Steinfeld, Tobias:
Tupac is back
ISBN 978 3 522 20283 1

Einbandgestaltung: Formlabor unter Verwendung von
Shutterstock-Motiven (©Mehmet can cesur; ©Carabus; ©Vladitto)
Innentypografie: Kadja Gericke
Reproduktion: DIGIZWO GbR, Stuttgart
Druck und Bindung: CPI Books GmbH

KEIN PLAN FÜR DIE ZUKUNFT? ALBERT AUCH NICHT.

Tobias Steinfeld

Kein Plan

288 Seiten · Broschur
ISBN 978-3-522-20262-6

Abi, Lehre, Start-up – Zukunft geht klar! Für die meisten jedenfalls, die auch gleich ein paar nette Ideen für Alberts Zukunft anzubieten haben. Sein Vater rät zum Studium, seine Freundin will, dass er Maurer wird, das gibt Muskeln! Nur Albert selbst hat keinen Plan, was er nach der Schule machen soll. Seine Verzweiflung führt ihn in ein verrücktes Abenteuer, das mit einer Rudermaschine beginnt, ihn auf einen Schäferhof führt und mit Freunden fürs Leben endet. Und dazwischen? Schräge Außenseiter, ein Drohbrief, Wölfe, ein Kuss und jede Menge Schafe.

Lieblingsbücher fürs Leben.
www.thienemann-esslinger.de

Für alle Fans von „Fack ju Göthe"

Tobias Steinfeld

Scheiße bauen: sehr gut

272 Seiten · Broschur
ISBN 978-3-522-20247-3

Paul ist faul. Und stolz darauf, dass er trotzdem irgendwie durchs Gymnasium kommt. Aber jetzt steht das Schnupperpraktikum in der Förderschule an. Den ganzen Tag Sabberlätzchen wechseln und Hintern abwischen? Nicht mit Paul! Als er für den neuen Schüler Per gehalten wird, beschließt er spontan, diese Rolle anzunehmen. Schließlich stehen Chillen im Whirlpool und Videospiele auf dem Stundenplan. Sogar mit seinen neuen „Mitschülern" kommt Paul gut klar. Doch was, wenn er auffliegt? Auch auf der Förderschule gibt es keine Eins fürs Scheißebauen, oder?

Lieblingsbücher fürs Leben.
www.thienemann-esslinger.de